せかたび

ソ

ヲ

Se

JN110680

完全 *Map*

S ショップ	**C** カフェ	**E** エンタメ
R レストラン	**N** ナイトスポット	
H ホテル	**B** エステ・スパ	

韓国全図

A B C

北朝鮮

東朝鮮湾

1

西朝鮮湾

永興湾

椵島

南浦

江西 ○

平壌 ★

陽徳

元山

椵島

白翎島

甕津半島

沙里院

海州

瑞興

平康

通川

高城

金剛山

ソウル周辺図 P3

開城 板門店

京畿道

春川

江原道

東草

襄陽国際空港

江陵

鬱陵島

2

京畿湾

仁川国際空港

江華島

金浦国際空港 ソウル

仁川

広州

利川

横城

雉岳山

原州

五台山

50 KTX

嶺東高速道路

三陟

湫岩海水浴場

徳積群島

霊興島

水原

龍仁

安城

忠州

丹陽

中部内陸高速道路

平昌

太白山

蔚珍

泰安半島

温陽

天安

忠清北道

報恩

俗離山

聞慶

栄州

安東

清涼寺

忠清南道

麻谷寺

清州

尚州

安東河回村

盈徳

黄海

公州

扶余

鶏龍山

大田

京釜高速道路

1

亀尾

慶尚北道

迎日湾

玉山書院

浦項

韓国

九龍浦

良洞民俗村

錦山

全州

鎮安

星州

八公山

大邱国際空港

蔚山

馬耳山塔寺

馬耳山

海印寺

伽倻山

大邱

慶州

KTX

方魚津

古群山群島

群山

全羅北道

オリンピック高速道路

居昌

南海高速道路

慶尚南道

密陽

金海高速道路

55

3

P111 全州韓屋村
(「赤い袖先」ロケ地)

井邑

全羅北道

内蔵山

淳昌

潭陽

南原

智異山

馬山

金海国際空港

プサン

機張

鞍馬群島

光州

羅州

12

南海高速道路

順天

25

10

晋州

南海

閑麗水道

巨済島

日本海

慈恩島

木浦

全羅南道

宝城

高興

欲知島

紅島

大黒山島

珍島

荒島

巨文島

済州海峡

対馬海峡

対馬

厳原

壱岐

4

小黒山島

巨次群島

済州道

済州

福岡

福岡空港

日本

佐賀

久留米

済州国際空港

漢拏山

西帰浦

済州島

平戸島

佐世保

大牟田

▲ 50km

2

A B C

(globe inset)
韓国
ソウル
日本
中国
太平洋
フィリピン
インド洋
オーストラリア

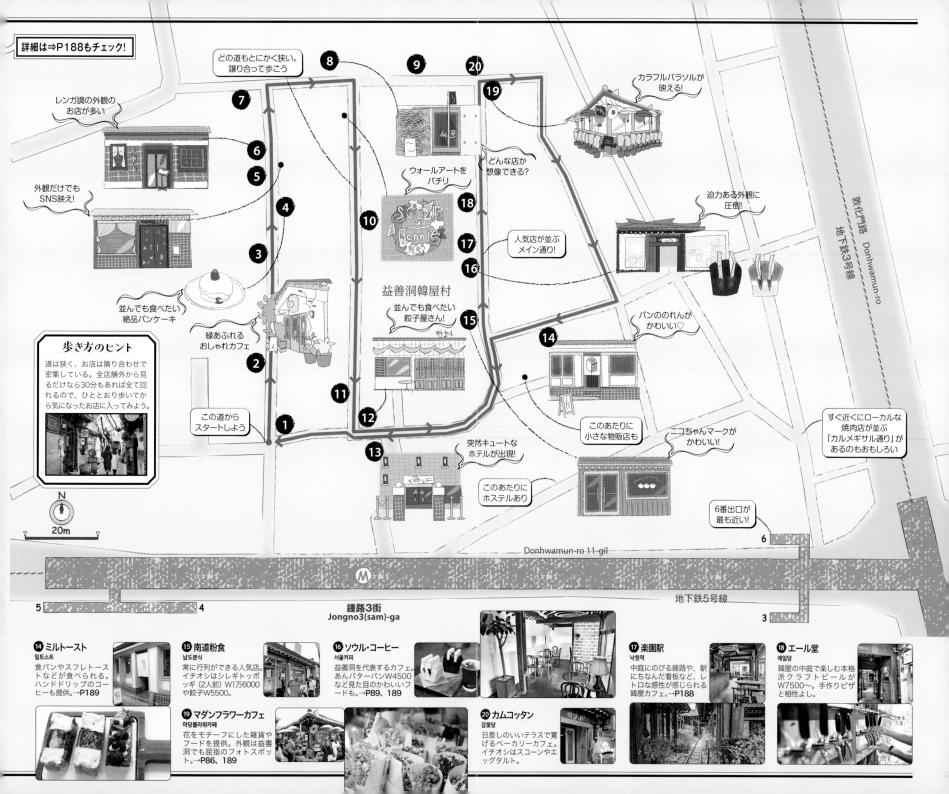

詳細は⇒P188もチェック!

どの道もとにかく狭い。譲り合って歩こう

レンガ調の外観のお店が多い

カラフルパラソルが映える!

外観だけでもSNS映え!

ウォールアートをパチリ

どんな店か想像できる?

迫力ある外観に圧倒!

並んでも食べたい絶品パンケーキ

緑あふれるおしゃれカフェ

益善洞韓屋村

並んでも食べたい餃子屋さん!

人気店が並ぶメイン通り!

パンののれんがかわいい♡

すぐ近くにローカルな焼肉店が並ぶ「カルメギサル通り」があるのもおもしろい

敦化門路 Donhwamun-ro / 地下鉄3号線

歩き方のヒント

道は狭く、お店は隣り合わせで密集している。全店舗外から見るだけなら30分もあれば全て回れるので、ひととおり歩いてから気になったお店に入ってみよう。

この道からスタートしよう

突然キュートなホテルが出現!

このあたりに小さな物販店も

このあたりにホステルあり

ニコちゃんマークがかわいい!

6番出口が最も近い!

N
20m

Donhwamun-ro 11-gil

6

鍾路3街
Jongno3(sam)-ga

地下鉄5号線

5　　4　　3

⑭ ミルトースト
밀토스트
食パンやスフレトーストなどが食べられる。ハンドドリップのコーヒーも提供。→P189

⑮ 南道粉食
남도분식
常に行列ができる人気店。イチオシはシレギトッポッギ（2人前）W1万6000や餃子W5500。

⑯ ソウル・コーヒー
서울커피
益善洞を代表するカフェ。あんバターパンW4500など見た目のかわいいフードも。→P89、189

⑰ 楽園駅
낙원역
中庭にのびる線路や、駅にちなんだ看板など、レトロな感性が感じられる韓屋カフェ。→P188

⑱ エール堂
예일당
韓屋の中庭で楽しむ本格派クラフトビールがW7500～。手作りピザと相性よし。

⑲ マダンフラワーカフェ
마당플라워카페
花をモチーフにした雑貨やフードを提供。外観は益善洞でも屈指のフォトスポット。→P86、189

⑳ カムコッタン
감꽃당
日差しのいいテラスで寛げるベーカリーカフェ。イチオシはスコーンやエッグタルト。

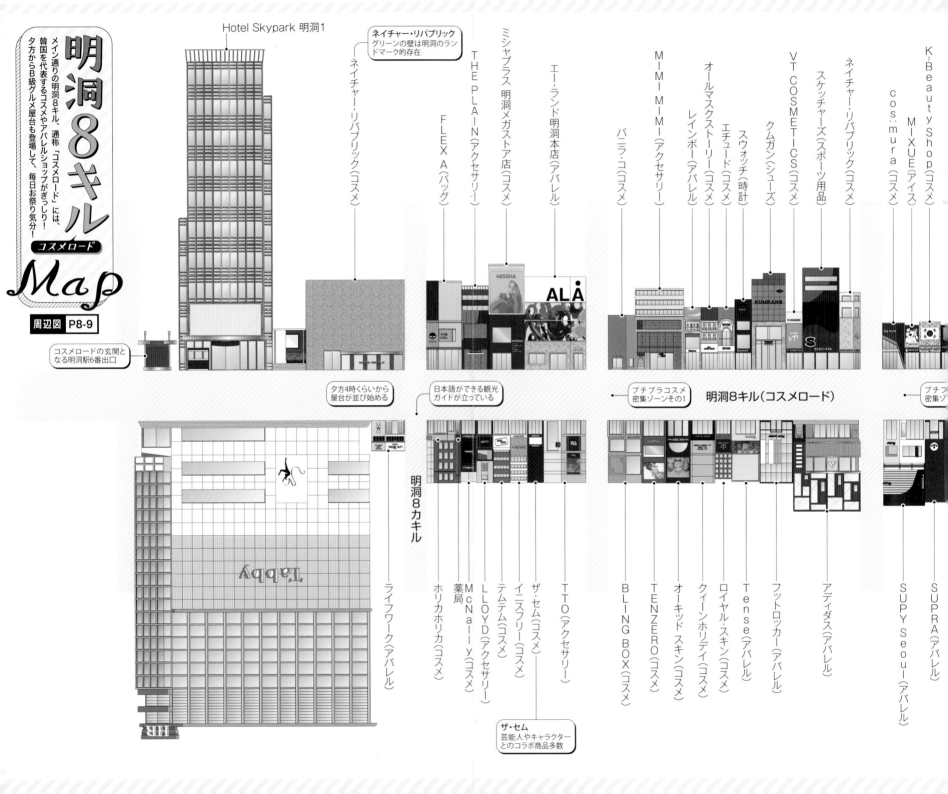

明洞8キル
通称「コスメロード」

メイン通りの明洞8キル、通称「コスメロード」には、韓国を代表するコスメやアパレルショップがぎっしり！夕方からB級グルメ屋台も登場して、毎日お祭り気分！

コスメロード

Map

周辺図 P8-9

コスメロードの玄関となる明洞駅6番出口

Hotel Skypark 明洞1

ネイチャー・リパブリック
グリーンの壁は明洞のランドマーク的存在

ネイチャー・リパブリック（コスメ）

THE PLAIN（アクセサリー）

FLEX A（バッグ）

ミシャプラス 明洞メガストア店（コスメ）

エー・ランド明洞本店（アパレル）

バニラ・コ（コスメ）

MIMI MIMI（アクセサリー）

レインボー（アパレル）

オールマスクストーリー（コスメ）

エチュード（コスメ）

スウォッチ（時計）

クムガン（シューズ）

VT COSMETICS（コスメ）

スケッチャーズ（スポーツ用品）

ネイチャー・リパブリック（コスメ）

cos:mura（コスメ）

MIXUE（アイス）

K-Beauty Shop（コスメ）

夕方4時くらいから屋台が並び始める

日本語ができる観光ガイドが立っている

プチプラコスメ密集ゾーンその1

明洞8キル（コスメロード）

プチプラ密集ゾ

明洞8カキル

Tabby

ライフワーク（アパレル）

ホリカホリカ（コスメ）

薬局
McNally（コスメ）

LLOYD（アクセサリー）

テムテム（コスメ）

イニスフリー（コスメ）

ザ・セム（コスメ）

TTO（アクセサリー）

BLING BOX（コスメ）

TENZERO（コスメ）

Tense（アパレル）

ロイヤル・スキン（コスメ）

クィーンホリデイ（コスメ）

オーキッドスキン（コスメ）

フットロッカー（アパレル）

アディダス（アパレル）

SUPY Seoul（アパレル）

SUPRA（アパレル）

ザ・セム
芸能人やキャラクターとのコラボ商品多数

益善洞韓屋村 Map 大解剖!

周辺図 P12

韓屋が立ち並ぶ街並みに、おしゃれなカフェやショップが増えて大人気の益善洞。
主な人気店をチェックして、流行エリアを遊びつくそう!

❶ ザザ益善
더더익선
ピアスやヘアアクセなど、プチプラファッション小物のセレクトショップ。

❷ クラフト・ルー
크래프트 루
センスのよいインテリアが並ぶ店内では15種類のクラフトビールW7000〜を楽しめる。

❸ 益善チャッパン
익선잡방
新羅ホテルで10年キャリアを積んだシェフによるブランチレストラン。

❹ トンベッ洋菓店
동백양과점
ふわふわのスフレ系パンケーキが人気。行列ができるのでオープン直後に。→P188

❺ 益善知味方
익선디미방
おしゃれな雰囲気の洋食レストラン。唐辛子海鮮ブイヤベースパスタなどパスタ3種類が人気。

❻ 益善住宅
익선주택
香港風ワッフルのエッグパフW1万6000〜を堪能できるカフェ。

❼ トゥラン
똘안
韓国伝統茶の専門店。菊花茶W8000やよもぎ餅と水飴W8000が人気。

❽ 植物
식물
ヴィンテージ感たっぷりの店内が魅力。焼きたてのクロワッサンW6000がオススメ。

❾ チェンマイバンコク
치앙마이방콕
シュリンプパッタイオムレツW1万7000などが大人気のタイ料理専門店。

❿ テテロッサロン
때때룻살롱
日常でも着られるラブリーな現代風生活韓服の専門店。W3万2000〜でリーズナブル。

⓫ 小夏塩田
소하염전
庭に飾られた塩山が目立つベーカーカフェ。海塩を使ったこだわりの塩パンが人気。

⓬ 昌華堂益善洞店
창화당 익선동점
ひときわ賑わう餃子の人気店。餃子は、皮がパリッと、中はお肉がジューシー。→P189

⓭ ホテル・セーヌ
호텔 세느장
映画『グランド・ブダペスト・ホテル』を再現したカフェ。ケーキW8000〜が絶品。

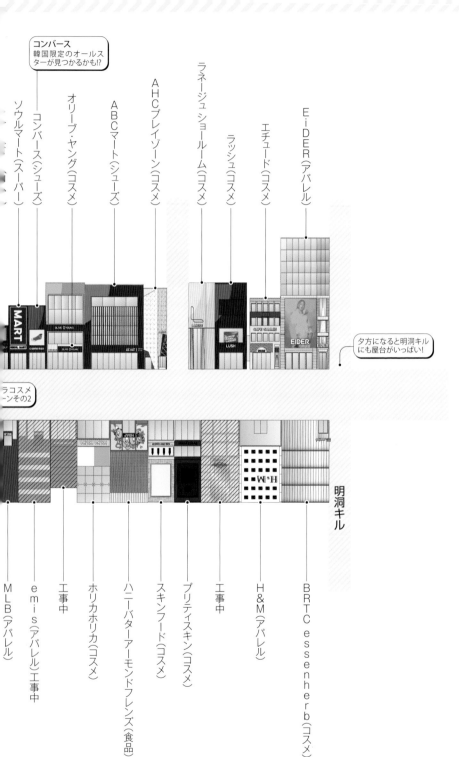

コンバース
韓国限定のオールスターが見つかるかも!?

ソウルマート(スーパー)

コンバース(シューズ)

オリーブ・ヤング(コスメ)

ABCマート(シューズ)

AHCプレイゾーン(コスメ)

ラネージュショールーム(コスメ)

ラッシュ(コスメ)

エチュード(コスメ)

E・iDER(アパレル)

夕方になると明洞キルにも屋台がいっぱい!

(ラコスメ
ーンその2)

明洞キル

MLB(アパレル)

emis(アパレル)工事中

工事中

ホリカホリカ(コスメ)

ハニーバターアーモンドフレンズ(食品)

スキンフード(コスメ)

プリティスキン(コスメ)

工事中

H&M(アパレル)

BRTC essenherb(コスメ)

A
B
C

1

2

3

4

ソウル

北朝鮮

春川
江陵
公州
安東
扶余　大田
慶州
全州　大邱
光州　プサン
済州島

白馬高地
新炭里
大光里
新望里
漣川
全谷
漢灘江
哨城里
逍遙山　京畿道
東豆川
東豆川
抱川

開城
板門店
自由の橋
統一大橋
汶山
臨津江
都羅山
臨津江

坡州ヘイリ芸術村
京義線
坡州
揚州
高陽
議政府
議政府
道峰山
北漢山
北漢山国立公園

江華支石墓
高麗山
江華島
摩尼山

金浦
ソウル中心部 P4〜5
ソウル
上鳳　九里
清涼里
徳沼
河南
南漢山城
南揚州撮影所

金浦空港
富川
仁川

第2ターミナル
仁川
国際空港
パラダイスシティ
P217
シメール
P168

永宗島
新空港高速道路
仁川大橋
安山

京畿湾

果川
安養
軍浦
義王
始興

水西
城南
広州

水原
華城
龍仁
芝山フォレスト
韓国民俗村 P111
P110

烏山
龍仁大長今パーク
(「赤い袖先」ロケ地)
P111

西井里
京釜高速国道
芝制
平沢
平沢
安城

平沢港国際旅客
ターミナル
西海大橋

天安
成歓

忠清北道

国望峰
華岳山
明智山

加平
加平
エリシアン江村
江原道
洪川

アチムコヨ
樹木園
鉄馬山
天摩山
京春線
北漢江

龍門山
揚平
揚平
京義・中央線
平昌へ
KTX

京元線
東豆川

10km

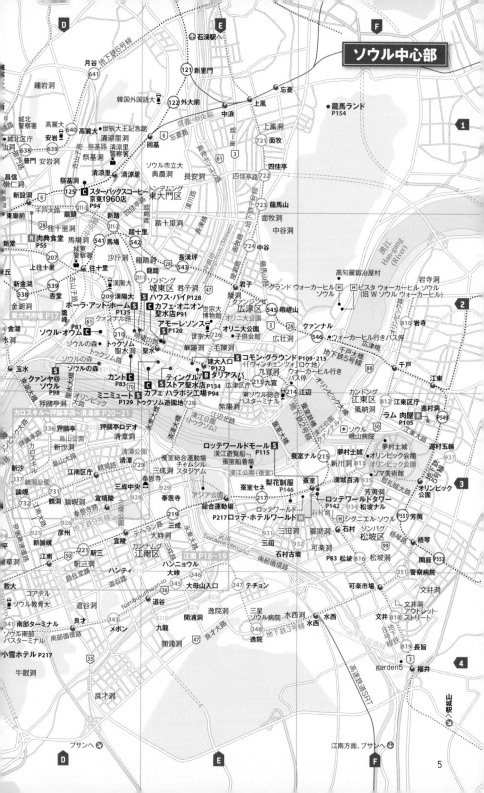

ソウル中心部

カロスキル～狎鴎亭洞～清潭洞 P20~21

江南 P18~19

↑鍾閣駅（鍾路）へ

A

B

C

乙支路
Euljiro1
202

ソウル市庁

●ソウル図書館

徳寿宮

通称「トルダムキル」。カップルで
歩くとそのカップルは別れるという
ジンクスが。秋は紅葉が美しい。

KALリムジン

1

132 市庁
City Hall

リムジンバス
発着所

正宮守門将
交代儀式
●大漢門

徳寿宮キル
Deoksugung-gil

1号線市庁駅と2号線乙支入
口駅は地下でつながっており、ショ
ッピングセンターになっている

ⒸⓋ CU

円丘壇正門

ソウルセンタービル
JCBプラザ
ラウンジ・ソウル　円丘壇

Ⓗ ロッテ・ホテル・ソウル
P216

ロッテ百貨店 Ⓢ

ロッテ免税店 明洞本店 Ⓢ
（9〜12F）

南大門路 Namdaemun-ro

リムジンバス
発着所

ⒸⓋ GS25

KALリムジン

Ⓗ ザ・プラザ・ソウル、
オートグラフ コレクション

ウェスティン
チョースン・ソウル Ⓗ
P216

KAL
リムジン

12

201

Ⓡ 小公粥家 P181

2 市庁
City Hall

世宗大路18キル Sejong-daero 18-gil

小公洞地下商街 Ⓢ

明洞地下 Ⓢ

忠正路駅へ

ソウル
参鶏湯 Ⓡ
P180

GS25 ⒸⓋ セブン
イレブン

P76 秀味家 Ⓡ

Ⓑ🅚 新韓銀行

南山フグチプ Ⓡ
P65

新韓銀行
🅚Ⓑ ロッテ・ヤング・プラザ Ⓢ
P179

3

ソウル駅へ

クジョンオッ本店 Ⓡ
P52

韓進ビル

ブチャンドン
北倉洞

🅚Ⓑ 韓国銀行
小公別館

通称・中華ストリート。飲食
の屋台が並ぶ場所だが、
深夜の通行は避けたい

GS25 ⒸⓋ

夜は男性客を狙った客引
きが多い通り。注意しよう。

Ⓡ 火砲食堂 P55

貨幣金融博物館●

地下道

ソウル中央郵便局 ✉

Ⓗ ホテルグレイスリーソウル
P216

コートヤード・バイ・マリオネット
ソウル南大門
P216 Ⓗ

Ⓡ リムジンバス
（空港行き）

南大門路
Namdaemun-ro

●噴水

南大門市場 P6左下

リムジンバス
（到着）

🅚Ⓑ SC第一銀行

Ⓗ 新世界百貨店 Ⓢ
P179

南大門地下商店街

会賢地下商店街 Ⓢ

🅚Ⓑ

4

カメラ店が
立ち並ぶ通り

C棟 南大門市場
P71、P182

レスケープ ホテル Ⓗ

新世界百貨店 新館 Ⓢ
新世界免税店
（8〜12F）

地下鉄4号線

D棟

会賢駅へ

🅚Ⓑ ウリ銀行
（本店）

A

B

C

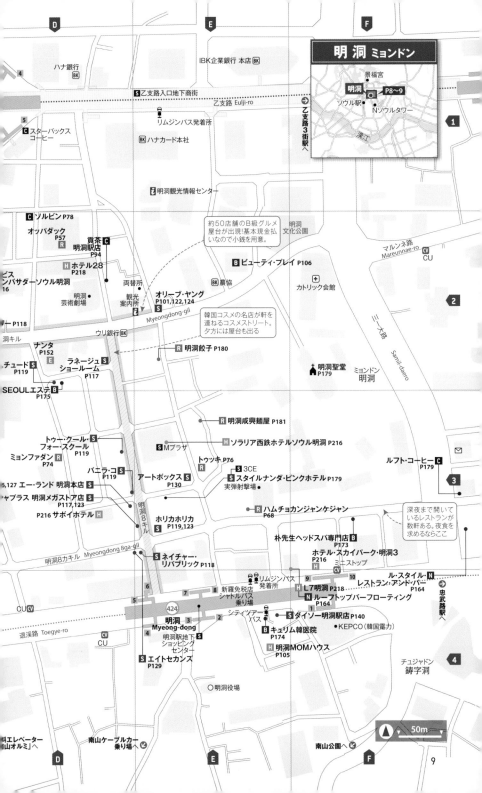

D

E

F

ハナ銀行 BK

IBK企業銀行 本店 BK

S 乙支路入口地下商街
乙支路 Eulji-ro

乙支路3街駅へ

C スターバックス
コーヒー

リムジンバス発着所

BK ハナカード本社

明洞観光情報センター

明洞 ミョンドン

景福宮
明洞 P8〜9
ソウル駅 Nソウルタワー
漢江

1

C ソルビン P78

オッパダック
P57 R

貢茶 C
明洞駅店 P94

H ホテル28
P218

両替所
観光
案内所

明洞
芸術劇場

明洞
文化公園

約50店舗のB級グルメ
屋台が出現!基本現金払
いなので小銭を用意。

B ビューティ・プレイ P106

BK 農協

カトリック会館

マルンネ路
Mareunnae-ro

CV
CU

2

ス
ンバサダーソウル明洞
16

オリーブ・ヤング
P101,122,124

Myeongdong-gil

韓国コスメの名店が軒を
連ねるコスメストリート。
夕方には屋台も出る

ー P118

洞キル

ナンタ
P152

ウリ銀行 BK

R 明洞餃子 P180

明洞聖堂
P179

ミョンドン
明洞

三一大路
Samil-daero

チュード P119 S

E

ラネージュ
ショールーム
P117

S

SEOULエステ B
P175

R 明洞咸興麺屋 P181

トゥー・クール・ S
フォー・スクール
P119

M プラザ

H ソラリア西鉄ホテルソウル明洞 P216

トゥッキ P76

ルフト・コーヒー C
P179

3

ミョンファダン R
P74

バニラ・コ S
P119

5,127 エー・ランド 明洞本店 S
P117,123

ャプラス 明洞メガストア店 S
P216 サボイホテル H

アートボックス S
P130

明
洞
8
キ
ル

ホリカホリカ
P119,123

S 3CE
スタイルナンダ・ピンクホテル P179
実弾射撃場

R ハムチョカンジャンケジャン
P68

朴先生ヘッドスパ専門店
P173

ホテル・スカイパーク・明洞3
P216 H

深夜まで開いて
いるレストランが
数軒ある。夜食を
求めるならここ

ル・スタイル・ N
レストラン・アンド・バー
P164

明洞8カキル Myeongdong 8ga-gil

S ネイチャー・
リバブリック P118

新羅免税店
シャトルバス
乗り場

リムジンバス
発着所

9

L7明洞 P218

ミニストップ

10

ル・スタイル・ N
レストラン・アンド・バー
P164

CU CV

6

5

424

明洞
Myeong-dong

3

2

シティツアー
バス

L7明洞 P218

N ルーフトップバーフローティング

S ダイソー明洞駅店 P140

忠武路駅へ

退渓路 Toegye-ro

CV
CU

明洞駅地下
ショッピング
センター

キュリム韓医院
P174

KEPCO（韓国電力）

チュジャドン
鋳字洞

4

エイトセカンズ S
P129

料エレベーター
山オルミ」へ

南山ケーブルカー
乗り場へ

明洞MOMハウス
P105

明洞役場

南山公園へ

50m

D

E

F

9

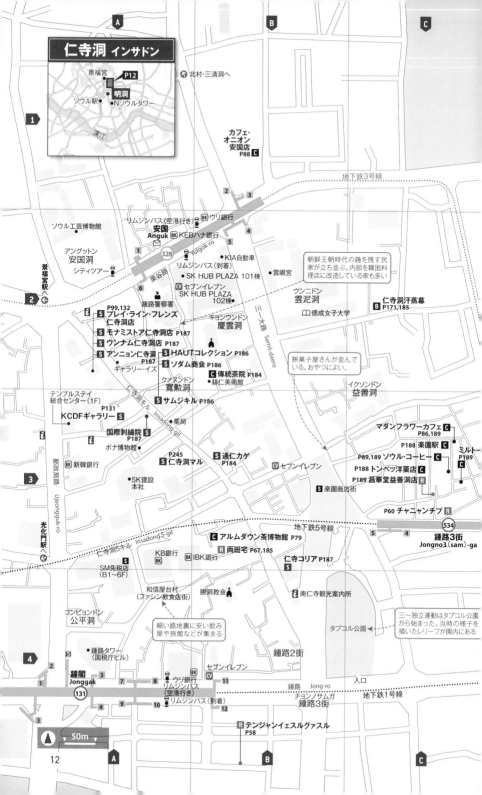

仁寺洞 インサドン

景福宮　P12
明洞
ソウル駅　Nソウルタワー

北村・三清洞へ

地下鉄3号線

カフェ・オニオン
安国店
P88 C

ソウル工芸博物館

アングットン
安国洞
シティツアー

リムジンバス（空港行き）　ウリ銀行
安国　KEB ハナ銀行
Anguk
328
リムジンバス（到着）
KIA自動車
セブンイレブン
SK HUB PLAZA 101棟
SK HUB PLAZA
102棟

朝鮮王朝時代の趣を残す民家が立ち並ぶ。内部を韓国料理店に改造している家も多い

雲峴宮

ウンニドン
雲泥洞

徳成女子大学

仁寺洞汗蒸幕
P171,185

鍾路警察署

プレイ・ライン・フレンズ　P99,132
仁寺洞店
モナミストア仁寺洞店　P187
ウンナム仁寺洞店　P187
アンニョン仁寺洞　P187
ギャラリー・イズ

キョンウンドン
慶雲洞

HAUTコレクション　P186
ソダム商会　P186
傳統茶院　P184
耕仁美術館

クァヌンドン
寛勲洞

餅菓子屋さんが並んでいる。おやつによい。

イクソンドン
益善洞

テンプルステイ
総合センター（1F）
KCDFギャラリー

仁寺洞キル Insadong-gil

P131
サムジキル　P186
国際刺繍院　P187
ボナ博物館

薬局

通仁カゲ　P184
仁寺洞マル　P245

マダンフラワーカフェ　P86,189
P188 楽園駅
ソウル・コーヒー　P89,189
ミルト　P189
トンペッ洋菓店　P188
昌華堂益善洞店　P189

セブンイレブン

楽園商店街

新韓銀行

SK建設
本社

チャニャンチブ　P60

鍾路3街
Jongno3(sam)-ga

534

地下鉄5号線

アルムダウン茶博物館　P79
両班宅　P67,185
仁寺洞コリア　P187

仁寺洞5キル Insadong-5-gil

KB銀行
IBK銀行

SM免税店
（B1～6F）

和信屋台村
（ファシン飲食店街）

勝洞教会

南仁寺洞観光案内所

コンピョンドン
公平洞

細い路地裏に安い飲み屋や旅館などが集まる

三一独立運動はタプコル公園から始まった。当時の様子を描いたレリーフが園内にある

タプコル公園

鍾路タワー
（国税庁ビル）

セブンイレブン

鍾路2街

鍾閣
Jonggak
131

ウリ銀行
リムジンバス
（空港行き）
リムジンバス（到着）

鍾路 Jong-ro

チョンノサムガ
鍾路3街

地下鉄1号線

テンジャンイェスルグァスル
P58

50m

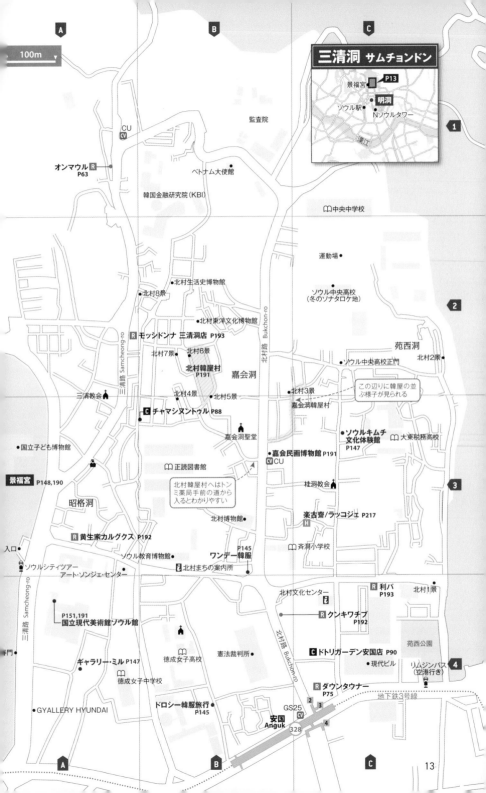

P13

景福宮

明洞

ソウル駅

Nソウルタワー

漢江

1

100m

A   B   C

監査院

CU
CV

オンマウル R
P63

ベトナム大使館

韓国金融研究院(KBI)

中央中学校

運動場

北村生活史博物館

ソウル中央高校
(冬のソナタロケ地)

北村8景

北村東洋文化博物館

2

モッシドンナ 三清洞店 P193

苑西洞

北村7景　北村6景

ソウル中央高校正門

北村2景

北村韓屋村
P191

嘉会洞

北村路 Bukchon-ro

三清路 Samcheong-ro

三清教会

北村4景　北村5景

北村3景

この辺りに韓屋の並
ぶ様子が見られる

チャマシヌントゥル P88

嘉会洞韓屋村

嘉会洞聖堂

**ソウルキムチ
文化体験館**
P147

大東税務高校

正読図書館

嘉会民画博物館 P191

CV CU

桂洞教会

景福宮 P148,190

北村韓屋村へはトン
ミ薬局手前の道から
入るとわかりやすい

楽古齋/ラッコジェ P217

H

昭格洞

北村博物館

斉洞小学校

黄生家カルグクス P192

ソウル教育博物館

ワンデー韓服
P145

北村まちの案内所

入口

ソウルシティツアー
アート・ソンジェ・センター

北村文化センター

利バ R
P193

北村1景

3

P151,191
国立現代美術館ソウル館

クンキワチプ R
P192

苑西公園

ドトリガーデン安国店 P90

ギャラリー・ミル P147

徳成女子高校

憲法裁判所

現代ビル

リムジンバス
(空港行き)

4

GYALLERY HYUNDAI

徳成女子中学校

ダウンタウナー R
P75

ドロシー韓服旅行 P145

GS25
CV

地下鉄3号線

安国
Anguk

328

国立子ども博物館

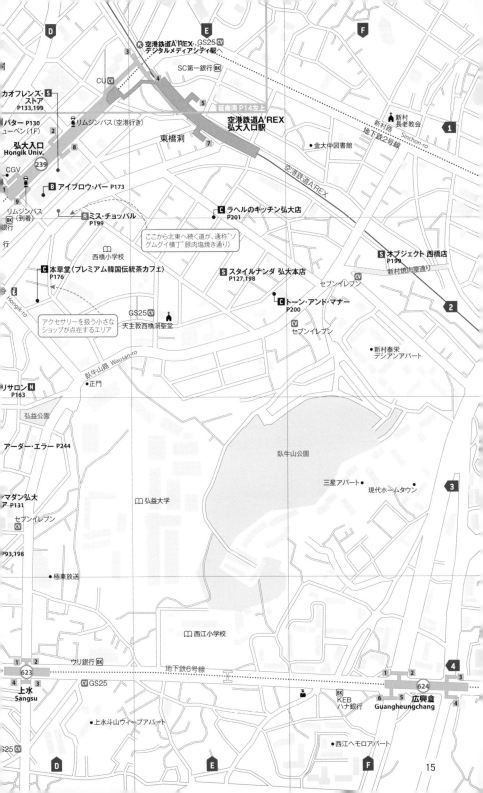

D **E** **F**

空港鉄道A'REX..GS25 CV
デジタルメディアシティ駅へ

SC第一銀行 BK

カオフレンス・S
ストア
P133,199

CU CV

延南洞 P14左上

バター P130
ューベン(1F)
弘大入口
Hongik Univ.

リムジンバス(空港行き)

東橋洞

空港鉄道A'REX
弘大入口駅

新村
長老教会
新村路
Sinchon-ro

地下鉄2号線

金大中図書館

CGV **239**

リムジンバス
(到着)

ミス・チョッパル
P199

アイブロウ・バー P173

ラヘルのキッチン 弘大店
P201

ここから北東へ続く道が、通称「ソグムグイ横丁」豚肉塩焼き通り)

オブジェクト 西橋店
P199

新村焼肉屋通り

本草堂(プレミアム韓国伝統茶カフェ)
P176

西橋小学校

スタイルナンダ 弘大本店
P127,198

セブンイレブン CV

アクセサリーを扱う小さな
ショップが点在するエリア

GS25 CV

天主教西橋洞聖堂

トーン・アンド・マナー
P200

セブンイレブン

新村泰栄
デシアンアパート

臥牛山路 Wausan-ro

リサロン N
P163

正門

アーダー・エラー P244

臥牛山公園

マダン弘大
ア P131

弘益公園

弘益大学

三星アパート

現代ホームタウン **3**

セブンイレブン
CV

P93,198

極東放送

西江小学校

ウリ銀行 BK

1 **2**
623
4

上水
Sangsu

CV GS25

地下鉄6号線

BK
KEB
ハナ銀行

1 **2**
624
3

6 **5** 広興倉
Guangheungchang
4

上水斗山ウィーブアパート

西江ヘモロアパート

CV

D **E** **F**

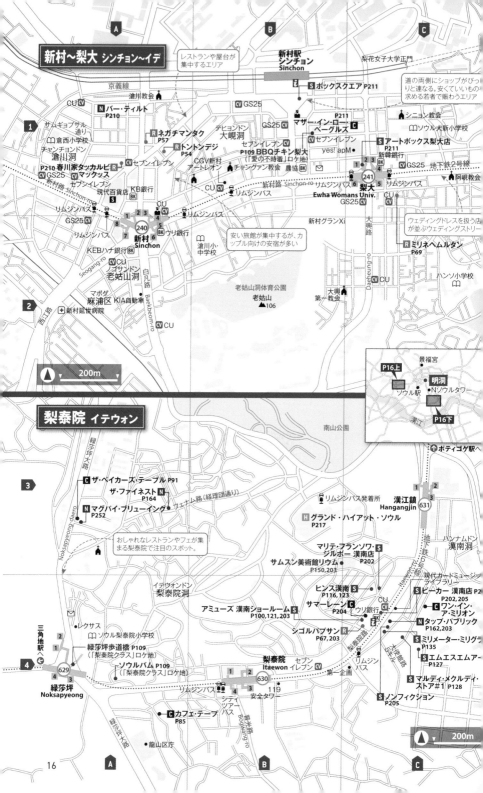

↖南山へ　玉水駅へ↑　↖玉水へ

狎鴎亭小学校 📖
狎鴎亭中・高校 📖

漢南駅
Hannam
🚇K113

西氷庫駅へ↓

アプクジョンドン
狎鴎亭洞

現代百貨店 🇸

狎鴎亭
Apgujeong
336

新鴎中学校

現代高校

新沙中学校

新沙洞
シンサドン
新沙洞

C **スターバックス**
ソウル・ウェーブ
アートセンター店
P83
ソウル・ウェーブ・アートセンター P109
（「セレブリティ」ロケ地）

プール

漢江公園
（蚕院地区）

蚕院洞

新東小学校 📖

新東中学校

オリンピック大路 Olympic-daero

新鴎小学校

江南乙支病院 ✚

産北中学校

鶴洞公園

CU 🄫

337 **新沙**
Sinsa

鶴洞
Hak-dong

731

H インペリ
アル・パ

4 1
3 338 1
2 蚕院
Jamwon

京院中学校 📖

リムジンバス
（到着）

732 **論峴**
Nonhyeon

論峴小学校 📖

CU 🄫
IBK銀行 🏦

926

彦州
Eonju

車病院 ✚

盤元
小学校

盤浦
Banpo

リムジンバス
（空港行き）

733

リムジンバス
（到着）

新世界百貨店 🇸

S **ゴートゥー・モール**
P213

リムジンバス（空港行き）🇸

JW マリオット ホテル ソウル 🏨

339 ソウル高速
バスターミナル

923

734 **高速ターミナル**
Express Bus Terminal

内方駅へ↓

S **バミエ：ストリート**
P213

✚ カトリック医大
ソウル聖母病院

N **デビルズドア**
P213

円村

小・中学校

リムジンバス
（到着）

リムジンバス
（到着）

CU 🄫

スターバックスコーヒー C
新論峴
Sinnonhyeon

925

N **ムウォル** P163

C **ベーカスト・ブラウン** P93

N **アートモンスター** P160

R **チャンイン**
タッカルビ P56

駅三
Yeoksam

221

砂平
Sapyeong

924

叙院小学校

盤浦高校

リムジンバス
（到着）

リムジンバス
（空港行き）

円明小学校

シゴルヤチェテンジャン
P59

礪一中学校

瑞草小学校

江南
シティツアー

江南
シティツアー

リムジンバス
（空港行き）

リムジンバス
（到着）

222

江南
Gangnam

R **ウルミルデ**
コップネンミ
P61

ヌリンマウル醸造場＆パブ N
P163

江南駅地下
ショッピングセンター S

S ソホテル アンバサダー
ソウル カンナム 🏨

教大駅へ↓　教大駅へ↑

エッグドロップ R
P74

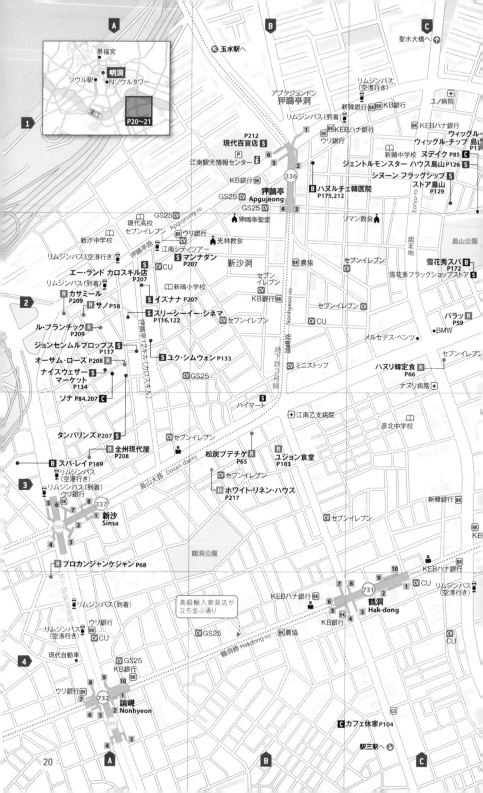

D

E

F

1

ロデオ通りの周辺にはおしゃれなカフェや雑貨を扱うショップが並ぶ。美容院も多い

フドンチョン
P102

R ベッコドン
P69

リムジンバス（空港行き）
ギャラリア百貨店（WEST館）P212

S 7 ギャラリア百貨店（EAST館）P212

2 アクレッド P109
（『愛の不時着』ロケ地）

清潭高校

清潭小・中学校

チョンダムドン
清潭洞

KIA自動車

B ビットアンドブート
清潭店 P107

リムジンバス
（到着）

ントンイ C

狎鴎亭
ロデオ
Apgujeongrodeo

N 5 4

Kスター・ロード
P97

CV セブンイレブン

狎鴎亭コンビニ P161

ロデオ通り

R 狎鴎亭カルサムギョプサル P54,212

C ミニュート・パピヨン
P94

マニョキムバブ
P103

ワー・ベーカリー
1

ウルフギャング・ステーキハウス P108
（『ザ・ファビュラス』ロケ地）

清潭洞
四ツ角

BK KB銀行

リムジンバス
発着所

C ノテイド P93

CV ミストップ

CV セブンイレブン

R ヨンチョンヨンファ
P103

S インスタントファンク P126

CU

プリマ・サウナ B
P169

リムジンバス発着所

BK
鶴洞
四ツ角

Dosan-daero

B ビューティ・ピア
P173

2

大路

B アリュー 清潭店
P107

清潭近隣公園

橋梁路

三成路 Samseong-ro

CV GS25

永東高校

清潭洞聖堂

ツリージェイカンパニー

彦北小学校

B イ・ムンウォン韓方クリニック
P175

KB銀行

清潭
Cheongdam

BK
KEBハナ銀行
10 11
729

江南税務所

ウリドゥル
病院

8

9

CV CU

CV CU

7 6 5 4

セブンイレブン C

セブンイレブン
CV

江南区庁
Kangnam-gu Office

ウリ銀行

BK ウリ銀行

CV CU 3 730 4 1
地下鉄7号線

江南区庁

3

CV
プン
レブン

2 CU

CV セブンイレブン

三成洞

KEB
ハナ銀行

BK

CV セブン
イレブン

ヒルステート・アパート

S25

BK 農協

パラゴン・アパート

BK BK銀行

彦州中学校

ヒルステート・アパート

R スーパージップ
P102

セブンイレブン CV

BK 農協

江南図書館

論峴洞

R

無米有米キンバブ
P74

三陵小学校

三成中央
Samseong Jungang
GS25

3

2 GS

1
928 7 6

4

鶴洞小学校

セブンイレブン CV

ミニストップ
CV

宣靖陵
Seonjeongneung
927

ウリ銀行 BK

2

リムジンバス
発着所

三陵公園

1 3

N 100m

D

E

F

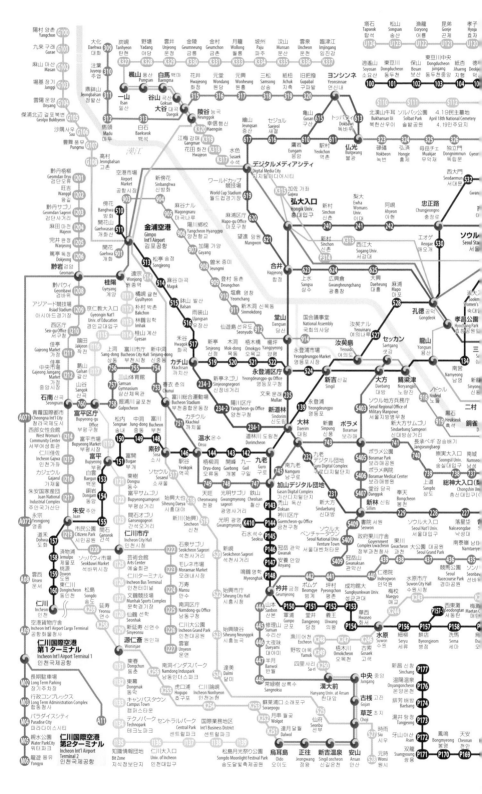

ソウル地下鉄路線図

せかたび
こんな本！

はじめてソウルを訪れる人も、新しい発見をしたいリピーターも
「せかたび」一冊あれば、充実した旅になること間違いなし！

01 □ "本当に使える"モデルコース集

➡ 王道＋テーマ別でアレンジ自在

はじめてなら王道コース（→P36）、リピーターや旅の目的が決まっている人はテーマ別コース（→P42）！

02 □ 観光スポットは星付きで紹介

➡ 行くべき観光スポットがすぐわかる！

限られた時間でも、見るべきものは逃したくない！★を参考に行き先を検討しよう！

★★★…絶対行くべき
★★…時間があれば行きたい
★…興味があれば行きたい

03 □ 「定番」「オススメ」をマーク化

➡ 行くべきところがひと目でわかる

レストランやショップは、人気の定番店はもちろん、特徴のある編集部オススメ店も！

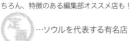

…ソウルを代表する有名店

オススメ！…編集部のオススメ店

04 □ 詳細折りこみイラストマップ付

➡ 注目エリアを"見て"楽しむ

表紙裏の折りこみMAPに注目！ 街のメインストリートから、話題のローカルエリアまで。

05 □ 「まとめ」インデックスが超便利

➡ 掲載物件を一覧・比較

巻末には掲載物件のインデックスを収録。営業時間から地図位置までひと目で確認。

06 □ 電子書籍付き

➡ スマホにダウンロードでも持ち歩ける

本書の電子書籍版が無料でダウンロードできる！ スマホで持ち歩けば海外でも安心。

ダウンロードの仕方は
袋とじをチェック！

〔マークの見方〕

- 🚉…交通　駅や広場など、街歩きの基点となる場所などからのアクセス方法と所要時間の目安
- 🏠…所在地
- ☎…電話番号　現地の番号を市外局番から掲載
- 🕐…営業・開館時間　時期により変更の可能性あり
- 🅱…定休日
- 🅿…料金　大人1名分を表示。ホテルの場合は、1泊1室あたりの室料　時期や季節により変動あり。
- [URL]…ホームページアドレス　http://は省略
- 🇯…日本語スタッフ常駐
- 🇪…英語スタッフ常駐
- 🇯…日本語メニューあり
- 🇪…英語メニューあり
- 🅿…予約が必要、または予約することが望ましい

●本誌掲載の記事やデータは、特記のない限り2023年10〜12月現在のものです。その後の移転、閉店、料金改定などにより、記載の内容が変更になることや、臨時休業等で利用できない場合があります。

●各種データを含めた掲載内容の正確性には万全を期しておりますが、おでかけの際には電話などで事前に確認・予約されることをおすすめいたします。また、各種料金には別途サービス税などが加算される場合があります。

●本書に掲載された内容による損害等は、弊社では補償致しかねますので、あらかじめご了承くださいますようお願いいたします。

●休みは曜日ごとに決まっている定休日のみを記載しています。年末年始、旧正月、秋夕（旧盆）、クリスマスなどの国の祝祭日は省略しています。

せかたび

ソウル

Seoul

좋은 여행 되세요

チョウン ヨヘン テセヨ　素敵な旅を!

せかたび
ソウル
Seoul

ソウル完全Map…P1

早分かり

Contents

賑わいがたえない明洞の中心街

SEOUL

行くべきエリア

最先端のファッションタウンから下町情緒あふれるエリアまで、
さまざまな表情を見せるソウル。各エリアの特徴を知っておこう！

★Seoul Area Map★

仁旺山
西村
三清洞
昌徳宮
安国
景福宮
加佐
延南洞
望遠洞
仁寺洞・益善洞
市庁
鍾路3街
東大門
明洞
KTX
京義・中央線
新村
新村
忠正路
忠武路
東大門
西江
ソウル駅
ソウル駅
南大門
薬水
弘大
合井
孔徳
Nソウルタワー
南大門市場
玉水
三角地
梨泰院
梨泰院
地下鉄6号線
龍山
新吉
狎鴎
永登浦区
汝矣島
漢江大橋
銅雀大橋
蟠浦大橋
漢南大橋
京義・中央線
カロスキ
漢江
地下鉄4号線
地下鉄9号線
地下鉄7号線
地下鉄3号線
地下鉄7号線
地下鉄9号
高速ターミナル駅
京釜高速道路
江南駅
瑞草区

ソウル観光の
拠点はココ！

レトロな街並みに
トレンドが融合

ノスタルジックな
風情が残る

明洞・南大門
●明洞・南大門／ミョンドン・ナムデムン

ソウル随一の繁華街・明洞には韓国を代表するコスメ＆ファッションブランドが集結。庶民的な南大門市場にも徒歩でアクセス可能。

仁寺洞・益善洞
●仁寺洞・益善洞／インサドン・イクソンドン

仁寺洞のメインストリートには伝統工芸品店やモダン雑貨屋が立ち並ぶ。隣接する益善洞ではおしゃれなカフェが続々オープン！

三清洞
●三清洞／サムチョンドン

朝鮮王朝の王宮・景福宮周辺は、昔の貴族が暮らした歴史あるエリア。レトロな韓屋を利用したカフェやレストランが並んでいる。

チェック！

\ZOOM UP!/

北朝鮮
京畿道　ソウル
江原道
忠清北道　韓国
忠清南道　慶尚北道
全羅北道
全羅南道　○プサン　日本
福岡○

200km

N

2km

東大門区
江北
地下鉄5号線
地下鉄2号線
水洞
建大入口
ロッテワールドタワー

蚕室
石村湖
総合運動場
地下鉄8号線
宣陵
炭川

大事なことだけまとめ！

通貨とレート
W100＝約11円 ※2024年1月現在
韓国の通貨はW（ウォン）

時差
なし
日本と同じ時刻表記なので旅行しやすい。

物価の目安
- □ミネラルウォーター（500ml）W950〜
- □タクシー初乗りW4800
- □缶ビール（350ml）W3000〜

日本からのフライト
1時間20分〜3時間20分
（東京から約2時間20分、大阪から約1時間45分）

おしゃれ
最先端タウン

カロスキル
●가로수길
ソウルの流行最先端がわかるハイソな街。芸能人やファッショニスタも多く訪れ、おしゃれピープルの注目度はNo.1！

深夜まで眠らない、
夜遊びの街

東大門
●동대문／トンデムン
国宝・東大門の西側は、ファッションビルと昔ながらの問屋が隣り合う巨大市場。深夜まで若者で賑わっている。

若者のサブカル
発信地

弘大
●홍대／ホンデ
アートやサブカル、若者文化の発信地。スタイリッシュなカフェ、ショップ、クラブなどが集まり、路上アートやライブなども見られる。

ソウルの
異文化スポット

梨泰院
●이태원／イテウォン
龍山の米軍基地に隣接し、各国大使館も揃うインターナショナルな街。欧米人が多く、エキサイティングな異文化を堪能できる。

絶品グルメ、ぜーんぶ食べたい！

ソウルの おいしいもの

せっかくのソウル旅行。おいしいものをたくさん食べたいけど
どんな料理があるの？ そんな人のために、代表的なソウルグルメをご紹介。

☐サムギョプサル
●삼겹살
脂身と赤身が三層になった豚のバラ肉を、薬味と一緒に葉野菜に巻いて食べる。

ココで！
肉典食堂→P55

☐タッカルビ
●닭갈비
鶏のモモとムネ肉をコチュジャンベースのタレにつけ、鉄板で炒める料理。

ココで！
春川家タッカルビマックッス→P210

☐チャドルバギ
●차돌박이
脂身が多く薄くスライスされて提供される。店特製のタレに漬けて食べる。

ココで！
クジョンオッ本店→P52

☐ユッケ
●육회
牛の赤身の生肉。卵やごま油、活ダコなどと一緒に食べられる店も。

タコが動く！

ココで！
プチョンユッケ→P53

☐プルコギ
●불고기
韓国のすき焼きとも言われる。牛肉を甘辛ベースのタレで煮込み焼きした料理。

ココで！
駅前会館→P53

☐チムタク
●찜닭
鶏肉をピリ辛ダレで煮込む料理。大量のチーズをトッピングするのも人気。

チーズたっぷり

ココで！
ネガチマンタク→P57

☐ピビムパプ
●비빔밥
混ぜご飯のこと。石窯で食べるものとボウルで食べるものがある。

思いきりまぜまぜ

ココで！
木覓山房→P58

☐キムパプ
●김밥
日本でいう海苔巻き。韓国海苔で巻いてあるものもおいしい。

ココで！
無米有米キンパプ→P74

☐冷麺
●냉면
牛などでだしをとった冷たいスープに、コシの強い麺が特徴。

さっぱりメにも最適！

ココで！
五壮洞興南家→P61

☐スンドゥブ
●순두부찌개
豆腐や海鮮をチゲ鍋で煮込んだ料理。魚介のだしがきいていて美味。

ココで！
チョンウォンスンドゥブ チョッパル→P62

☐カルグクス
●칼국수
店の自家製麺で作るうどん。豆乳スープで作るコングクスなども人気。

ココで！
チャニャンチプ→P60

☐タッカンマリ
●닭한마리
鶏が丸々一匹入った豪快な水炊き鍋。薬味などを合わせた特製タレでいただく。

ココで！
陳元祖補身タッカンマリ→P64

迷ったらコレBest3

👑 1 サムギョプサル
本場の味を体感しよう！

👑 2 ビビムパブ
石焼じゃないのもあるよ！

👑 3 ピンス
ひんやりおいしいのはコレ！

☐ プデチゲ
● 부대찌개

アメリカ軍が韓国に持ち込んだスパムやソーセージなどを入れて作った鍋がきっかけ。

これぞB級グルメ！

ココで！ 松炭プデチゲ→P65

☐ 参鶏湯
● 삼계탕

鶏肉と高麗人参、ナツメなどの韓方食材を一緒に煮込んだ料理。美肌効果も。

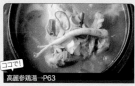

ココで！ 高麗参鶏湯→P63

☐ カンジャンケジャン
● 간장게장

生のワタリガニを醤油に漬け込んだもの。ご飯と一緒に食べるシメも美味。

ココで！ 眞味食堂→P68

☐ 韓定食
● 한정식

メインや前菜などの小鉢がたくさんセットになった、韓国料理のコース。

ココで！ ハヌリ韓定食→P66

☐ 屋台グルメ
● 포장마차 음식

韓国ならではのディープなグルメが並ぶ市場では、B級グルメが楽しめる。

ココで！ 広蔵市場→P70

☐ チーズハットグ
● 치즈핫도그

韓国風アメリカンドッグ。チーズが入っているものもあり、日本でも人気。

のび〜るチーズ！

ココで！ 明洞の屋台で食べ歩き→P72

☐ 韓方茶
● 쌍화차

韓国の漢方医学で使用される韓方で煮出すお茶。美容に効く成分がたっぷり。

ココで！ ザ・サンファ→P176

☐ ピンス
● 빙수

冷たくておいし〜い！

韓国風かき氷。粉雪のようなさらさらの氷が特徴。トッピングも豊富。

ココで！ ソルビン→P78

☐ フォトジェニックカフェ
● 사진빨 잘 받다 카페

写真を撮らずにはいられない素敵な空間やインテリア自慢のカフェが増加中！

ココで！ テディ・ブール・ハウス→P81

☐ 韓屋カフェ
● 한옥카페

韓国の伝統建築様式で建てられた家屋をリノベーションしたカフェ。雰囲気◎。

ココで！ ソウル・コーヒー→P89

☐ Kスイーツ
● K 간식

伝統のあるクァベギや薬菓などをアレンジしたニュートロなスイーツが熱い！

SNSにUPしたい♡

ココで！ クァベ→P93

☐ スタイリッシュカフェ
● 스타일리쉬 카페

モノトーン系や無機質系のクールなカフェも人気。落ち着いた雰囲気が◎。

ココで！ ジャルジャル→P82

ひと目で確認！

コスメからKファッション、お菓子まで！

ソウルの おかいもの

トレンド最前線のコスメやKファッション、手軽にゲットできる
グルメみやげなど、ソウルはショッピング天国。おみやげ選びも楽しい！

☐SNS映えアパレルショップ

内装や外観がとにかくかわいい、SNS映えのアパレルショップが増加中！

インスタにUPしたい！

ココで！
インスタントファンク→P126

ココで！
エー・ランド 明洞本店→P127

☐Kファッションブランド

せっかくソウルに来たなら、メイド・イン・コリアのアパレルブランドをチェック！

ココで！
マルディ・メクルディ・ストア#1→P128

☐韓国のFF（ファストファッション）

韓国発のファストファッションブランドは、リーズナブルなのにセンス抜群！

デザインも秀逸！

ココで！
エイトセカンズ→P129

☐スタイルナンダ

日本にも上陸したKファッションの代名詞。明洞や弘大の店舗は必訪。

ココで！
スタイルナンダ 弘大本店→P127

☐ナイトショッピング

眠らない街・東大門のファッションビルでは、朝まで思いきり買いものできる。

ココで！
ドゥータ・モール→P158

☐スリーシーイー・シネマ

カロスキルにある、コスメ好き女子の聖地。商品を試せるスペースもかわいい。

ゆめカワなメイクスペースが！

ココで！
スリーシーイー・シネマ→P116

☐カリスマ美容家コスメ

カリスマメイクアップアーティストがプロデュースするコスメブランドが人気。

ココで！
ジョンセンムルプロップス→P117

☐オリジナルコスメ

自分の肌カラーに合わせたコスメがないなら、作ってしまえばOK!?

ココで！
アモーレソンス→P120

☐オリーブ・ヤング

オリヤンならプチプラコスメから、食品、インナービューティアイテムまで何でも揃う。

プチプラなのに優秀

ココで！
オリーブ・ヤング→P124

☐ショールーム

色々なアイテムを試せる人気コスメブランドのショールームもおすすめ。

ココで！
アミューズ 漢南ショールーム→P121

迷ったらコレBest3

1 メイクアップコスメ

パッケージもかわいい！

2 伝統雑貨

韓国特有の色彩美に思わずうっとり

3 コンビニお菓子

日本とちょっと違う味わいがやみつきに！

□ 美肌化粧品

韓国といえば美肌！ ナチュラル系コスメブランドの基礎化粧品も安定した人気。

敏感肌の人も安心！

ココで！
イニスフリー→P118

□ パック＆マスク

韓国みやげ定番のパック＆マスクは、パッケージがかわいくなって進化中。

ココで！
オリーブ・ヤング→P122

□ バラマキコスメ

リップ、ティント、グリッターなど、かわいくて機能的な高コスパみやげを狙い撃ち！

絶対喜ばれる！

ココで！
ホリカホリカ／ミシャプラス
明洞メガストア店→P123

□ ライフスタイルショップ

食器やインテリア、雑貨まで扱うライフスタイルショップはおみやげ探しの宝庫。

ココで！
ティングル・ストア聖水店→P134

□ BT21グッズ

BTS（防弾少年団）がLINEフレンズとプロデュースしたBT21のグッズに注目！

ココで！
プレイ・ライン・フレンズ仁寺洞店→P99

□ キャラクターグッズ

LINEフレンズ、カカオフレンズのほか、韓国オリジナルキャラのグッズも登場。

ココで！
プレイ・ライン・フレンズ仁寺洞店→P132
カカオフレンズ・ストア→P133

□ 脱力系コリアン雑貨

おみやげの定番・コリアン雑貨の専門店では、脱力系キャラのグッズが増加中。

ココで！
KT&Gサンサンマダン弘大
デザインスクエア→P131

□ 伝統工芸品

韓国の伝統的な柄や色彩を用いたオリジナル雑貨もマストでチェックしたい。

レトロ＆カラフル！

ココで！
ヴィンコレクション→P131

□ 韓国のダイソー

日本とはちょっと違う韓国のダイソーは、雑貨やコスメのラインナップが優秀！

ココで！
ダイソー明洞駅店→P140

□ コンビニみやげ

独自の進化を続ける韓国のコンビニ。スーパー大手のeマートもコンビニに参入。

ココで！
イーマート24→P139

□ スーパーのグルメみやげ

食品みやげはスーパーで買うのが基本！ ロッテマートやノーブランドが人気。

庶民価格でなんでも揃う

ココで！
ロッテマート→P136

ココで！
ノーブランド→P136

33

1日まるごとあそび尽くす！

ソウルの エンターテインメント

K-POPアイドルの聖地めぐり、ソウルを見下ろすタワー探訪、古い街並みで歴史散策……。
ソウルのエンタメスポットで旅をより深めよう！ 夜はマッコリバーでほろ酔い！

☐ アイドルグッズハンティング

K-POPのグッズやコラボコスメはマストでゲットしたい！ 日本では買えないものも！

NCTメンバー、テヨン♡

BLACKPINKのバケハなど、アパレルも

ココで！
クァンヤ@ソウル→P98

ココで！
ザ・セイム→P99

☐ ドラマロケ地めぐり

話題の韓国ドラマロケ地をピックアップ。ソウルの外にも足をのばしてみよう。

ココで！
緑莎坪歩道橋→P109

☐ アイドル御用達グルメスポット

ソウルにはK-POPアイドル御用達スポットがいっぱい。推しに会えるかも。

壁にはアイドルのサインがびっしり

ココで！
スーパージップ→P102

ココで！
ユジョン食堂→P103

☐ 番組観覧

運がよければ音楽番組の観覧ができることも！ 憧れのスターを目の前で見よう！

ココで！
M COUNTDOWN→P112

☐ ペン活スポット

芸能事務所やアイドルの家族が経営するスポットからファン必訪の聖地まで。

ココで！
ラム 肉屋→P105

☐ アイドル変身体験

最旬メイクをしたり、アイドル御用達の美容院へ。MV風撮影にもチャレンジ！

K-POPのMVに入り込んだよう

ココで！
ハイカー・グラウンド→P107

☐ ロッテワールドタワー

ソウルの街並みを一望できる韓国で最も高いタワー。カフェや水族館も併設。

ココで！
ロッテワールドタワー→P142

☐ 韓服散歩

時代劇などでお馴染みのカラフルな伝統衣装を着て、歴史スポット散策へ！

お気に入りを探してインスタ映え！

ココで！
ワンデー韓服→P145

☐ 韓国カルチャー体験

ココで！
梨花制服→P146

韓国に来たら歴史や文化に触れよう。制服レンタルやキムチ作り体験など。

ココで！
ソウルキムチ文化体験館→P147

迷ったらコレBest3

👑1 ロッテ
ワールドタワー
ギネス認定の
エレベーターも！

👑2 景福宮
カラフルな韓服で
訪れるのも◎！

👑3 チムジルバン
ココロもカラダを
リラックス！

☐歴史体感スポット
朝鮮時代の面影を感じるなら古宮へ行こう。景福宮の守門将交代式は必見。

ココで！
景福宮→P148

☐美術館
ソウルにはアートスポットも点在。なかには、建築自体が芸術と称されるものも。

韓国と海外の美術、両方楽しめる

ココで！
サムスン美術館 リウム→P150

☐エンタメショー
華やかなエンタメショーも韓国ならでは。圧倒的なパフォーマンス力に感動！

ココで！
ナンタ→P152

☐龍馬ランド
フォトジェニックスポットとして人気の廃墟遊園地。K-POPアイドルのMVにも使われ話題に！

アイドル気分で撮影！

ココで！
龍馬ランド→P154

☐夜景
東京とはまた違った雰囲気が漂う、夜のきらびやかなソウルを満喫しよう。

ココで！
ソウル路7017→P156

☐居酒屋が面白い
焼酎やマッコリ、クラフトビールなど。気分にあわせてアルコールをチョイス！

ココで！
バンジョ→P160

☐マッコリ居酒屋
女子でも楽しめるおしゃれなマッコリ居酒屋で深夜まで友達と語り合おう！

ココで！
ヌリンマウル醸造場＆パブ→P163

SNSにUPして、いいね！をもらっちゃおう！

☐ルーフトップバー
夜景の見える屋上バーで風を感じながら至極の1杯を。ソウルの街を見下ろそう！

ココで！
ル・スタイル・レストラン・アンド・バー→P164

☐チムジルバン
サウナや風呂、エステなどを備える韓国式健康ランド。疲れた体を癒そう。

ココで！
森の中の漢方ランド→P169

☐汗蒸幕
韓国伝統の美容法、汗蒸幕。体に溜まった老廃物をデトックスしてスッキリ！

ココで！
美素汗蒸幕→P170

Perfect モデルコース

2泊3日

Day 1

明洞 〜 南大門 〜 東大門 で
ショッピング&焼肉三昧！

初日は迷わずソウルの拠点・明洞へ。コスメ＆アパレルショップをチェックしたら、名物の屋台グルメを堪能！ そこから庶民的な南大門市場まで足をのばして、お待ちかねの焼肉ディナーへ。夜は眠らない街・東大門のファッションビルで夜通しショッピング！

オリーブ・ヤングの
シートマスク
→P122

36　日本でも人気のセレクトショップ。エー・ランド 明洞本店 →P127

話題のコスメ店などが立ち並ぶ、明洞 →**P179**　　市庁・火砲食堂の熟成豚肉サムギョプサル →**P55**

明洞8街｜ミョンドン8ギル

명동8길 37-1→37-14
Myeongdong 8-gil
明洞8街｜ミョンドン8ギル

ROYAL SKIN

11:00 仁川国際空港到着
せっかくの週末旅なら午前便で
到着するのがおすすめ！
空港鉄道orリムジンバスで約90分

14:00 明洞コスメロードへ
韓国のメジャーコスメ＆
アパレルブランドを一気にチェック！
徒歩5分　→P179

16:00 明洞で屋台グルメを堪能
夕方になるとB級グルメ屋台が出現。
気軽にトライしてみよう。→P72
徒歩10分

17:00 南大門市場でおみやげ探し
伝統雑貨や洋服、食材など明洞とはひと味
違うおみやげを探そう。→P182
徒歩10分

18:30 ソウル名物！ 焼肉ディナー
南大門市場からいずれも徒歩圏にあるサム
ギョプサルの名店へGO！
地下鉄8分

Choice!
●**市庁／火砲食堂**
プレミアム熟成肉を堪能できる。→P55
●**忠正路駅／トゥトゥム**
分厚い芳醇サムギョプサルが自慢。→P55

21:00 東大門でナイトショッピング
深夜までオープンしているファッションビル
でショッピング三昧！→P158

Choice!
●**東大門／ドゥータ・モール**
東大門のランドマーク的存在。→P158
●**東大門／ミリオレ東大門**
若者ファッションの聖地。→P159
●**東大門／ハロー-apM**
リーズナブルな価格がうれしい。→P159

バッグや帽子など
アクセサリー系も
多く扱っている

エー・ランド明洞本店の
店内 →P127

モデルコース

2泊3日

Day 2

狎鷗亭洞 〜 カロスキル 〜 江南 で

おしゃれソウルを堪能！

2日目は、ソウルのおしゃれエリアへ。狎鷗亭洞でアパレルショップをチェックしたら、話題のカフェでひと息つこう。午後はカロスキルでトレンドウォッチをして、夜は江南エリアへ。マッコリ酒場でお腹を満たしたら、〆は雰囲気自慢の明洞のバーへ。

パッケージも
配色もかわいい
コスメの虜♡

9:00 明洞の老舗で朝ごはん

老舗の朝食店でエネルギーチャージ! 明洞周辺の人気店を狙おう。

地下鉄19分

Choice!
- ●市庁／小公粥家
  期待を裏切らない専門店の粥。➡P181
- ●明洞／イナムジャン
  48時間煮込む絶品ソルロンタン。➡P181

11:00 狎鴎亭洞でアパレル
ショップチェック

ハイセンスなショップが集まる狎鴎亭洞エリアで、旬のアパレルショップをチェック。➡P126-129

徒歩5分

ソウルの
トレンドセンターを
チェック!

13:00 狎鴎亭洞でカフェ探訪

話題のカフェが集まる島山公園周辺を、散策しながらお気に入りの1軒を見つけよう。

Choice!
- ●狎鴎亭洞／ヌデイク
  芸術作品のようなスイーツを堪能。➡P85
- ●狎鴎亭洞／アワー・ベーカリー
  店内もおしゃれなベーカリーカフェ。➡P91

地下鉄30分

16:00 カロスキルでトレンドウォッチ

洗練されたファッションやコスメブランドが点在。➡P206

地下鉄16分

19:00 江南エリアで大人の夜を満喫

大人が集う江南エリアでは、新鮮なマッコリやドラフトビールのお店が人気。

Choice!
- ●江南／ヌリンマウル醸造場＆パブ
  新鮮なマッコリが飲めるブリューワリー。➡P163
- ●高速ターミナル／デビルズドア
  廃工場をイメージしたビアレストラン。➡P213

地下鉄20分

22:00 〆は明洞のルーフトップバー

少しおしゃれして、Nソウルタワーを望むホテルのルーフトップバーへ。➡P164

ハイセンスな
ショップが並ぶ
カロスキル➡P206

明洞の中心でおしゃれに過ごせるル・スタイル・レストラン・アンド・バー➡P164　39

Perfect
モデルコース

2泊3日

Day 3

昔ながらの韓屋が
おしゃれなカフェに
リノベーション →P88

onion

三清洞〜仁寺洞〜益善洞で
レトロなソウルに癒される

最終日は、荷物をホテルに預けて朝から韓国を代表する歴史スポット・景福宮へ。定番の守門将交代式を見たいなら、10時までに到着。ランチ後は、三清洞・仁寺洞の伝統工芸品店を巡り、仕上げはレトロな韓屋が並ぶ益善洞でカフェタイムを楽しんで。

景福宮から
少し足をのばして
豪華な宮廷料理

益善洞の
レトロなカフェで
絶品スイーツ♡

9:00 三清洞さんぽ
地下鉄安国駅からノスタルジックな
韓屋が立ち並ぶ三清洞を歩いてみよう →P190

徒歩10分

10:00 景福宮の守門将交代式
定番の守門将交代式は、毎日10時、
14時の1日2回行われている。→P148

徒歩10分または車で10分

12:00 韓定食ランチ
三清洞・仁寺洞周辺は韓定食レストランが
有名。ランチならリーズナブル。

Choice!
●景福宮周辺／石坡廊
著名人も食するモダンな宮廷料理。 →P66
●仁寺洞／両班宅
風情ある韓屋で味わう韓定食。 →P67

13:30 仁寺洞で伝統工芸品探し
ショッピングならサムジキル、アンニョン仁
寺洞の2大ランドマークへ。→P186

徒歩10分

14:30 韓屋カフェでお茶を
仕上げはレトロな韓屋カフェへ。時間が
あれば、益善洞の店がおすすめ。→P188

Choice!
●安国／カフェ・オニオン安国店
人気ベーカリーが手がける韓屋カフェ。→P88
●益善洞／ソウル・コーヒー
レトロとモダンが融合する人気カフェ。→P89
●益善洞／トンベツ洋菓店
韓屋でふわふわパンケーキを堪能！ →P188

徒歩10分または車で10分

地下鉄＋
空港鉄道で
1時間30分

18:00 仁川国際空港
ホテルで荷物をピックアップして、ソウル駅
から空港へ。最後に空港免税店でおみやげ
を買う時間を確保できればベスト。

Short Short モデルコース

ソウル旅をもっと深めるなら、テーマを絞って回ってみよう！半日で回れるモデルコースなので、いくつか組み合わせて旅程を立てるのも◎！

↑イチゴスイーツが多彩なピオニー弘大店

← ザ・セイムでのんびり

王道K-POP聖地巡礼コース

K-POPアーティストを身近に感じられるスポットが点在。その中でも人気エリアを中心にめぐろう。ソウルのトレンドも一緒にチェックできちゃう。

TIME 5時間

13:00 地下鉄合井駅

Start

▼ 徒歩7分

13:10 ❶ ザ・セイム

YGエンターテイメント社屋前にあるカフェ。地下にはショップも。（→P104）

▼ 徒歩7分

地下鉄合井駅

2号線28分

地下鉄往十里駅

水仁・盆唐線3分

地下鉄ソウルの森駅

▼ 徒歩すぐ

↑推しグッズを見つけたら即ゲットしたい

15:00 ❷ クァンヤ@ソウル

SMエンターテイメント社屋が入るビルの地下にオープンした公式グッズショップ。（→P98）

▼ 徒歩すぐ

地下鉄ソウルの森駅

水仁・盆唐線5分

地下鉄江南区庁駅

7号線2分

地下鉄鶴洞駅

▼ 徒歩7分

↑BTSが使っていたエアコンや当時の壁が残るカフェ休家

16:30 ❸ カフェ休家

BTSメンバー全員が5年近く住んでいた寮を改装してオープンしたカフェ。（→P104）

▼ 徒歩7分

18:00 地下鉄鶴洞駅

Goal

←所属アーティストの大スクリーンやフォトゾーンもあるクァンヤ@ソウル

弘大フォトジェニックコース

地下鉄弘大入口駅のひとつ先の合井駅で降りて、弘大、延南洞に向けてお散歩。若者の情報発信地は、フォトジェニックスポットがいっぱい！

TIME 5時間

13:00 地下鉄合井駅

Start

▼ 徒歩7分

13:15 ❶ ピオニー弘大店

日本人の舌に合うさっぱりとした口当たりのケーキを味わう。（→P200）

▼ 徒歩3分

14:00 ❷ ティルティル弘大ショールーム

ドラマのロケ地（→P109）にもなるほど映えな店内！実力派のコスメもチェック。（→P121）

▼ 徒歩17分

15:00 ❸ ラヘルのキッチン弘大店

注文を受けてから焼くスフレは、熱々でふわトロの食感！（→P201）

▼ 徒歩3分

16:30 ❹ スタイルナンダ 弘大本店

最後は韓国を代表するアパレルショップで、流行の洋服をGET！（→P127）

▼ 徒歩8分

18:00 地下鉄弘大入口駅

Goal

↑ティルティル弘大ショールームは写真映え

↓スタイリッシュな店内のスタイルナンダ 弘大本店

↑ホワイトを基調としたラヘルのキッチン弘大店

↓韓国の歴史文化がわかる
国立民俗博物館

韓国の伝統堪能コース

景福宮の守門将交代式を見学後、敷地内の国立民俗博物館へ。さらに現代アートを展示する美術館をめぐり、〆は韓定食レストランへ！

TIME 6時間

| 9:30 | 地下鉄景福宮駅 |

Start

▼ 徒歩10分

| 10:00 | ❶ 景福宮 (入場料W3000)

朝鮮王朝最大の王宮。10時、14時に迫力満点の守門将交代式を見学できる。（火曜休み）（→P148）

▼ 徒歩5分

| 10:30 | ❷ 国立民俗博物館 (入場無料)

石器時代から現代まで、韓国の生活様式や人々を取り巻く社会を紹介している。（→P151）

▼ 徒歩5分

| 12:00 | ❸ 国立現代美術館ソウル館

現代アートから世界的名作まで　(入場料W2000)
多彩な作品を楽しむことができる。（→P151）

▼ 徒歩17分

| 14:00 | ❹ 両班宅

仁寺洞の路地裏にある穴場のレストランで遅めのランチを堪能！（→P67）

▼ 徒歩3分

| 15:30 | 地下鉄安国駅 |

Goal

↑現代アートが集まる国立
現代美術館ソウル館

↑仁寺洞で30年以上続く
両班宅の韓定食

↑荘厳な雰囲気が漂う
景福宮勤政殿

↓全州現代屋の豆もやしの
スープごはん

食とエステで！美活コース

江南エリアで「美活」に挑戦。ヘルシーランチでお腹を満たしたら、話題のショップでコスメ探し。極上スパで外側を、韓方で内側から整える。

TIME 8時間

| 11:00 | 地下鉄新沙駅 |

Start

▼ 徒歩4分

| 11:10 | ❶ 全州現代屋

低カロリーで食物繊維が豊富な豆もやしは暴飲暴食の翌日にもいい。（→P208）

▼ 徒歩5分

| 12:30 | ❷ タンバリンズ

話題のコスメブランドで自分にあったフレグランスを見つける！（→P207）

▼ タクシー13分

| 13:30 | ❸ 雪花秀スパ

化粧品ブランド雪花秀が運営するスパ。韓方を取り入れた極上の施術を受けられる。（→P172）

▼ 徒歩12分

| 地下鉄狎鷗亭ロデオ駅 |

▼ 水仁・盆唐線4分

| 地下鉄宣靖陵駅 |

▼ 9号線4分

| 地下鉄奉恩寺駅 |

▼ 徒歩3分

↑おみやげにも喜ばれるタンバリンズのアイテム

| 16:00 | ❹ 廣東韓方病院五行センター

韓方製薬会社運営の病院。体質改善をしながら、不調の原因を解消へと導く。（→P174）

▼ 徒歩3分

| 19:00 | 地下鉄奉恩寺駅 |

Goal

←廣東韓方病院五行センターの韓方を使った施術

↓有名化粧品ブランドが運営する雪花秀スパ

↓ユッケ、チェプチェ、トッポッキ！

↑ソウルのシンボル Nソウルタワー

←ロッテワールドアクアリウム

テーマ別

Short Short モデルコース

屋台&横丁グルメ食べ歩きコース

王道もいいけれど、地元の人で賑わう屋台や横丁で食べる時間も楽しい。初心者でも楽しめるディープなグルメを味わおう。

TIME 5時間

Start

12:00 地下鉄鍾路5街駅

↓徒歩すぐ

12:15 ❶ **広蔵市場 モニョキムパブ**

まずは広蔵市場の人気店で、「麻薬キムパブ」の愛称でも知られるモニョキムパブへ。（→P70）

↓徒歩すぐ

13:00 ❷ **広蔵市場 ユッケ通り**

広蔵市場の一角にあるユッケ通りで、本場の新鮮なユッケをいただこう。（→P51）

↓徒歩5分

14:30 ❸ **タッカンマリ横丁&焼き魚横丁**

鳥の水炊き鍋のタッカンマリや焼き魚の専門店が並ぶ横丁も賑わっている。（→P197）

↓徒歩5分

地下鉄東大門駅

↓4号線8分

地下鉄会賢駅

↓徒歩すぐ

16:00 ❹ **南大門市場 うまいもん横丁**

衣・食ほか1万軒以上の店が集まる南大門市場。おみやげ購入もここで。（→P71）

↓徒歩すぐ

17:00 地下鉄会賢駅

Goal

←夕方から屋台が並ぶ南大門市場

↓地元の人で賑わう広蔵市場の屋台街

2大タワーはしごコース

ソウルを一望するロッテワールドタワーで、展望台や水族館を満喫。夕方になったら、ライトアップされたNソウルタワーへ。

TIME 5時間

Start

15:00 地下鉄蚕室駅

↓徒歩直結

15:00 ❶ **ロッテワールドタワー**

韓国で一番高いタワーは、ソウルの街を見渡せる絶景スポット。（→P142）

↓ロッテワールドタワー内

15:30 ❷ **ソウルスカイ**

（入場料W2万9900、子どもW2万5000）123階は地上500mのパノラマ展望台。最大40km先まで見渡すことができる。（→P143）

↓徒歩10分

16:00 ❸ **ロッテワールドアクアリウム**

（入場料W3万5000、子どもW2万9900）5万5000匹の海洋生物に出合えるタワー内の水族館。白イルカが人気。（→P143）

↓徒歩直結

地下鉄蚕室駅

↓2号線28分

地下鉄東大門歴史文化公園駅

↓4号線3分

地下鉄明洞駅

↓徒歩15分+ケーブルカー5分

18:30 ❹ **Nソウルタワー**

標高262mの南山の頂上に立つタワー。夜のライトアップはソウルの象徴。（→P157）

↓ケーブルカー5分+徒歩15分

20:00 地下鉄明洞駅

Goal

→天に伸びるロッテワールドタワー

↓ソウル市街を見下ろすソウルスカイ

44

↑駅すぐのネイチャー・リパブリック

➡ピンクの外観が目印のバニラ・コ

←ノティドには期間限定メニューもあるのでチェック！

明洞でかわいいもの爆買いコース

貴重なソウル滞在時間を有効に使うなら行動範囲をまとめるのがポイント。明洞なら主要コスメ＆アパレルショップを一気にまわれる。

TIME 3時間

Start

| 13:00 | 地下鉄明洞駅 |

▼徒歩1分

| 13:05 | ❶ ネイチャー・リパブリック |

明洞駅6番出口を出るとすぐ見える。韓国で売り切れ続出だったリップはマストバイ！（➡P118）

▼徒歩1分

| 13:30 | ❷ エー・ランド 明洞本店 |

毎日、新作が入荷される韓国を代表するセレクトショップで旬コーデをリサーチ。（➡P127）

▼徒歩1分

| 14:00 | ❸ バニラ・コ |

通称コスメ通りの明洞8キル沿いにある。スキンケアアイテムが特に注目！（➡P119）

▼徒歩1分

| 14:30 | ❹ ホリカホリカ |

続いて、ホリカホリカが目の前に。メイクアップコスメは要チェック！（➡P119）

▼徒歩1分

| 15:00 | ❺ トゥー・クール・フォー・スクール |

シェーディングが人気のブランド。デザイン性の高いパッケージはおみやげにも。（➡P119）

▼徒歩3分

| 15:30 | ❻ オリーブ・ヤング |

ラストは何でもそろうドラッグ・ストアへ。バラマキコスメをゲットしよう。（➡P124）

▼徒歩5分

| 16:00 | 地下鉄乙支路入口駅 |

Goal

➡観光客で賑わうオリーブ・ヤング

狎鷗亭でカフェ＆スイーツコース

話題のカフェが集まるエリアへ。トレンドスイーツやKスイーツが充実する。買い物も楽しいエリアなので、散策しながらカフェをめぐろう！

TIME 5時間

Start

| 9:50 | 地下鉄狎鷗亭ロデオ駅 |

▼徒歩4分

| 10:00 | ❶ ミニュート・パピヨン |

行列必至の人気店。チュロスにはチョコをたっぷりディップして！（➡P94）

▼徒歩3分

| 11:30 | ❷ ノティド |

ソウルで大人気のドーナツカフェ。メニューが豊富でケーキやドリンクも。（➡P93）

▼徒歩6分

| 12:30 | ❸ ヌデイク |

ジェントルモンスターが手がけるとあり、空間もスイーツもおしゃれ。（➡P85）

▼徒歩7分

| 14:30 | ❹ トントンイ |

話題の薬菓クッキーが味わえる。テイクアウトOKなのでおみやげにも。（➡P92）

▼徒歩2分

| 15:00 | 地下鉄狎鷗亭ロデオ駅 |

Goal

➡伝統菓子薬菓が流行中。トントンイの薬菓クッキー

↓ヌデイクの店内にはさまざまなアートが点在する

➡ミニュート・パピヨンのディープチョコ＆チュロス

45

★荷物のすべて★

快適なソウル旅行にするために大事な準備。
行きの持ち物は？
帰りのパッキングはどうしたらいい？
そんなお悩みを解消。

スーツケースサイズ

一般的には1泊10L程
度を目安に考えたい。
コンドミニアムで洗濯
をする場合は別だが、
ホテルに3〜5泊するな
ら41〜60L程度が理想。

行きのパッキング

荷物はなるべく少なく、が上
手な旅行の鍵。小さくたため
るバッグをひとつ入れておく
と、帰りに荷物が多くなりす
ぎた時に分けて入れられる。

ホテル到着後に
必要のないもの
はスーツケース
にイン！

シューズやバス
グッズなど
重いものは下に
入れよう

★衣類

春 3〜5月
3月は寒さが和らぐが、朝晩は冷える
ので暖かい上着が必要。4月に入ると
一気に春めいて過ごしやすくなる。

夏 6〜8月
6月下旬〜7月下旬は本格的な梅雨の
時期で、折りたたみ傘やレインコー
トが便利。8月は帽子や日焼け止めを。

秋 9〜11月
ソウル観光のベストシーズン。昼夜
の気温差に備え、ジャケットやセー
ターを用意しよう。11月中旬からは
防寒が必要になるので、準備を万全に。

冬 12〜2月
12月に入るとぐっと気温が下がり、1
〜2月が最も冷え込む。厚手のコート
やタイツ、手袋、ブーツなどでしっか
りと防寒しよう。

+

オールシーズンあると便利

パーカー
レストランや機内は空
調が効きすぎているこ
とがあるので一枚持っ
ておくと◎。

サングラス
夏場は日本と同じく日
差しが強い時もあるの
で、手荷物で持ってお
きたい。

帽子
暑い時期はかぶるだけ
で体感温度が下がる。
ひとつあると便利。現
地購入もおすすめ。

★コスメ
女性の必需品であるコスメは、機
内で必要なものと、不要なもので
分けるのがオススメ。

ファンデーションなどは衝
撃で割れる可能性あり。コ
ットンなどを挟んでおこう。

スティックタイプ（固形）の
口紅やリップクリームは持
ち込みもOK。

★シューズ
シューズはかさばるので必要
最低限の数にしたい。履き慣
れた靴が1足あると安心。

履き慣れた靴に加え、ドレ
スコードが必要な時に革
靴などを準備するのは◎。

歩き回る旅行では、あまり
高いヒールは怪我の元なの
でオススメしない。

意外と気づかない！あると便利なもの

ウェットティッシュ	汗拭き、トイレ、レストランなどで重宝する
筆記用具	機内での税関申告書の記入などで必要
歯ブラシ・歯磨き粉	ホテルのアメニティに含まれていないことも多い
ジップロック	買い物、機内でのちょっとした荷物入れにも
延長コード	ホテルのコンセントの数が少ないケースあり
輪ゴム	何かとまとめるのに便利
マスク	機内が乾燥するので最低行き帰り分は準備を
雨具	日本のように急に雨が降ることも

帰り のパッキング

機内に預け入れる荷物はサイズ、重さ、個数など航空会社によって異なるので注意。割れ物は、衣類などを緩衝材にして並べよう。

> おみやげをいっぱいいれたいなら、半分空けておくと便利！！

★スーツケースに入れる**食品**

食品はドリンクなどの液体類はもちろん、ジャム、はちみつ、ヨーグルト、漬物などは手荷物では持ち込めない。搭乗前に没収されてしまうので、必ずスーツケースへ。

瓶に入ったジャムは、袋もしくはラップなどで中身が出ないように包もう。

一度開けてしまったものは機内で膨張する場合があるので、開封しないほうがよい。

★パックなどコスメグッズもスーツケースへ

コスメ類も、固形のリップなら機内へ持ち込めるが、化粧水などは基本的に預け入れとなる。注意しよう。

試供品など100ml以下のものなら透明のジッパー付きの袋に入れれば持ち込める。

★手荷物のこと

手荷物で機内に持ち込めるもの一覧。機内で快適に過ごすために必ずチェック！

◎マスト　○あると便利　△必要ならば

◎	パスポート
◎	航空券（または引換券）
◎	旅行関連書類（日程表、予約関連書類など）
◎	お金（日本円・ウォン）
◎	クレジットカード
◎	海外旅行保険の控え
◎	スマートフォン（スマートフォン充電器）
○	カメラ（予備バッテリー、SDカード）
○	筆記用具
○	ガイドブック
○	上着
○	マスク
○	耳栓
○	ポケットWi-Fi
○	歯ブラシ、歯磨き粉
△	ハンドクリーム
△	化粧水
△	コンタクトケース、保存液
△	パソコン

★おみやげに麺を買うならインスタント麺！

家でもソウルの味を楽しみたいならインスタント麺がおすすめ。カップのものより袋入りがかさばらない。

写真のような袋入りのインスタント麺なら、たくさん買っても安心

ホテルにたいていあるもの・ないもの

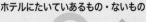

ある
- □バスタオル
- □寝巻き
- □スリッパ
- □ドライヤー

ない
- □シャンプー、リンス
- □歯ブラシ
- □歯磨き粉
- □変圧器

★シーズンカレンダー★

日本と同様、韓国もシーズンによって四季折々の顔を見せる。
気になるイベントなどをここでチェックしよう。

旅の目的となるBIGイベント

コリアグランドセール

2011年から開催されている外国人旅行者向けの大セール。期間は1月中旬～2月下旬の約50日間。この期間中に航空やショッピング、宿泊、美容・健康、グルメなど様々なジャンルでセールが行われる。詳細な情報は公式サイトでチェックを。
URL https://jp.koreagrandsale.co.kr/

K-POPアイドルのライブ

現地で推しアイドルのライブに参加するのは最高のペン（ファン）活。チケットは韓国のチケットサイトから購入することができる。

ソウルランタンフェスティバル

2022年から光化門広場がメイン会場となったイルミネーション祭り。ランタン展示やクリスマスマーケットの開催も。

観光のベストシーズンは4～5月、9～10月

気候が暑すぎず、寒すぎない、過ごしやすい4～5月か、9～10月がおすすめ。料金も一番安定しているので観光目的なら訪れやすい。

ツアー料金の価格は日本の休みに合わせて変動

日本のGW、年末年始、夏休み、連休などはツアー料金が高くなる。平日や休みのシーズンを避けると価格も下がってくるのが一般的。

カンジャンケジャンは春と秋が旬！

ワタリガニの収穫時期は春と秋の2回。より新鮮なカンジャンケジャンが食べられる。

韓国にも「土用の丑の日」がある

夏の時期に暑気払いとして、滋養強壮によいものを食べる伏日（ボンナル）という日が、7～8月に3日ある。主に韓方茶や参鶏湯を食べる。

冬に訪れるなら旬のイチゴを使ったスイーツを

イチゴが1年で最もおいしいのは12～3月。各店時期になるとイチゴの特別メニューなどを提供する。

夏と冬のビッグセールで大人買い！

6月下旬～9月下旬 サマーセール
夏には免税店などがサマーセールを実施。明洞のメイン通りなどでもセールを行う。

1月中旬～2月下旬 コリアグランドセール
コリアグランドセールを始め、各店大規模なセールを実施。コスメなどもセール品多数！

	祝日・イベント	平均気温(℃)	日の出 / 日の入
1月	●1月1日 新正（祝日）世界共通の新年だが、韓国では旧正月に盛大なお祝いをする ●1月28日～30日 ソルラル（祝日）旧暦の1月1日に当たる日を中心に3日間。ほとんどの商店が休む	ソウル -1.9℃／東京 5.4℃ 16.4mm／59.7mm	出 7:45／入 17:38
2月	●2月12日 テボルム（祝日）旧暦正月明け最初の満月。各地で豊穣祈願の催しが行われる	0.7℃／6.1℃ 28.1mm／56.5mm	出 7:22／入 18:11
3月	●3月1日 三一節（祝日）抗日独立運動記念日で、ソウルのタプコル公園で式典を開催	6.1℃／9.4℃ 36.9mm／116mm	出 6:41／入 18:41
4月		12.6℃／14.3℃ 71.7mm／133.7mm	出 5:57／入 19:08
5月	●5月5・6日 こどもの日（祝日）日本同様、行楽地は家族連れで賑わう。6日は振替休日 ●5月15日 釈迦誕生日（祝日）旧暦4月8日。全国の寺院で様々な行事が開催され、街では提灯が灯る	18.3℃／18.8℃ 103.7mm／139.7mm	出 5:23／入 19:35
6月	●6月6日 顕忠日（祝日）戦没者を追悼する日。国立墓地での追悼行事などを開催	22.7℃／21.9℃ 129.6mm／167.8mm	出 5:10／入 19:55
7月		414.5mm／25.3℃ 25.7℃ 156.2mm	出 5:22／入 19:53
8月	●8月15日 光復節（祝日）独立記念日。1945年のこの日に日本統治下から解放された。	26.1℃／26.9℃ 348.3mm／154.7mm	出 5:46／入 19:27
9月	●9月16日～18日 秋夕（祝日）旧暦の8月15日のお盆に当たる。帰省客で交通機関が大混雑	21.7℃／23.3℃ 141.6mm／224.9mm	出 6:12／入 18:44
10月	●10月3日 開天節（祝日）建国記念日。韓民族の始祖が国を興したという神話に基づく ●10月9日 ハングルの日（祝日）朝鮮王朝世宗大王がハングルを作り世に広めたことを記念する日	15.1℃／18.0℃ 52.1mm／234.8mm	出 6:38／入 17:59
11月		7.5℃／12.5℃ 51.2mm／96.3mm	出 7:08／入 17:24
12月	●12月25日 聖誕節（祝日）キリスト教徒の多い韓国では公休日 ●12月 クリスマスフェスティバル（イベント）光化門や清渓川沿いがイルミネーションで彩られる	0.2℃ 23.7mm／57.9mm	出 7:40／入 17:15

平均降水量（mm）

祝日・イベントの日程は、2024年3月～2025年2月のもの。気温、降水量は1991～2020年の平均値（気象庁）。

Gourmet

おいしいもの

Contents

知っておきたいこと10

#おいしいもの

ソウルでおいしい食事を満喫したいなら、食材の基礎知識やマナーなども頭に入れておきたい。ソウルグルメをスマートに楽しもう。

01

絶対食べたい お肉の部位あれこれ

ソウルでなじみのある牛、豚、鶏肉。その部位と特徴を押さえよう。

肉典食堂→P55

チャンインタッカルビ→P56

クジョンオッ本店→P52

Moooo!

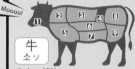

牛 소ソ

Boooo!!

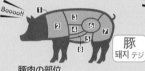

豚 돼지テジ

Cook-a-doodle-doo!

鶏 닭タック

牛肉の部位

1ウソル：日本では人気の牛タンだが、韓国ではそれほど食べられてはいない**2モクシム**：筋肉が多く硬め。煮込み料理などに使われる**3ドゥンシム**：ロースとヒレの両方を含んだ部位**4アンシム**：あばら肉の内側の肉。柔らかい**5アプタリ**：プルコギなどに使われる**6カルビ**：肋骨まわりの脂肪分が豊富で柔らかい肉**7チャドルバギ**：バラ肉。脂肪が多く薄切りで使われる**8ウドゥン**：脂肪が少なく柔らかい部位**9トガニ**：脂肪が少なく、たんぱく質多め

豚肉の部位

1コプテギ：豚の皮、醤油ベースのタレで味わう**2モクサル**：首肉。よく動く部分のため弾力あり**3テジトゥンシム**：ロースとヒレの両方を含んだ部位**4テジカルビ**：豚バラ肉。下味をつけていただく**5サムギョプサル**：赤身と白身の三枚肉。脂肪が多く、エゴマの葉との相性は最高**6アンシム**：ヒレに相当。脂肪が少なく柔らかい**7ティッタリ**：脂肪が少なく、さっぱりした味わい**8カルメギサル**：豚ハラミ。歯ごたえがよい

鶏肉の部位

1タッコプチル：皮の部分。よく焼き上げて食べる**2タッナルゲ**：手羽先。コラーゲンが豊富。焼き物、煮物など幅広く使われる**3カスムサル**：胸肉。味は淡白だが柔らかい**4タットンチプ**：砂肝。ビタミンA、鉄分が豊富**5タッタリ**：もも肉。脂肪が豊富で他の部位に比べてコクのある味わい**6タッパル**：鶏足。スープのだしに使われることが多い

02

パンチャン(おかず)は お代わり自由

サムギョプサルやカンジャンケジャン、チゲなど、メイン料理をオーダーするとパンチャンとよばれるおかずが付いてくるものがあり、お代わり自由。ナムルやキムチ、チヂミなど種類も豊富。たくさんの料理でもてなすのが韓国流だ。

これだけでお腹いっぱい！

03

1人前では注文できない メニューも

日本でオーダーする場合にも言えることだが、焼肉や鍋料理などは1人前の値段が書いてあっても2人前からしか注文できないことが多い。お店によっては特別に1人前でオーダーできることもあるので確認しよう。

1人前の値段表記に注意！

04

焼肉や鍋物の調理は お店の人におまかせ

サムギョプサルや鍋物、タッカルビは、基本的にお店の人が仕上げの調理をしてくれるので任せてOK。一番おいしい状態で提供してくれるのですぐに食べよう。お店によっては、日本語で食べ方を教えてくれるお店もある。

私におまかせ！

05 横丁&専門通りがおもしろい!

ソウルにはタッカンマリのお店が並ぶ通りや、焼肉屋が集まる通りなど、専門店が集まるエリアが多い。激戦区なのでどの店もレベルが高く、安く食べられる。

・タッカンマリ横丁 닭한마리골목
東大門の近くの路地裏に「焼き魚横丁」と並んで、タッカンマリの専門店が集まる横丁があり、地元の人や観光客で賑わっている。
東大門 MAP：P17B1
Ⓜ1、4号線東大門駅9番出口から徒歩5分

・チヂミ横丁 부침개골목
昔ながらの在来市場である孔徳市場にあり、チョッパル横丁とともにB級グルメスポットとして知られる。珍しい天ぷらなども食べられる。
孔徳 MAP：P4B2
ⓂM5、6号線孔徳駅5番出口から徒歩3分

・カルメギサル通り 고기거리
主にサムギョプサルを提供する、居酒屋を兼ねた焼肉屋が集まる。観光客は少なく、夕方から深夜にかけて地元客で賑わう。
鍾路 MAP：P11F3 Ⓜ1、3、5号線鍾路3街駅6番出口からすぐ

・ユッケ通り 육회거리
広蔵市場の一角にユッケとレバ刺しの専門店が連なる。活きテナガダコとユッケのコラボなど、本場ならではの味を楽しみたい。
東大門 MAP：P17A1
Ⓜ1号線鍾路5街駅8番出口から徒歩3分

・チョッパル横丁 족발골목
孔徳市場内の横丁。コラーゲンたっぷりのチョッパル(豚足)を頼むとスンデもサービスしてくれる。隣にはチヂミ横丁がある。
孔徳 MAP：P4B2
ⓂM5、6号線孔徳駅5番出口からすぐ

06 明洞の屋台は夕方からにぎわう

ソウル滞在中に一度は訪れたいのが明洞の屋台。ローカルB級グルメや、フォトジェニックなスイーツなど多種多様な屋台が出店していて、常に賑わっている。最も混雑するのは夕方16時から。明洞ショッピングのついでや、夕食を食べた後に寄ってみては。

 B級グルメをお試しあれ♪

07 食べきれなければテイクアウトが正解

せっかくのおいしい料理。ついたくさんオーダーしすぎて、満腹だけどなんとか食べきらないと……なんて経験もあるはず。料理によっては残ったものを包んでもらえることもあるので「ポジャン」と頼んでみよう。

08 ⚠ すべての飲食店は禁煙なので注意

海外では常識になりつつあるが、韓国でも禁煙に対する意識が高まっている。ソウル市では2015年から市内すべての飲食店における喫煙(電子たばこを含む)を禁止している。ホテルも全館禁煙になっているところもある。

09 ⚠ 高級レストランは予約を

高級ホテルのレストランや、韓定食などの高級店は事前予約がおすすめ。日本語、英語が通じない場合もあるので、その場合はホテルのフロントなどで代行してもらうとよい。ネットから予約できる場合もあるのでチェックしよう。

【編集MEMO】
コレだけはいいたい!

カルメギサル通りの豚焼肉はとにかく絶品! すぐ隣におしゃれな益善洞韓屋村があるコントラストも面白い。

鍾路3街駅前には、ビールや焼酎が飲めるテント式屋台が並んでいる。ローカルの人と触れ合いたい人におすすめ!

延南洞やカロスキルには、隠れ家的なカフェが点在。自分の足でガイドブックに載っていない店を探すのも楽しい。

10 韓国での食事マナーまとめ

日本では当たり前のことが、韓国ではNGになることもある。韓国特有の習慣もあるので、正しいマナーで食事を楽しみたい。

・食器は手で持ち上げない
韓国では茶碗などの器は持ち上げないのがマナー。テーブルに置いたままスプーン(スッカラ)や箸(チョッカラ)を使って食べよう。

・スープの器に口をつけて飲まない
スープはスプーンを使い、音を立てず静かにいただこう。器に口をつけてズルズルと飲むと、高級レストランなどでは注意を受けることもある。

・ご飯はスプーンで食べる
日本では行儀のよいこととされないが、韓国では汁物をご飯にかけるのが一般的。ご飯ものにはスプーンが提供されることが多い。

・女性はお酌をしない
儒教思想が根強く残る韓国。最近は薄れてきたが、女性が家族や親戚以外の男性にお酌をする行為は、あまり好意的に見られない。

Beef

ユッケもカルビもブルコギも……

マストで食べたい韓牛いろいろ

（ハヌ）

Read me!

韓国産の牛肉、韓牛（ハヌ）は高級食材とされ、豚肉と並び人気が高い。調理方法やメニューも、お店によっていろいろ。まずはどの韓牛からチャレンジする？

W3万3000
韓牛トゥンシム 한우 숙성 등심
最上級の1＋＋等級を使用。肉汁たっぷりだが、あっさり

焼肉

付け合わせはネギのマヨネーズサラダや、千切り大根と黄身を混ぜて食べるサラダなど

W2万8000
韓牛チャドルバギ
한우 차돌박이
とろけるような脂身がジューシー！

地元ビジネスマンも支持
クジョンオッ本店
●구정옥 본점／クジョンオッ ポンジョム
市庁エリアの北倉洞うまいもの横丁にある韓牛専門店。インスタ映えすると人気の牛をかたどったユッケは、店のシグネチャーメニュー。

市庁 MAP：P8A3
図Ｍ1、2号線市庁駅8番出口から徒歩7分 中区世宗大路14ギル28、1・2階 中区 世宗大路14길 28 1,2층 ☎02-755-3337 ⏰11〜14時、17〜22時（20時50分LO）㊡日曜

オススメ！

W2万8000
韓牛ユッケ
한우 육회
牧場の草をイメージしたエゴマの葉の千切りと一緒に

↓芸能人がお忍びで訪れる店としても知られている

W1万2000
韓牛ヘジャンクッパ
한우 해장국밥
2時間煮込んだ肉はホロホロ。ピリ辛で焼肉のシメにもぴったり

看板料理は創業以来の
独特なプルコギ

プルコギ

駅前会館
●역전회관／ヨッチョンフェグァン

1962年創業。人気は全羅南
道の順天地方に由来するパサ
ップルコギで、牛バラ肉の柔
らかい部位を特製ダレに漬け
込み、水分が少ないのが特徴。

孔徳 **MAP：P4B2**

M5、6号線孔徳駅1番出口か
ら徒歩7分 麻浦区土亭路37キ
ル47마포구토정로37길 47
☎02-703-0019 ⏰11〜15時、
17時〜21時50分（土曜は11〜15
時、16時30分〜21時20分）LOは
各閉店30分前 休月曜

↑地下1階から地上4階まで

W1万8000

パサッププルコギ定食
바싹불고기백반
牛肉を薄くスライスして
味付けしたプルコギ

←エゴマの葉にニンニクとご飯、味噌をのせて召し上がれ

多彩な食材を一度に味わう

韓美屋 汝矣島店
●한미옥 여의도점／ハンミオッ ヨイドジョム

韓国の宮廷料理、クジョルパン
を現代風にアレンジした「チャ
ドルクジョルパン」が代表メニ
ュー。ガスバーナーを使ったパ
フォーマンスは動画映え！

←螺鈿細工の
壁などレトロ
モダンコリア
を意識

汝矣島 **MAP：P4B3**

M5、9号線汝矣島5番出口から徒歩9分 永登浦区汝矣ナル路
81ハンマルビル1階 영등포구 여의나루로 81한마루빌딩1층 ☎0507-
1363-4622 ⏰11時〜14時30分、17〜22時（土・日曜は12〜15時、
17〜22時）休なし

ユッケ

W3万2000

テナガダコのユッケ 육회낙지탕탕이
相性抜群のユッケとテナガダコは鮮度
もよく、タコはクネクネ動き回る

有名グルメガイド6年
連続掲載の絶品ユッケ

プチョンユッケ
●부촌육회

広蔵市場の通称「ユッケ通り」
にあり、「有名グルメガイド」
にも掲載された名店。当日配
送の国産牛肉を秘伝のソース
で味付けしたユッケは絶品。

東大門 **MAP：P17A1**

M1号線鍾路5街駅8番出口から徒歩3分 鍾路区鍾路200-12
종로구 종로 200-12 ☎02-2267-1831 ⏰10〜15時、16時〜21時
30分（土・日曜は10時〜21時30分）休第2・4日曜

↑3代目がのれんを守る
活気あふれる店

チャドル
バギ

W5万9000(小)

チャドルクジョルパン
차돌 구절판
古漬けキムチやナムルをと
ばら肉と炒め、そば粉で練ら
れた皮に包んでいただく

焼いて切って包んでほおばる！

本場のサムギョプサルに舌鼓♡

アツアツの鉄板で焼いた豚の三枚肉（バラ肉）を、薬味と一緒にサンチュで巻いて食べるサムギョプサル。カリッとジューシーなお肉と新鮮な野菜のハーモニーを楽しんで！

W1万5000(1人前)

サムギョプサル
삼겹살
薄く切ったお肉は低温で時間をかけ肉汁とうまみがあふれてくる

学生も満足の厚切りサムギョプサル

トントンデジ
●통통돼지

厚切りサムギョプサルとモクサル肉が看板メニュー。肉は秘伝の醤油ダレにきな粉をちょい足ししていただくのがイチ押し。本格派の冷麺も人気。

新村 MAP：P16A1

図Ⓜ2号線新村駅3番出口から徒歩5分 🏠西大門区延世路4キル19 西大門区 延世路4길19 ☎02-363-1263 ⏰16時30分〜翌1時（翌0時LO）休なし 英

↓黄色い看板が目印。肉は自分で焼くスタイル

オススメ

W1万6000

カルサムギョプサル
칼삼겹살
その名も"包丁サムギョプサル"。包丁目を入れることで下味も馴染む

包丁目300回！やわらか豚バラ肉

狎鷗亭カルサムギョプサル
●압구정칼삼겹살／アプクジョンカルサムギョプサル

ブロックの豚バラ肉に包丁目を300回入れることでやわらかく。味付けはプレーン、カレー、ハーブガーリックの3種から選択。注文は2人前〜。

狎鷗亭洞 MAP：P21D1

図Ⓜ水仁・盆唐線狎鷗亭ロデオ駅5番出口から徒歩3分 🏠江南区島山大路51キル41 강남구 도산대로51길41 ☎02-518-9996 ⏰11時30分〜14時、17〜23時（22時40分LO）休日曜 英

↓狎鷗亭ロデオ駅からも近く芸能人も訪れる人気店

←肉の部位が描かれたイラストもスタイリッシュ

肉汁がジュワッとほとばしる厚切豚

トゥトゥム
●두틈

熟成庫で21日間寝かせた豚肉を厚くカットして提供するのがこだわり。エイジングによる風味豊かで芳醇なサムギョプサルが食べられる。

→木炭を使用するので香ばしい焼き上がりに

忠正路 MAP：P6B2

図Ⓜ2、5号線忠正路駅5番出口から徒歩3分 🏠中区中林路10中子中林路10 ☎02-392-8592 ⏰15時30分〜22時（21時20分LO）、土・日曜は13時〜 🅿なし 🍴

W1万8000
トゥトゥムサムギョプサル
두틈삼겹살
白キムチに包むとさっぱりした味わい。注文は2人前から

厚切りでジューシーなサムギョプサル

肉典食堂
●육전식당／ユッチョンシクタン

大きく分厚いサムギョプサルと脂身が少ないモクサルが絶品と評判の豚肉料理専門店。230℃の鉄板でジューシーに焼き上げる。

東大門 MAP：P5D2

図Ⓜ1、2号線新設洞駅10番出口から徒歩2分 🏠東大門区蘭渓路30キル16東大門区蘭渓路30길16 ☎02-2253-6373 ⏰17〜22時（21時LO） 🅿なし 🍴

W1万7000
サムギョプサル
삼겹살
厚さ約3cmの豚肉はボリューム満点！味付けは塩など

↑観光客は少ないが、写真付きメニューで安心

プレミアム熟成肉だから柔らかい

火砲食堂
●화포식당／ファポシクタン

韓国で上位1%の品質を誇るプレミアム肉を10日間かけて低温熟成。220℃の鉄板で焼くサムギョプサルは肉汁たっぷり。

市庁 MAP：P8A3

図Ⓜ1、2号線市庁駅7番出口から徒歩5分 🏠中区南大門路1キル16中子南大門路1길16 ☎02-318-2382 ⏰11〜15時、17時〜翌0時（土曜は11時30分〜15時30分、17時〜翌0時） 🅿日曜 🍴

W1万7000
サムギョプサル
삼겹살
熟成豚肉は口の中でぐにとろけるほどやわらかく、ジューシー

→広々とした店内でゆったりと過ごせる

✛ Plus!

サムギョプサルのおいしい食べ方

日本人にも馴染みのあるサムギョプサル。食べ方をマスターしておいしくいただこう！

1 まずはそのまま焼く

↑まずは出てきた肉を、きつね色になるまで焼く

2 ひと口サイズにカット

↑ハサミを使って、食べやすいお好みのサイズにカット

3 薬味などをのせ、包む

↑サンチュに肉をのせ、味噌やニンニクなどを巻いてパクリ

現地ライターおすすめの食べ方！

お店によって、エゴマやごま油、唐辛子などトッピングはさまざま。エゴマの葉をまいたり、肉にごま油をつけたりして、風味の違いを楽しんで！

無敵の組合せが最高！

鶏（タック）×チーズがたまらない

牛、豚と並んで、鶏＝タック料理もソウルではポピュラー。特にチーズタッカルビなど、チーズと一緒に楽しむ鶏料理は、ソウルに来たらマストで食べておきたい。

・チーズタッカルビって？・

鶏肉と野菜をコチュジャンなどで和えて鉄板で焼き、大量のチーズに絡めていただく料理。

定

マストで食べたい
本場チーズタッカルビ

チャインタッカルビ
●장인닭갈비

豚肉とキャベツが入った甘辛いタッカルビにチーズ（W4000）をトッピングしたチーズタッカルビがテッパン。3段階の辛さから選べる。シメのチャーハンもぜひ。

江南 **MAP：P18B4**

🚇Ⓜ2号線、新盆唐線江南駅11番出口から徒歩2分 📍江南区テヘラン路1キル19강남구테헤란로1길19 ☎02-3452-3441 🕐11時〜22時50分（22時LO）休なし 📖💬

↑2016年に創業した、タッカルビ専門店

一人前W1万2000

骨なしタッカルビ
뼈없는 닭갈비

チーズに絡めて野菜で包む。注文は2人前〜

チーズタッカルビのおいしい食べ方

① 具材をまぜ、麺を投入！

具材を焼いたら、まずはタンミョン（韓国の春雨）を投入し、和えて食べる

② チーズを投入し絡めていただく

お次はチーズを投入！とろけてきたら、鶏肉などを絡めてパクリ

③ 〆は絶対ポックンパ（ごはん）！

最後は韓国風チャーハンのポックンパで〆。チーズや具材を少し残しておこう

←アツアツのうちに召し上がれ！

W2万1000

骨抜き安東(あんどん)蒸し鶏 순살안동찜닭
じゃがいもや餅など、具材もたっぷり入っている

オススメ！

ボリューム感たっぷりのチムタク
ネガチマンタク
●내가찜한닭

最高級の鶏肉を使ったチムタク(蒸し鶏)を提供。化学調味料を使っていないのもヘルシー。トッピングにチーズも選べるが、あとから追加はできない。

[新村] **MAP：P16A1**
[交][M]2号線新村駅3番出口から徒歩5分 🏠西大門区延世路24、2階서대문구연세로24, 2층 ☎02-332-5222 ⏲10～22時 [休]なし [日][英]

チーズチムタクって？
甘辛い醤油ベースのタレで野菜や鶏肉などの具材を煮込んだチムタクに、チーズに絡めて食べる。

もち米・漢方食材が入り、油分はOFF！ヘルシーで腹もち◎

W2万4000

チーズコーントンダク 치즈콘닭
もち米を詰め込んだ鶏を薪でロースト

ヌルンジトンダクって？
ヌルンジ(ご飯のおこげ)の上に、ロースターで焼いた鶏の丸焼きがオン！ チーズトッピングも人気。

鶏肉とご飯が香ばしく美味！
ケリムウォン
●계림원

ほかに支店もあるが、東大門ショッピングの後にも立ち寄れるこの立地が便利。人気メニューのヌルンジトンダクはチーズとコーンの追加がおすすめ。

[東大門] **MAP：P17C1**
[交][M]1、4号線東大門駅7番出口からすぐ 🏠鍾路区鍾路46キル22종로구종로46길22 ☎02-744-9229 ⏲16時～翌0時 [休]なし [英]

↑アクセスも便利で、テイクアウトもOK！

Plus! **意外!? ヘルシーチキンもCheck!**
チーズと鶏肉はやっぱりカロリーが気になる……という人は、ヘルシーチキンにトライしてみよう。

カロリー控えめでお酒のお供にも！
オッパダック
●오빠닭

すべてのチキンメニューを専用オーブンで焼き上げるヘルシーチキン専門店。カリカリジューシーなチキンは脂分が少ないため、冷めてもおいしい。

[明洞] **MAP：P9D2**
[交][M]2号線乙支路入口駅6番出口から徒歩5分 🏠中区明洞7キル21중구명동7길21 ☎02-3789-5892 ⏲14時～翌2時 [休]なし [日][英]

↑スタイリッシュな内装にも注目。テラス席もある

→油で揚げていないから、胃にもたれない！

W2万2000

ハーフ&ハーフチキン 전체반반
一度に２種類のチキンを味わうことができる

お手軽さも腹もちもGOOD！
ピビムパプ はよ〜くまぜて召しあがれ

Read me!

ご飯の上にのった野菜のナムルや牛肉、キムチをよ〜くまぜて食べる韓国式まぜご飯、ピビムパプ。正統派から変わり種、石焼きなどスタイルも具材も多種多様だ。

W9000
山房ピビムパプ
산방비빔밥
そのままでも、ピリ辛ソースを混ぜても◎

まぜればまぜるほどおいしい！

キムチやユッケ、たくさんの野菜など、色鮮やかに盛られた具材をよくまぜて、いろんな味や食感を楽しむのが韓国流。

干し野菜のナムル
桔梗の根のナムル
千切り大根
ぜんまいのナムル
干しシイタケのナムル
サニーレタス
豆もやしのナムル

定番

素材を生かしたピビムパプ
木覓山房
●목멱산방／モンミョッサンバン

↑チヂミやポッサムなども

ピビムパプをメインとした韓国料理が楽しめる。南山へと向かうケーブルカー乗り場から近いため、Nソウルタワーへ向かう前後に立ち寄るのがおすすめ。昼時は混雑必至。

南山 MAP：P7E2
図M4号線明洞駅1番出口から徒歩9分 住中区退渓路20キル71중구 퇴계로20길71 ☎02-318-4790 ⊙11〜15時、16〜20時（19時20分LO）休なし □|■|■|■

味噌のうまさでご飯がすすむ
テンジャンイェスルグァスル
●된장예술과술

黒米入りご飯にカンテンジャンという熟成味噌をのせ、ニラ、チコリ、ナムルと混ぜて食べるのが店の流儀。カンジャンケジャン定食W2万2000にもカンテンジャンが付く。

→熟成味噌をのせていただく定食が看板メニュー

鍾路 MAP：P12B4
図M1号線鍾閣駅12番出口から徒歩4分 住鍾路区三一大路15キル20-1종로구삼일대로15길20-1 ☎02-738-4516 ⊙11〜15時、16時30分〜22時（LO30分前）休日曜 □|■|■

W1万2000
テンジャン定食
된장정식
豆腐にカンテンジャンの味が染み込んで美味

W1万4000
韓牛ユッケピビムパプ
한우육회비빔밥
ユッケはやわらかいランプの部位を使用

韓国の名産品を仕入れる韓式酒店
サノ
산노

地方食材や郷土料理を幅広く提供する。ユッケビビムパプの牛肉は地方から仕入れた韓牛を使用。光州名物ユクチョン（牛肉チヂミ）W2万2000〜もおすすめ。

↑カフェのような、ゆとりのある落ち着いた店内

カロスキル MAP：P20A2
図M3号線、新盆唐線新沙駅6番出口から徒歩15分 住江南区論峴路175キル111강남구논현로175길111 ☎02-517-0035 ⊙11時30分〜23時 休日曜

W1万4000

プルコギ
ビビムバプ
불고기비빔밥

タレに漬け込んだプルコギをのせた一品。ボリュームたっぷり

オススメ!

海鮮たっぷりのビビムバプ
パラッ
●바랄

旬の魚介を韓国全土から取り寄せる海鮮専門店。夜は大皿料理メインだが、ランチなら新鮮食材使用のメニューを気軽に味わえる。

↑1人でも利用しやすい

狎鷗洞 **MAP：P20C2**

交M水仁・盆唐線狎鷗亭ロデオ駅5番出口から徒歩10分 住江南区島山大路309地下1階강남구 도산대로309 지하1층 ☎02-542-8892 営11時30分〜15時、17時30分〜22時 休なし 日

W2万5000

ソンゲビビムバプ
성게비빔밥

ウニがたっぷり！ご飯とよく混ぜていただこう

W2万5000

ケサルビビムバプ
게살비빔밥

新鮮なズワイガニを使用。焼き海苔に包んで食べるとより美味

韓国版納豆汁のビビムバプ
シゴルヤチェテンジャン
●시골야채된장

江南で30年以上営業を続ける庶民的な食堂。郷土料理が中心で、白飯に何種類もの惣菜を混ぜ、自家製味噌を使ったチゲを入れるビビムバプが看板料理。

江南 **MAP：P18B4**

交M9号線、新盆唐線新論峴駅7番出口から徒歩5分 住瑞草区江南大路69キル11서초구 강남대로69길11 ☎02-3482-7626 営9〜15時、17〜22時 休なし

←店内は2階と合わせて100席ある

W1万

テンジャンビビムバプ 된장비빔밥

野菜がたっぷりでボリュームも◎。ナムルを多めに使うのが特徴

あなたの推し麺はどっち？

ほっこりグクスVSひんやり冷麺

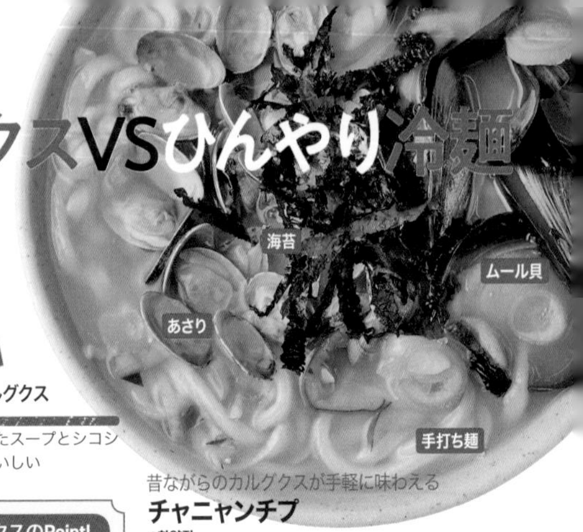

Read me!

ソウルでは、つるりと喉越し爽やかなさっぱり冷麺と、自家製麺で作るもちもちのグクスが一般的な麺料理。お店によって作り方や味が異なるので、食べ比べてみよう。

W8000
ヘムルカルグクス
해물칼국수
だしの利いたスープとシコシコの麺がおいしい

W1万5000
コングクス
콩국수
ポタージュのようにコクのある豆乳スープはクセになる味

グクスのPoint!

- やさしい味わいで〆にもぴったり
- 餃子や肉など具材も豊富
- ボリューム満点で腹もちもよい

昔ながらのカルグクスが手軽に味わえる

チャニャンチプ

●찬양집

カルグクス（韓国式うどん）、肉餃子、キムチ餃子の3品のみ。煮干し、昆布などで取っただしに、あさりやムール貝を加えすっきりしたスープに。

↑ひっそりとした裏路地に面している

[仁寺洞] **MAP：P12C3**
[図]Ⓜ1、3、5号線鍾路3街駅6番出口から徒歩2分 [住]鍾路区敦化門路11ダキル 5 종로구 돈화문로11다길5 ☎02-743-1384 ⏲10～21時 [休]日曜 [英]

62年の伝統を誇るコングクスの老舗

晋州会館

●진주회관／チンジュフェグァン

韓国産の豆をひいて作った香ばしい冷製スープにコシのある麺が入ったコングクスがウリの店。なお3～11月の季節限定品。

↑ソウル市の未来遺産に選定されている

定番

[市庁] **MAP：P6C1**
[図]Ⓜ1、2号線市庁駅9番出口から徒歩1分 [住]中区世宗大路11キル26 중구 세종대로11길26 ☎02-753-5388 ⏲10時30分～21時（土曜は～20時） [休]日曜

W7000
カルマンドゥ 칼만두
名物のカルグクスはキムチ餃子2個入り

オーダー後の鮮やかな麺打ちも必見

江原道元祖カルグクス

●강원도원조칼국수／カンウォンドウォンジョカルグクス

目の前で生地から手打ちするカルグクス（韓国式うどん）専門店。麺はシコシコとしたコシがあり、スープは海鮮のだしがよく利いている。

↑食事時はかなり混雑することも

[東大門] **MAP：P17A1**
[図]Ⓜ1号線鍾路5街駅8番出口から徒歩3分 [住]鍾路区昌慶宮路88、広蔵市場内종로구창경궁로88,광장시장 ☎02-2269-1387 ⏲9時30分～19時30分（18時30分LO） [休]火曜 [カード] [日]

ふんわり香るそば粉の風味

平壌麺屋
●평양면옥／ピョンヤンミョノク

北朝鮮の平壌で冷麺店を営んでいた初代の味を引き継ぐ。牛肉のうま味を生かしたスープと自家製麺を使った、本場の冷麺が食べられる。

↑有名グルメガイドにも掲載された実力派

東大門 MAP：P17B2
図Ⓜ2、4、5号線東大門歴史文化公園駅5番出口から徒歩3分 ⻾中区奨忠壇路207番장충단로207 ☎02-2267-7784 ⏰11時～20時20分(20時LO※冷麺は除く) ⊕なし 🈁🈪🈐

牛肉だしのコク深いスープ

W1万5000
ネンミョン 냉면
ピーク時を除き、注文ごとに麺を生地から練るこだわり

W1万4000

フェビビム冷麺
회비빔냉면
エイの刺身をピリ辛ダレで和えている

冷麺のPoint!

●ひんやり爽やかで、暑い夏に最適

●お酢などでカスタマイズして自分好みの味に

●主に平壌式と咸興式に分類される

ピリ辛ダレで和えたエイの刺身

行列のできる冷麺の名店

ウルミルデコップネンミョン
●울밀대컵냉면

麻浦に本店があり、約50年の歴史がある平壌式冷麺店。韓牛にこだわったスープと麺との相性もよい。冬季限定の牛汁ご飯W1万2000もおすすめ。

↑伝統的な平壌式冷麺が味わえる有名店

江南 MAP：P18C4
図Ⓜ2号線、新盆唐線江南駅3番出口から徒歩5分 ⻾江南区論峴路85キル52、2階강남구논현로85길52.2층 ☎02-508-0280 ⏰11～22時(21時30分LO) ⊕なし 🈁🈐

W1万5000
ムルネンミョン 물냉면
少し凍ったスープはコクがある。麺との絡みも絶妙

シャリシャリに凍ったひんやりスープ

咸興式にこだわり続ける冷麺の名店

五壮洞興南家
●오장동흥남집／オジャンドンフンナムチブ

1953年に創業し、現在は3代目が切り盛りする咸興冷麺の老舗。サツマイモでんぷんで作ったコシの強い麺が、ピリ辛の薬味ダレとよくマッチしている。

↑創業者のおばあちゃんの看板が目印

東大門 MAP：P17A2
図Ⓜ2、4、5号線東大門歴史文化公園駅6番出口から徒歩5分 ⻾中区マルンネ路114중구마른내로114 ☎02-2266-0735 ⏰11時～20時30分(20時LO) ⊕水曜 🈁

＋Plus! 　**冷麺は2つのタイプに注目！** 　平壌式と咸興式では麺のコシ、辛さ、具材などが異なる。自分のお気に入りはどっち？

［平壌式］
ぴょんやんしき

冷たいスープが多く入ったシンプルな冷麺。麺はそば粉がメインとなっている。

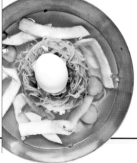

★麺…そば粉
★スープ…多め
★辛さ…控えめ

［咸興式］
はむんしき

辛口のソースを混ぜた冷麺。麺はイモなどに含まれるでんぷんを原料にしている。

★麺…ジャガイモ
★スープ…少なめ
★辛さ…辛め

Soup

冷え症さんの強い味方！

ヘルシースープであったまる

Read me!

おぼろ豆腐を煮込むスンドゥブや鶏をまるごと一羽使う参鶏湯は、今や日本でも女性を中心にすっかり人気のメニューに。滋味豊かなスープ料理で体を温めよう！

Healthy point!

コクのあるスープに、素材本来の味が凝縮。栄養満点かつピリ辛で新陳代謝もアップ！

W8500

スンドゥブ(豚肉)
순두부(돼지고기)
だしが決め手のスンドゥブは
釜炊きご飯と食べると格別

ピリ辛スンドゥブをご飯に混ぜて

チョンウォンスンドゥブ チョッパル
정원순두부 족발

ピリ辛豆腐鍋スンドゥブの老舗。鍋と一緒に出されるもやしナムル、コチュジャンが入ったボウルにご飯とスンドゥブを入れて食べるのが地元流。

市庁 MAP:P6C1

🚇 Ⓜ1、2号線市庁駅9番出口から徒歩1分 🏠 中区世宗大路11キル33　중구 세종대로11길 33 ☎02-755-7139 🕙10~15時、17~22時(土曜は10時30分~15時) 🚫日曜

豆腐もスープも上品な味わい
オンマウル
●온마을

野菜だしにたっぷりのアサリを加え、炒めたキムチとゴマ油を効かせたコンスンドゥブチゲと、おからを煮込んだコンビジチゲが評判。

三清洞 MAP:P13A1

図M3号線安国駅1番出口から徒歩25分 鍾路区三清路127 종로구삼청로127 ☎02-738-4231 ⏰11～21時（20時30分LO）休なし

↑三清路にある。ショッピングの合間に訪れたい

Healthy point!
野菜だしを引き立てるシンプルな味付けが特徴。豆腐もふわふわで、やさしい味わい。

コンスンドゥブチゲ 콩순두부찌개 W1万
毎朝作る豆腐はできたてふわふわの食感

Healthy point!
赤身肉のみでだしをとったスープは無駄な脂が少なく透き通っていて、繊細な味わい。

W9500
豚クッパ
돼지국밥
薄味に感じたらアミの塩辛を少し加えてもおいしい！

女性が支持！透明スープにうっとり
光化門クッパ
●광화문국밥／クァンファムンクッパ

豚の内臓などを煮込んだ一般的な白濁クッパと異なり、赤身肉のみでだしをとっているのが特徴。スープはうま味たっぷり。

光化門 MAP:P10C4

図M5号線光化門駅6番出口から徒歩4分 中区世宗大路21キル53 중구 세종대로21길53 ☎02-738-5688 ⏰11時～14時30分、17時30分～21時40分（土曜は12時～14時30分、17時30分～21時）休日曜

↑5～7日間熟成させた韓国産豚の赤身を使用
↑駐車場奥にあるビル1階に位置している

参鶏湯を人気料理に押し上げた店
高麗参鶏湯
●고려삼계탕／コリョサムゲタン

鶏肉は若い雄鶏のみを使用。やわらかい鶏のだしが効いたうっすら塩味のスープはコクがあり、マイルドな味わい。滋養強壮におすすめ。

市庁 MAP:P6C1

図M1、2号線市庁駅10番出口から徒歩3分 中区西小門路11キル1 중구 서소문로11길1 ☎02-752-9376 ⏰8時30分～21時（20時30分LO）休なし

↑体にいい高麗人参酒が一杯無料で付いてくる

↑現地の人よりも外国人観光客に人気の店

Healthy point!
鶏肉と高麗人参をはじめ、ナツメ、ニンニク、もち米など健康にいい具材が入っている。

W1万9000
サムゲタン
삼계탕
長時間煮込んだ鶏肉のやわらかさが決め手！

Hot-pot dish

シメまでおいしい～！

みんなでワイワイ鍋料理

Read me!

鍋料理全般を指す「チゲ」のなかでも、特に人気なのがヘルシーで奥深いキムチチゲとプデチゲ。鶏を丸ごと投入したタッカンマリ(鶏の水炊き鍋)はマストトライ！

鶏の水炊き鍋

2人前 W2万8000

タッカンマリ 닭한마리

新鮮な若鶏を使用。スープは韓方特有のクセがなく、あっさり味

つけダレで食べよう！

薬味1、ニンニク1、マスタード1、酢2、醤油2の割合でタレを作ろう

1人前 W2000

カルグクス

カルグクス(うどん)でシメるのがおすすめ

トッポッギ

トッポッギ(餅)はスープとの相性抜群

とってもホロホロ

定番

ひな鶏をまるごと煮込んだ滋味鍋

陳元祖補身タッカンマリ

●진원조보신닭한마리／チンウォンジョボシンタッカンマリ

韓方を使った独自のスープが自慢で、2007年に特許を取得。韓方といってもクセはなく、むしろスープは芳醇な味わいで、煮込むほどにうま味が増す。

東大門 MAP：P17B1

図Ⓜ1、4号線東大門駅9番出口から徒歩5分
住 鍾路区鍾路252-11 종로구종로 252-11
☎02-2272-2722 ⏲10～23時(22時LO)※鶏がなくなり次第終了 休なし

←広々とした店内は地元客と観光客でにぎわう

↓東大門の通称タッカンマリ通りにある

キムチ鍋

1人前W1万5000

キムチチゲ 김치찌개
5～6カ月熟成させた自家製キムチを使用している

オススメ！

独特の辛みと酸味がクセになる
ウンジュジョン
●은주정

約30年続くキムチチゲの名店。昼はキムチチゲ、夜はキムチチゲ+サムギョプサルと各時間メニュー1品のみ。熟成キムチの奥深さを味わおう。

東大門 MAP:P17A2

図Ⓜ2、5号線乙支路4街駅4番出口から徒歩4分 ⋔中区昌慶宮路8キル32 中区창경궁로8길 32 ☎02-2265-4669 ⏰11時30分～22時（21時LO）㊡日曜 📱

←葉野菜に包んだり、ご飯と混ぜて食べたり、楽しみ方は色々！

➡11時30分から17時はキムチチゲのみの提供

辛口鍋

フグ鍋

W2万8000

30年以上続くフグ料理専門店
南山フグチプ
●산복집／ナムサンボクチプ

季節に合わせてトラフグ、シマフグ、サバフグなど新鮮な生のフグを仕入れる。フグと甘辛ソースがやみつきになるフグプルコギW4万もおすすめ。

市庁 MAP:P8A2

図Ⓜ1、2号線市庁駅7番出口から徒歩3分 ⋔中区南大門路1キル57 中区남대문로1길57 ☎02-779-1248 ⏰11時30分～21時30分 ㊡土・日曜 📱

↑清潔感のある店内で、新鮮なフグを堪能

1人前W1万4000

特プデチゲ 특부대찌개
注文は2人前から。トッピング用のラーメンは辛ラーメン

天然の食材のみで作られていてヘルシー
松炭プデチゲ
●송탄부대찌개／ソンタンプデチゲ

ハムやソーセージがたっぷり入ったプデチゲが人気で、メディア露出多数の名店。化学調味料を使わず天然食材でだしを取っているので安心。

カロスキル MAP:P20B3

図Ⓜ3号線、新盆唐線新沙駅1番出口から徒歩10分 ⋔江南区島山大路166 강남구 도산대로166 ☎02-541-2446 ⏰24時間 ㊡なし

↑日本人観光客に人気のプデチゲ店

↑1人前から注文が可能なのでおひとりさまにも◎

65

ドレスアップしていただきます♡

お皿がズラリ。韓定食を体験

Read me!

韓定食は、李朝時代に宮廷で供されていた豪華なフルコース。見た目も美しい品々は、食材を活かした上品な味わい。ちょっぴり奮発して、本格的な伝統の味を楽しもう。

各国の要人も食するモダンな宮廷料理

石坡廊
●석파랑／ソッパラン

朝鮮王朝最後の王の別荘「石坡亭」の別棟を移築、復元した宮廷韓国料理店。伝統的な宮廷料理を現代風にアレンジした韓定食のコースが味わえる。

↑ソウルの有形文化財に指定されている由緒ある店

景福宮周辺 **MAP：P4B1**
図M3号線景福宮駅3番出口から車で10分 鍾路区紫霞門路309 종로구자하문로 309
☎02-395-2500 ⓣ12〜15時（14時LO）、18〜22時（20時LO）㉡なし 日受英

W6万6000
壽福コース 수복
メインは高麗人参入りの蒸し鶏など

W16万
宮中水刺コース（ディナーメニュー）궁중수라
鯛料理、プルコギと天然松茸の焼き物など

本格的な宮廷料理を堪能

ハヌリ韓定食
●한우리 한정식／ハヌリハンジョンシク

接待や慶事にも利用される伝統的な韓定食を提供する高級老舗店。韓国厳選食材を使用し、上品な味付けで日本人の口にも合う。

↑4〜5階は完全個室。3階が団体用。高級感ある内装

狎鷗亭洞 **MAP：P20C2**
図M3号線狎鷗亭駅3番出口から徒歩13分 江南区島山大路308 강남구도산대로308 ☎02-541-4270（予約）ⓣ11時30分〜15時（14時LO）、17時30分〜22時（21時LO）㉡なし 日受英

W5万2000
炭火焼プルコギ定食 숯불불고기정식
宮廷鍋料理の神仙炉W7万5000と九折板W6万5000は別途

韓国文化に浸りながら伝統料理を

コリアハウス
●한국의 집／Korea House

キムチ作りや宮中料理、伝統婚礼など韓国の伝統文化を体験できる複合施設内のレストラン。伝統芸能の公演も行われている。

↑韓国伝統家屋で伝統の文化や食に触れることができる

忠武路 **MAP：P7F2**
図M3、4号線忠武路駅3番出口から徒歩3分 中区退渓路36キル10 중구 퇴계로36길10 ☎02-2266-9101 ⓣ11時30分〜15時30分（14時30分LO）、17〜22時（20時30分LO）※行事により異なる㉡月曜

W10万
神仙炉定食B 신선로정식B
神仙炉のほか、前菜やメインディッシュ、デザートが付く

風情ある韓屋で韓定食を味わう

両班宅
●양반댁／ヤンバンテク

仁寺洞で30余年続く韓定食の老舗。おすすめは国内産のワタリガニを秘伝の醤油に72時間漬け込んだカンジャンケジャンが味わえる定食。

↑仁寺洞の路地裏にある穴場の韓定食店

↑テーブル席のほか、座敷タイプや個室もある

仁寺洞 MAP：P12B3

図Ⓜ1、3、5号線鍾路3街駅5番出口から徒歩5分 ⌂鍾路区仁寺洞キル19-18 종로구 인사동길 19-18 ☎02-730-1112 ⏰11時30分〜15時、17〜21時（20時LO）㊡なし 🄳🄴🄵

W3万8000

カンジャンケジャン定食 注文は2人前から。チャプチェや
간장게장정식 三色チヂミなどのおかず付き

↓→イシモチW1万5000とプルコギW2万は単品で追加可能

+ Plus!

韓国オモニ（お母さん）の味を堪能！

毎日20種類以上が並ぶおかずは日替わり。田舎御膳には1人前、約10品のおかず付き！

日替わりのおかずを味わおう

シゴルパプサン
●시골밥상

食の宝庫として有名な全羅道エリア出身のオモニが作る家庭の味が楽しめる。田舎御膳W1万（1人前。写真は2人前）がおすすめ。

梨泰院 MAP：P16C4

図Ⓜ6号線梨泰院駅6番出口から徒歩10分 ⌂龍山区梨泰院路235 용산구 이태원로 235 ☎02-794-5072 ⏰10時〜20時30分（19時30分LO）㊡なし

ソウルで絶品海鮮三昧！

エビ、カニ、タコetc.…を食べつくす！

Read me！

海に囲まれた韓国は、海鮮料理も外せない。カンジャンケジャンや生ダコのプルコギなど、日本ではなかなか味わえない料理だけに、滞在中1度はチャレンジしておきたい！

カンジャンケジャン
ワタリガニを醤油ダレに漬け込んだ料理

甲羅をつぶすように押して身を出そう！

カンジャンケジャン
간장게장
プリプリの引き締まった身はほんのり甘く、ご飯がすすむ

1人前W4万5000 (写真は2人前)

身がぎっしり！
新鮮ガニの醤油漬け
眞味食堂
●진미식당／チンミシクタン

忠清南道瑞山から取り寄せたワタリガニを醤油タレに3日間漬け込んだカンジャンケジャンが人気。タコの塩辛やナムルなども付く。

麻浦 MAP：P4B2
M 5号線エオゲ駅4番出口から徒歩5分
麻浦区麻浦大路186-6 마포구 마포대로186-6
☎02-3211-4468
⏰12時〜15時30分（14時30分LO)、17〜20時
休日曜、祝日

↑超人気店のため3週間〜1カ月前には予約しておきたい

カニの味を引き立てる植物を使用
ハムチョカンジャンケジャン
●함초간장게장

ハムチョ（アッケシソウ）という植物エキスが入った醤油ダレに漬け込み、カニ本来の味が広がるよう薄口に仕上げているのが特徴。

明洞 MAP：P9E3
M 4号線明洞駅9番出口から徒歩2分 中区明洞8街キル27、地下1階 중구 명동8가27、지하1층 ☎02-318-1624 ⏰11〜23時（22時LO) 休なし

↑屋外階段を降りていくと入口がある

W8万4000(中)
カンジャンケジャン
간장게장
卵とカニ味噌、身が渾然一体となった味わい

カンジャンケジャン通りの元祖
プロカンジャンケジャン
●프로간장게장

韓国の西海岸でとれる国産のワタリガニだけを使用し、生のまま秘伝のタレに3〜4日漬けている。近隣には似た店も多いので注意して。

新沙 MAP：P20A4
M 3号線、新盆唐線新沙駅4番出口から徒歩3分 瑞草区江南大路97キル9 서초구강남대로97길9 ☎02-543-4126 ⏰10〜23時 休なし
↑目を引くデザインのビルを探して

1人前W4万
カンジャンケジャン定食 간장게장정식
種類豊富な付け合わせはお代わり自由

68

ヘムルタン
エビやイカなどの海鮮と野菜入りの鍋

海鮮のうま味たっぷり鍋
ミリネヘムルタン
●밀리네 해물탕

創業40年以上の海鮮鍋専門店。ワタリガニやエビ、イカ、トコブシ、アサリ、ムール貝、白子などの豊富な海鮮が魅力。

梨大 **MAP：P16C1**
🚇Ⓜ2号線梨大駅5番出口から徒歩1分 🏠麻浦区大興路30キル18-5 마포구 대흥로30길 18-5 ☎02-719-5113 🕐11〜23時 Ⓗなし 💳🈁

➡店は路地裏にあり、レンガ造りが目印

W4万2000(小)

ヘムルタン
해물탕
海鮮のほか、長ネギや春菊などの野菜もたっぷり入り！

サンナクチ ブルコギ
生ダコをコチュジャンで炒めた一品

ピリ辛なタコがやみつきに
ペッコドン
●뼛고동

生ダコ(サンナクチ)とイカのブルコギの店。タコの弾力とネギなどの野菜のシャキシャキ感がクセになる。〆は焼き飯W1500で。

狎鷗亭洞 **MAP：P21D1**
🚇Ⓜ水仁・盆唐線狎鷗亭ロデオ駅5、6番出口から徒歩4分 🏠江南区彦州路172キル54、地下1階 강남구 언주로172길 54, 지하1층 ☎02-514-8008 🕐11時30分〜22時(日曜、祝日12時〜)※21時15分LO Ⓗなし

W3万
サンナクチブルコギ
산낙지불고기
コチュジャンソースで生ダコを豪快に炒めたピリ辛料理

↑おしゃれな店が並ぶロデオ通り沿いにある

✚ Plus! カンジャンケジャンのおいしい食べ方

手づかみで豪快にいただくのが韓国流。ビニール手袋を用意しているお店も多いので聞いてみよう。

❶ まずはそのまま

↑甲羅をつぶして絞り出す要領でカニの身のうま味を堪能。かぶりついてもOK！

❷ ごはんと一緒にパクリ

↑次はカニの身をごはんにオン！何杯でもいける最強の組み合わせ！

❸ 海苔で巻いて食べる

↑海苔を巻いて、手巻き寿司風にするのもGOOD！お好みで唐辛子も一緒に。

❹ 最後は甲羅にIN！

↑最後はカニ味噌が残った甲羅にごはんをIN！十分にかき混ぜて食べよう。

→連日夕方から活気を帯び
人気店は大混雑

DEEPなグルメ天国へようこそ！
市場屋台でハシゴ飯

Read me!

屋台があちこちに並び、連日ローカルで賑わう市場。韓国ならではのディープなグルメがずらりと並び、見て歩くのも楽しい。ローカルに混じって本場の味を体感しよう。

↑チヂミ、スンデ（韓国式ソーセージ）、マンドゥ（韓国式餃子）など手軽にB級グルメが楽しめる

ソウルのおいしいものが大集結！
広蔵市場
●광장시장／ファンジャンシジャン

一般商店が並ぶ路地の中央に屋台がひしめき、さまざまな屋台グルメが楽しめる。定番料理を集めた屋台と、特定の料理を専門とする屋台の2種類がある。最近はどの屋台も外国語メニューを用意。

東大門 **MAP：P17A1**
🚇 M 1号線鍾路5街駅8番出口から徒歩3分 🏠鍾路区昌慶宮路88 종로구창경궁로 88 ⏰店により異なる

【地図内】
北1門　鍾路　北2門
メウンタン（魚のアラ鍋）の店舗が多い
ユッケの専門店がいっぱい
ユッケ通り
飲み屋街がびっしりとひしめく
ユッケチャメチプ
パッカネピンデトク
鍾路5街駅へ
西門　メウンタン通り　東門
プチョンユッケ P53
ウンソンフェッチプ
ヘオケルル
西2門
モニョキムパプ
江原道元祖カルグクス P60
南1門
南2門
南3門　南門
清渓川

人気店はココ！

W1万9000　ユッケ

ユッケ 육회
クリサルとよばれる肩近くの希少部位を使用

市場内で45年のユッケ専門店
ユッケチャメチプ
●육회자매집

ユッケ通りの元祖店。1974年の創業以来、新鮮なユッケとレバー＆センマイ刺を提供し続け支持を得ている。

MAP：P17A1
☎02-2274-8344 ⏰10〜14時、15時〜20時40分(LO) 🈺日曜

これぞ名物！チヂミ
パッカネピンデトク
●박가네 빈대떡

サクサク食感の巨大ピンデトク（緑豆チヂミ）W5000は広蔵市場名物として有名。マッコリのお供にも最適。

MAP：P17A1
☎02-2267-0614 ⏰8〜22時 🈺第3水曜

チヂミ

W4000

ピンデトク 빈대떡
具にはキムチ、ネギ、モヤシがたっぷり！特製醤油につけて食べよう

W3000　キムパプ

市場を代表する人気店！
モニョキムパプ
●모녀김밥

後を引く味わいから「麻薬キムパプ」の愛称がある。おでんの汁との相性抜群。

MAP：P17A1
☎02-2264-7668 ⏰6時30分〜20時(土時は〜19時30分)※売り切れ次第終了 🈺日曜(2号店はなし)

麻薬キムパプ 마약김밥
ニラ、ニンジン、タクアン入りのひと口サイズ。辛子醤油につけて食べる

タラ鍋一筋50年の老舗
ウンソンフェッチプ
●은성회집

メニューはテグメウンタン（タラ鍋）のみ。ピリ辛スープで煮込む。

MAP：P17A1
☎02-2267-6813 ⏰10〜22時(21時LO) 🈺なし

W1万4000　タラ鍋

テグメウンタン 대구매운탕
注文は2人前からで人数分が必要。ご飯は別途W1000で注文

屋台での注文の仕方

①席を確保
店選びは食べたい料理をよく見極めて。店の人の手招きに従って、空いた席に座ろう。

②オーダー
料理は店頭に並んでいるので指さしでOK。ほとんどの店で外国語メニューの用意がある。

③いただきます！
市場の喧騒に囲まれながら味わう料理は格別。衛生的に問題はないが、生モノは鮮度をよく見て。

④支払い
支払いは最後にまとめて。カードは使えない場合が多いので注意。おつりはその場で確認すること。

寄っていってね！

↑巨済食堂はカウンターだけの小さな店。常に満席の人気店！

600年の歴史を誇るソウル最大の市場
南大門市場 うまいもん横丁
●남대문시장／ナンデムンシジャン

明洞の南側に隣接し、1万軒以上の店が集まり、衣・食のすべてが揃う南大門市場にある食べ物屋通り。迷路のように入り組んだ路地に簡易食堂、屋台などが連なっている。海苔やキムチなどのおみやげを扱う店ものぞいてみよう。

南大門 MAP：P6B3
図M 4号線会賢駅5〜7番出口からすぐ 中区南大門市場4キル21 中区南大門市場4길21 店により異なる

←屋台の大皿料理は安くないこともあるので注意して

人気店はココ！

太っ腹なサービスがうれしい
巨済食堂
●거제식당／コジェシッタン

「カルグクス横丁」の中ほどにあるカルグクスの名店。全メニューに冷麺やカルグクスのミニサイズが付く。

MAP：P6A4
図M 4号線会賢駅5番出口から徒歩1分 ☎02-777-8177 ⊙6時〜20時30分（日曜は7〜20時）休なし

カルグクス

W8000
カルグクス 칼국수
ほっとする味わいでだしが効いている

絶品鶏スープに舌鼓
タッジンミ
●닭진미

ローカル感満載のタチウオ通りにある鶏コムタンの店。一人分のアルミ鍋で提供されるので、おひとりさまでも食べやすい。キムチやご飯はおかわり可能でコスパも良い。

MAP：P6A4
図M 4号線会賢駅5番出口から徒歩5分 ☎02-753-9063 ⊙7〜21時 休日曜

鶏コムタン

W9000
タッコムタン 닭곰탕
あっさりスープにほぐした鶏肉が入った看板商品

+ Plus!

実力店がひしめく「焼肉通り」がおもしろい！
鍾路3街駅からすぐの場所にある「カルメギサル通り」は、ソウル有数の焼肉通り。

みんなでワイワイ肉をつつこう！
カルメギサル通り
●고기거리

カルメギサル（豚の横隔膜）やサムギョプサルが楽しめる焼肉店がひしめく。比較的リーズナブルな値段で食べられるのもうれしい。

鍾路 MAP：P11F3
図M 1、3、5号線鍾路3街駅6番出口からすぐ

↑どの店も料理のクオリティはかなりのもの

→地元の若者たちも多く訪れている

↑夕方ごろになると人が集まりだす

B級ストリートグルメを食べつくそう！

明洞の屋台で食べ歩き

> マスカットもあるよ〜！

Read me!

明洞のメインストリート（MAP：P9D2〜E3）に、毎日夕方ごろから屋台が出店しはじめる。明洞ショッピングの合間に、おやつから人気のドリンクまで、できたてのB級グルメをパクリ。

モチ

大ぶりのイチゴを丸ごと包んだお餅！

W4000

イチゴモチ
新鮮なイチゴをあんことやわらかいモチで包んだ、イチゴ大福のようなお菓子

甘さたっぷりの、フルーツおやつ

甘じょっぱさがクセになる！

W5000

チーズ串焼き
モチとチーズを串に刺し鉄板で焼いたもの。練乳ソースが塩味を引き立てる

フナ焼き

W6000

ホプン
たい焼きに似たプンオパン（フナ焼き）の中にアイスクリームを入れ、ハチミツをオン！

チャプチェを包んだおかず系もあり

散策のお供に、もってこい！

W5000

イチゴアメスティック
大粒のイチゴを水飴でコーティング。アメとイチゴの食感が楽しい

ホットク

W2000

ホットク
シナモン入りの砂糖を生地に包んであげ焼きした屋台の定番グルメ

こんなに伸び〜る

チーズハットグ W3000
日本でも人気のメニューは
明洞でももちろん食べられ
る。日本よりコスパよし

大人気チーズドッグを本場でいただきます！

アツアツの
焼きたてだよ！

おつまみにぴったり♪

スパイラルポテト W5000
カリッと揚げた螺旋状のポ
テトフライ。見た目も楽し
く、食べ歩きにもぴったり！

特大のなが〜いフライドポテト

唐揚げ

タッカンジョン W7000〜
カリっと揚げた唐揚げとモ
チに甘辛ソースが絡んだボ
リューミーなグルメ

ソースをかけるとオレオ感アップ

チーズロブスター W1万5000
ロブスターの尻尾の身にた
っぷりとかかったチーズが
相性抜群！

贅沢ロブスターのチーズがけ！

オレオチュロス W4500
オレオをイメージしたサク
サクチュロス。一緒に付い
てくるソースをかけて

+Plus! **屋台食べ歩き攻略法** 明洞の屋台は常に人であふれている。効率よく
回るためのポイントをチェック！

1
屋台の
オープン時間を
チェック

大体の目安として平
日は16時ごろ、週末
は14時前後からオー
プン。朝一で開いて
いる店は少ない。

2
ほとんどの
屋台が
現金払い

基本的にクレジット
カードは使えないと
考えた方がいい。小
銭も多めに持ってお
きたい。

3
ゴミは
お店の人に
わたす

明洞のストリートに
ゴミ箱が設置されて
はいるが、購入した
店のスタッフに渡す
のがマナー。

**ここにも
注目！**

新村〜梨大のエリア
にもずらりと屋台が
並ぶ通りがある。屋
台で食べ歩きをして
いる学生で常に賑わ
う通りだ。
MAP: P16A1

ピクニックもホテル飲みも！

お手軽テイクアウトグルメ

Read me!

レストランに入るほどではないけど、なにか少し食べたい。そんなときにおすすめなのがテイクアウトグルメ！ 漢江ピクニックやホテルでのんびり食べるのもいいかも。

ミスターエッグ(左)
ベーコンダブルチーズ(中央)
アボホリック(右)
[A]
パンも卵もふわふわ。チーズ入りやアボカド入りは女性に人気。コロンとした見た目もキュート

W3900　W5000　W5400

W4500
キムパプ
[C]
韓国では珍しい酢飯を使ったキムパプは、少し甘めで馴染みのある味

おしゃれピクニックするなら！

ボリュームがあって、見た目も華やかなグルメでピクニック！

W1万5900
ウルトラ ペクボーイピザ(R)
[B]
プルコギやペパロニ、ベーコン、焼き野菜をトッピング！

W9000
コールビジャック チーズロール
[D]
ご飯の代わりにたっぷりの野菜を巻いたヘルシーなキムパプ

[A]
SNSで話題の卵サンドイッチ
エッグドロップ
●에그드랍／EGG DROP
メニューは6種類。店頭のタッチパネルで注文し、カードで決済。ふわふわな卵がたっぷり入ったサンドイッチはボリューミー。

江南
MAP: P18B4

[図][M]2号線、新盆唐線江南駅6番出口から徒歩3分 [住]瑞草区江南大路55キル24 1階 서초구 강남대로55길 24 1층 ☎02-598-8833 🕐7～22時（21時30分LO） [休]なし [英][日][英]

[B]
本場に近い味をお手頃価格で
ペク・ボーイ・ピザ
●빽보이피자／PAIK BOY PIZZA
料理家のペク・ジョンウォン先生がプロデュースする配達・テイクアウトのみのピザ専門店。2人でも十分な量のレギュラーサイズがW1万2900～とお手頃！

延南洞
MAP: P14B2

[図][M]2号線弘大入口駅3番出口から徒歩8分 [住]西大門区延禧路36 서대문구 연희로 36 ☎070-4012-0544 🕐11時30分～23時30分 [休]なし [英]

[C]
他にはないキムパプを味わう
ミョンファダン
●명화당
老舗の軽食店。一番人気のキムパプは細めにカットされ、一口で楽々食べられる。ネンビククス(鍋焼きうどん)W6800もおすすめ。

明洞
MAP: P9D3

[図][M]4号線明洞駅6番出口から徒歩3分 [住]中区明洞4キル32、2階 중구 명동4길 32、2층 ☎02-777-7317 🕐9～22時（21時30分LO） [休]なし

[D]
1人で全部食べても罪悪感ゼロ！
無米有米キンパプ
●무미유미김밥／ムミユミキンパプ
野菜を巻く新感覚キムパプで、健康や美容意識の高い人たちから支持される。トッポッキなどの定番系も。

江南
MAP: P21D4

[図][M]7号線、水仁・盆唐線江南区庁駅2番出口から徒歩8分 [住]江南区宣陵路119キル13 강남구 선릉로 119 길 13 ☎02-545-7931 🕐11時30分～21時（日曜11時30分～15時、17～21時） [休]なし [英][英]

W6800
ガーリックバターフライ
Ⓔ
ポテトを覆うほどチーズ
ソースたっぷり！爆弾
フライドとも言われる

Ⓔ
崩さず食べられるハンバーガー
ダウンタウナー
●다운타우너／Downtowner
気軽においしいハンバーガ
ーを食べてほしいとの想い
からオープン。小箱に入っ
たハンバーガーは、どこで
も手を汚さず食べられるの
がうれしい。

三清洞
MAP:
P13C4

図Ⓜ3号線安国駅2番出口から
すぐ🏠鍾路区北村路6-4 종로
구 북촌로6-4 ☎070-8870-
3696 ⊙11〜21時（20時LO）
休なし

**ホテル飲み
するなら**

夜遅い時間ならテイクアウトして、
お酒と一緒にホテルで食べよう！

W2万1000
**オリジナルとヤンニョム
のハーフ&ハーフ**
Ⓕ
オリジナルフライドチキン
1種類だとW2万

QUALITY BURGER BY
DOWNTOWNER
INGREDIENTS

W1万1800

アボカドバーガー
Ⓔ
100%ビーフパテにアボ
カド、ベーコンなどが入
る人気No.1メニュー

Ⓕ
バラエティー豊富な味が魅力的！
BBQチキン＆ビール
●비비큐 치킨앤비어／BBQ Chicken & Beer
オリーブオイルで揚げるヘ
ルシーなオリジナルのフラ
イドチキン専門店。ヤンニ
ョムを使ったチキンや激辛
マラ・ホット・チキンなど
も人気。

東大門
MAP:
P17B2

図Ⓜ2、4、5号線東大門歴史
文化公園駅12番出口から徒歩2
分🏠中区乙支路44キル6 중구
을지로44길6 ☎02-2272-0984
⊙16時〜翌1時 休なし

+ Plus!　**テイクアウトのお供はコレ！**
テイクアウトグルメを買ったら、近くのコンビニで
飲み物探し！韓国ならではのドリンクで喉を潤そう。

ビール
韓国で有名な銘柄は
HiteとCass。飲み比
べてみよう！

焼酎
韓国の国民的なお酒と
いえばソジュ（焼酎）

お茶
韓国にはナッツのよう
な甘い香りがするお茶
も！

**コールドブリュー
コーヒー**
コーヒーが苦手な人で
も飲みやすい！

**こんな
ところで
買える！**
●イーマート24
→P139
●シーユー
→P138
●ジーエス25
→P139

ダイエットは帰国後にあとまわし！

"無限リピル"の活用術

いろんな味をたくさん楽しめる「無限リピル（食べ放題）」レストランが人気。
どの店もジャンルや看板料理で差別化を図っていて、思わず迷ってしまいそう！

無限リピルのキホーン

無限リピルって？

無限にrefill（補充する）が語源。韓国語の「食べ放題」を指す。決まったメニューを制限時間内に楽しめる。

こんなグルメを食べまくれ！

焼肉	カルビ、ロース、ハラミなど、おなじみの部位が食べ放題に。
海鮮	カンジャンケジャン、カンジャンセウなどの食べ放題店が人気。
トッポッギ	コチュジャン風味、チーズ風味など多彩なテイストを楽しめる。
韓食	韓国の伝統料理をビュッフェ形式で味わえる食べ放題店も！

食べまくり！の韓国語

食べ放題（無限リピル）
무한리필 ムハンリピル

お代わりをください
더 주세요 トジュセヨ

おいしかったです
맛있어요 マシッソッソヨ

焼肉

AコースW7万
ロース、カルビ、牛タンなど牛肉6種類に加え、チヂミ、冷麺なども食べ放題

秀味家
●수미가／スミガ

ロース、ハラミ、味付けカルビなど、食べられる肉の種類によって3段階の料金設定。

明洞 **MAP：P8C2**
Ⓜ2号線乙支路入口駅7番出口から徒歩5分 中区南大門路7キル11-4、2階 중구남대문로7길11-4,2층
☎02-756-6750
🕙10〜23時（22時LO）休なし

弘益ケジャン 海鮮
●홍익게장／ホンイクケジャン

ワタリガニの醤油漬けをメインに、コースにより唐辛子味噌漬けや鍋などが食べられる。

弘大 **MAP：P4A2**
Ⓜ2号線弘大入口駅1番出口から徒歩12分 麻浦区ワールドカップ北路59 마포구월드컵북로59
☎02-323-1112 🕙11〜15時、17〜22時 休なし

弘益善（大）
W2万6000
弘益善（中）
W2万4000
弘益善（小）
W2万2000

トゥッキ トッポッギ
●두끼

豊富な種類の餅や麺類、野菜、ソースが並び、おでんなどのサイドメニューも充実。

明洞 **MAP：P9E3**
Ⓜ2号線乙支路入口駅8番出口から徒歩3分 中区明洞10キル35-3、2階 중구 명동 10길35-3, 2층
☎02-3789-2248 🕙11時〜21時20分（20時20分LO）休なし

オールタイム
W1万900
制限時間は
1時間30分

Cafe time

カフェタイム

Contents

フォトジェニックに進化中！

ココロまで溶けるひんやりピンス

Read me!

ふわふわな食感の韓国版かき氷、ピンス。フルーツもりもりのピンス、野菜を使用したピンスなどフレーバーも豊富。写真映えだけでなく、味もちゃんとおいしいのも◎！

フルーツ系

定番

いくつものおいしさを一度に体感！

ソルビン

●설빙／Sulbing

韓国全土で大ブレイクし、日本にも上陸したプサン発の有名店。旬の果物を使った多彩なピンスが好評。粉雪のように柔らかく口の中でふわっと溶ける氷の作り方は企業秘密。

[明洞] **MAP：P9D2**

[図][M]4号線明洞駅8番出口から徒歩5分 [住]中区明洞3キル27、2〜3階 중구명동3길27, 2〜3층 ☎02-774-7994 ⏰10〜23時（22時40分LO）[休]なし [日][英]

↑店内は観光客でいつもにぎわい満席のことも

W1万3900

小豆きな粉餅ソルビン

伝統の味を生かした一品。香ばしいきな粉とコシのあるきな粉餅がたっぷり

W1万3900

アップルマンゴーチーズソルビン

濃厚なチーズケーキとジューシーで甘いマンゴーの相性が抜群

王道系

進化系

オススメ！

ソウルで楽しむ日本風団子のデザート

団子屋

●당고집／ダンゴチブ

日本の団子をメインとするカフェ。すべて自家製手作りで、かわいいビジュアルの団子メニューが揃い、団子がのったピンスなどユニークなメニューも。

[上水] **MAP：14C4**

[図][M]6号線上水駅4番出口から徒歩5分 [住]麻浦区オウルマダン路3キル 5 마포구 어울마당로3길 5 ☎070-7573-3164 ⏰12〜22時（21時30分LO）[休]なし [英][英]

←壁には日本の漫画やアニメ好きの常連客たちが描いたイラスト紙が

W1万1000

団子ピンス

手作り韓国産小豆とふわふわミルク氷のピンスに団子をのせた一品

レトロ系

W1万5500
カボチャピンス
カボチャ、小豆、
白玉などがのり、
昔懐かしい味わ
いのかき氷

時が止まったようなレトロ茶店でピンスを
寿硯山房
●수연산방／スヨンサンバン

1930年に建てられた伝統家屋。ほぼ建
築当時のままの姿を残す貴重な韓屋で、
韓国伝統茶をいただける。夏は伝統茶
とピンスでのんびり過ごしたい。

↑趣深い歴史ある韓屋。建築
的見どころもたっぷり

漢城大入口 MAP：P4C1
図Ⓜ4号線漢城大入口駅から車で5分 🏠城北区城北路26キル8 성북구 성
북로 26길8 ☎02-764-1736 ⏰11時30分〜18時（17時LO）、土・日曜11
時30分〜18時、19時〜22時（21時LO）休月曜 🅿️🍴🍵🚭

オトナ系

W1万
キャラメル
自家製キャラメ
ルとミルクをか
け、焼きアーモ
ンドをのせたか
き氷

若い姉妹が
涼を届ける
癒しカフェ
付氷
●부빙／プビン

留学中に日本で食べたかき氷が忘れられ
ず、独自に研究を重ねて、旬のフルーツ
や小豆、抹茶、ヨモギなどを使ったオリジ
ナルのかき氷を提供。シロップもすべ
て自家製だ。

付岩洞 MAP：P4B1
図Ⓜ3号線景福宮駅3番出口から車で7分 🏠
鍾路区彰義門路136 종로구창의문로136 ☎
02-394-8288 ⏰13〜18時 休月曜 🅿️🚭

←涼しげなお店のデ
ザインも印象的

お茶の博物館でミルクティーのピンス
アルムダウン茶博物館
●아름다운 차 박물관／アルムダウンチャパンムルグァン

伝統茶や紅茶などさまざまな種類のお茶
を楽しめる韓屋カフェ。建物、展示品、
茶器、メニューとどれをとっても美しい。

仁寺洞 MAP：P12B3
図Ⓜ1、3、5号線鍾路3街駅5番出口から徒歩
4分 🏠鍾路区仁寺洞キル19-11 종로구 인사동
길19-11 ☎02-735-6678 ⏰カフェ11時30分
〜20時（19時30分LO）、ショップ11時30分
〜19時 休なし 🅿️🍴🍵🚭

➡落ち着いた雰囲気
でくつろげる。韓国
人作家の茶器の展示
販売も

香り豊か系

W1万8000
紅茶のピンス
小豆とナッツを加え、練乳
を混ぜながら甘さと香ばし
さの調和を楽しんで

シロップたっぷり系

日本のかき氷を進化さ
せた逸品
東京ピンス
●도쿄빙수／トキョピンス

韓国人のオーナーが日
本のかき氷をベースに、
トマトやカボチャ、イ
チゴやメロンなど、見
た目もかわいいカラフ
ルなかき氷を考案。

望遠洞 MAP：P4A2
図Ⓜ6号線望遠駅2番
出口から徒歩7分 🏠麻
浦区圃隠路8キル9 마포
구포은로8길9 ☎02-
6409-5692 ⏰12〜22
時 休なし

W1万1900
トマトピンス
あら挽きのコ
ショウを振りかけ
ていただこう

↑スタイリッシュなデザ
インの外観

カフェタイム

ピンス

フォト映え

ボタニカル

韓屋

ベーカリー

Kスイーツ

79

撮影してシェアしたくなる
フォト映えカフェへGO!

Read me!

まるで撮影スタジオのようなフォトジェニックな空間やセンスが光る仕掛け満載のインテリアが人気のカフェをセレクト。居心地の良さとメニューのおいしさもお墨付き！

ココ CHECK!

窓一面に広がる庭と幻想的な雰囲気の座敷席。森の中に来たかのような入口も注目！

➡入口の小道を抜けると滝もあらわれる

⬇座敷やテーブル、テラスなど席の種類も充実

アニメ映画のような空間
清水堂 共鳴
●청수당공명／チョンスダン コンミョン

オススメ！

益善洞にある人気カフェ清水堂本店の姉妹店。「水・森・地の共鳴」という3フロアからなり、スペースごとに異なる雰囲気を楽しめる。限定メニューのパヴロヴァがおすすめ。

延南洞 **MAP：P14A1**

🚇Ⓜ2号線弘大入口駅3番出口から徒歩11分 🏠麻浦区ソンミサン路152 마포구 성미산로 152 ☎070-7791-7972 🕐11〜22時（デザートは〜21時LO、ドリンクは〜21時30分LO）🈺なし

W1万3000
ベリー パヴロヴァ
メレンゲや生クリームに数種のベリーをたっぷりと

W7500
天惠香エード
済州島の名産品である天惠香をベースにしたドリンク

カフェタイム

ピンス

フォト映え

ボタニカル

韓屋

ベーカリー

Kスイーツ

ヨコ
CHECK!
ミントグリーンの外観前は撮影マスト。ベンチの前でポーズをとって！
A

ヨコ
CHECK!
カラフルな階段と一緒に。入口のテディベアとの撮影も忘れずに
B

SEOUL ANGMU

ヨコ
CHECK!
オウムの絵やオブジェが一際目を引く外観がホットなフォトゾーン
C

ヨコ
CHECK!
インテリアや窓の向こうの景色が見事に調和。全てが絵になると話題
D

桃クロップル
W6000
6〜8月末に提供されていたシーズンメニュー

Beurre
クロワッサン
W5000
店の看板メニュー。サクサク食感が好評

モヒートエイド
W6000

チョコパイクイニーアマン
W6000

抹茶ラテ
W6500
クリームラテ。抹茶パウダーでオウムが描かれている

The LOBBY Blendの
アイスコーヒー W7300
ホテルのバーでウィスキーを飲む感覚で楽しんで

Ⓐ イギリス風スイーツを
79 ファウンヤード
●79빠운야드／79FOUNYARD
イギリス式デザートをモチーフとするヨーロッパ風ベーカリーショップ。頻繁にメニューが変わるのも楽しみなクロップルが一番人気。

[望遠洞] MAP：P4A2
図M6号線望遠駅2番出口から徒歩6分 ⌂麻浦区ワールドカップ路13キル79 マポ구월드컵로13길79 ☎02-325-8185 ⏰10時〜22時30分（22時LO）⊛なし

Ⓑ テディベアがかわいい
テディ・ブール・ハウス
●Teddy Beurre House
クマちゃんに癒やされるベーカリーカフェ。常時13種類以上のパンが揃う。クリスマスなど特別な日にお着替えするテディベアに注目。

[新龍山] MAP：P4C3
図M4・6号線三角地駅3番出口から徒歩4分 ⌂龍山区漢江大路40カキル42 용산구 한강대로40가길42 ☎070-7776-8666 ⏰11〜22時（土・日曜は10時〜21時LO）⊛なし

Ⓒ フォトジェニックな空間
ソウル・オウム
●SEOUL ANGMUSAE
「都会の華麗なる時間」がコンセプト。オウムを象徴したカラフルなインテリアやスイーツを展開する。ベーカリーメニューも人気。

[聖水洞] MAP：P5D2
図M2号線トゥッソム駅8番出口から徒歩4分 ⌂城東区ソウルの森9キル3 성동구 서울숲9길3 ☎070-8846-2025 ⏰8〜23時 ⊛なし

Ⓓ ホテルのロビーをイメージ
3チュン ロビー
●3층로비／3F LOBBY
建築家の仲間3人がプロデュース。アジトのような隠れ家的カフェで、おしゃれな空間が人気。奥のスペースは建築家の事務所に。

[新龍山] MAP：P4B3
図M4号線新龍山駅2番出口から徒歩11分 ⌂龍山区漢江大路15キル9-19、3階 용산구 한강대로15길9-19、3층 ☎070-8865-1919 ⏰12時〜22時30分（火・水曜〜20時、LOは閉店の各30分前）⊛月曜

81

クールな今どきカフェへ

スタイリッシュカフェが気になる

Read me !

トレンドに敏感なソウルっ子たちに話題なのがスタイリッシュなカフェ。黒と白で統一されたモノトーン系や無機質系、カッコいいデザイン系など、洗練されたカフェが勢揃い。

ココが POINT

グレーやホワイト、シルバーを基調とした無機質な空間。黒ゴマを使った黒いスイーツもおしゃれ

黒ゴマスイーツが絶品

ジャムジャム

●잼잼／JAMJAM

オススメ

テレビ局の有名生活情報番組の作家がすべてをプロデュース。さまざまなグルメ取材から得た多くの経験をベースに独特でユニークなスイーツを提供し、人気を集めている。

延南洞 **MAP：P 14A1**

図M2号線弘大入口駅3番出口から徒歩12分 ◎麻浦区ソンミサン路29キル24、地下1階 마포구 성미산로 29길 24, 지하1층 ☎010-3796-9176 ⑩10〜22時（ブランチメニューは〜17時LO）⑭なし

↑コンクリート＆ステンレスのインテリアがかっこいい

W1万

黒胡麻クランブル

ブリオッシュの上に黒ゴマクリームとアイスをON

W6500

黒胡麻ラテ

黒ゴマクリームがたっぷり。濃厚で香ばしい味わい

オールモノトーンの空間
オススメ！

カント
●칸토 ／KANTO

オーナーのセンスを生かした白黒ベースのインテリアやメニューがスタイリッシュなカフェ。黒のテーブルに長いベンチの座席もあり、ひとりでも居心地の良い空間がうれしい。

聖水洞 MAP：**P5D2**
図Ⓜ2号線聖水駅4番出口から徒歩7分 🏠城東区演武場キル20、地下1階 성동구 연무장길 20, 지하1층 ☎010-8386-3657 ⏱11〜21時(20時30分LO) ㊗なし

ココが POINT
外観や店内の壁床からメニュー、コーヒーマシン、食器、装飾などまで全て白黒で統一している

🍰 **W5500**
ブラックパウンド
チョコパウンドケーキの上には生クリーム。甘さ控えめ

W6500
ブラッククリーム
ヘーゼルナッツクリームラテ。シグネチャードリンク

絵本の世界の主人公に
延南
クリムカフェ
●연남그림카페／ヨンナムクリムカフェ

アートが描かれた店内はまるで絵本のような独特の世界。店主がメルボルンのキャンディーショップに行った際、お店のヒントを得たそう。

延南洞 MAP：**P14A1**
図Ⓜ2号線弘大入口駅3番出口から徒歩10分 🏠麻浦区ソンミサン路161-10 마포구 성미산로 161-10 ☎010-7252-8633 ⏱12〜21時 ㊗インスタグラムで告知 📷

ココが POINT
店内は黒で縁取られた白いインテリアで構成。すべてが平面に見える2D空間

↑チョコラテW6000(左)とマカロン。食器も2Dの世界観でかわいい！

ソフトクリーム専門店
レミコン
東大門店
●레미콘 동대문점／REMICONE 東大門店

実験室がテーマの真っ白なインテリアで、遊び心ある空間作りも◎。雷雲をイメージし、ソフトクリームの上にわた菓子をのせたサンダーボムが名物。

東大門 MAP：**P17B2**
図Ⓜ1・4号線東大門駅8番出口から徒歩3分 🏠中区奨忠壇路275、斗山タワー地下1階 중구 장충단로 275, 두산타워 지하1F ☎02-3398-5432 ⏱10時30分〜22時 ㊗なし

ココが POINT
どこか未来的な雰囲気が漂う白い店内。壁やテーブルなどはタイルのあしらい

↑サンダーボムW6300。ふわふわのわた菓子はパチパチキャンディー入り

美しすぎるスタバ
スターバックス
ソウル・ウェーブ・アートセンター店
●스타벅스 서울웨이브아트센터점／STARBUCKS

ソウルウェーブアートセンター内にあり、「水の上に浮かぶ最も美しいスタバ」と話題。まるで船の中にいるような感覚を楽しめる。

漢江公園 MAP：**P18A2**
図Ⓜ3号線蚕院駅3、4番出口から徒歩17分 🏠瑞草区蚕院路145-35 서초구 잠원로 145-35 ☎1522-3232 ⏱8〜23時（土・日曜は7時30分〜21時）㊗なし

ココが POINT
店内は天井が高く開放感たっぷり。漢江ビューがすばらしくサンセットは必見

↑2020年、漢江沿いの施設内にオープン。さまざまな展示を開催する

カフェタイム
ピンス
フォト映え
ボタニカル
韓屋
Kスイーツ
ベーカリー

撮影必至のメニューがズラリ

アートなスイーツにひとめ惚れ♡

MUST ORDER

W1万8000

シャンパン・シュガーボール
スプーンで割っていただく花びらのスイーツ。ソースをかけて味わって

ローズシャンパンの贅沢デザートを
ソナ
●소나／Sona
見た目も味も華やかなデザートが評判のデザートカフェ。一流レストランで腕を振るっていたオーナーシェフが作るデザートは、どれもコース料理の最後にいただくような逸品。

カロスキル MAP：P20A2
🚇Ⓜ3号線、新盆唐線新沙駅6番出口から徒歩10分 🏠江南区江南大路162キル40、2階 강남구 강남대로 162길40,2층 ☎02-515-3246 ⏰12時30分〜21時(20時30分LO) 休火曜 🍴📷

←のんびりくつろげるシンプルで上質な店内

見た目もかわいい食べられる毛糸
ル・モンブラン
●르몽블랑／Le montblanc
元ニット工場をリノベーション。その名残を感じられるようにと作った毛糸モチーフのムースケーキが大人気に。毛糸玉の下に敷かれているのはクッキーでボタンはチョコレート！

梨泰院 MAP：P7E4
🚇Ⓜ6号線緑莎坪駅2番出口から徒歩17分 🏠龍山区新興路99-4 용산구 신흥로99-4 ☎0507-1328-3793 ⏰12〜20時(19時30分LO) 休月曜 🍴📷

MUST ORDER

各W9500

マンジャリ(左)、ココナッツ(右)
甘さと酸味、食感などのバランスが絶妙。ケーキの繊細な作りにも注目！

↑カフェ店内のインテリア小物には本物の毛糸や編み物などが置かれている

MUST ORDER

W9000
ヘーゼルナッツチョコ
チョコレートコーティングのケーキは宇宙や星空をイメージしている

←ゆずクリームチーズのホールケーキW4万9000（SNSで要予約）

幻想的な未知なるスイーツ
カフェ・テープ
●카페 테이프／Cafe Tape

アーティスト、デザイナー、ミュージシャンが一緒に企画したアーティスティックなカフェ。銀河をモチーフとしたカラフルなケーキが話題。屋上にあるテラスもおすすめ。

[梨泰院] MAP：P16A4

[図]Ⓜ6号線緑莎坪駅3番出口/梨泰院駅4番出口から徒歩5分 [住]龍山区梨泰院路14キル21、2階 용산구 이태원로 14길 21,2층 ☎010-7317-4201 🕘12～22時（金～日曜は～23時、LOは閉店1時間前）[休]なし [英][英][日]

➡スイーツが映える白を基調としたシンプルなインテリアのフロア

⬆コーヒーの氷にミルクをかけて飲むダッチラテ

斬新なアートをめしあがれ
ヌデイク
●누데이크／Nudake

オススメ！

アイウェアブランド「ジェントルモンスター」が手がける。看板メニューは芸術作品のようなビジュアルが話題のピークケーキ。スイーツはテイクアウトOK。

[狎鷗亭洞] MAP：P20C1

[図]Ⓜ水仁・盆唐線狎鷗亭ロデオ駅5番出口から徒歩8分 [住]江南区狎鷗亭路46キル50、地下1階 강남구 압구정로46길 50,지하1층 ☎070-4128-2125 🕘11～21時（20時45分LO）[休]不定期 [日][英][日][英]

⬅島山公園近くにある複合ビル「ハウス島山(ドサン)」内のカフェ。おしゃれな空間が広がる

MUST ORDER

W2万8000
ピークスモール
真っ黒なペストリー中央の濃厚な抹茶クリームにディップして食べる

⬅ナチュラルで清潔感あふれるホワイトトーンの店内

思わず微笑むキュートなスイーツ
メリツリー
●메리트리／MERITREE

オリジナルのクマキャラクター「メリ」や冬シーズンメニューに登場する雪だるまなど、デザイン専攻のオーナーのセンスが光るかわいらしいデザートがたくさん。

[延南洞] MAP：P14A1

[図]Ⓜ2号線弘大入口駅3番出口から徒歩13分 [住]麻浦区ソンミサン路29アンキル17、2～3階 마포구 성미산로 29안길17,2～3층 ☎02-6406-3152 🕘13～22時 [休]月曜

MUST ORDER

W7000
雪だるまラテ
マシュマロで作られた雪だるまがかわいいラテ。11～2月の限定メニュー

⬅ヘーゼルナッツ風味のアインシュペンナー、ヘイ、メリW7000

Botanical Cafe

グリーンたっぷりのリラックス空間
ボタニカルカフェで癒やされる

Read me！

癒やし効果満点の、花々があふれるボタニカルカフェでひと休みするのはいかが？　時間を忘れてつい長居してしまいそう。SNSにUPしたいフォトポイントもチェック！

Photo Point

店内にある花やグリーンを背景に入れて。パフェなど高さのあるものは真横から撮ろう。

↓ブーケやプランターなどすべて購入可

W6800

ストロベリーヨーグルト
手作りのヨーグルトドリンク。後味さっぱり

フローリストが考案した彩りメニュー
ザ・ピオラ
●더피올라／THE PIOLA

オススメ！

店内の生花や、プリザーブドフラワーと相性抜群の映えドリンクが人気。ストロベリーヨーグルトには手作りコンフィチュールがたっぷり。

東大門 **MAP：P17B2**

図M2、4、5号線東大門歴史文化公園駅5番出口から徒歩3分 中区 奨忠壇路209 중구 장충단로209 ☎010-9019-8808 ⑨9時～21時30分（土・日曜、祝日は10～20時）⑯なし

↑店内のディスプレイもおしゃれでつい買いたくなる

Photo Point

パラソルの下や店内は人気ドラマ『トッケビ』のロケ地でもある。ドラマの主人公になりきって撮影しよう！

W1万8500

ワッフル
アイスとフレッシュフルーツがのった人気のワッフル

ロケ地にもなった有名カフェ
マダンフラワーカフェ
●마당플라워카페／Madang Flower Cafe

昔ながらの韓屋が残る益善洞韓屋村にある、生花とカラフルなパラソルで飾られたカフェ。花をモチーフにしたかわいい小物雑貨も販売している。

益善洞 **MAP：P12C3**

図M5号線鍾路3街駅6番出口から徒歩3分 鍾路区水標路28キル33-12 종로구수표로28길33-12 ☎02-743-0724 ⑨9～23時 ⑯なし

パラソルの下でハイ、チーズ

↑店内の一角で生花を販売し、カウンターには生花が並ぶ

↑パラソルが並ぶ店頭は定番の撮影スポット

←店先では小さなブーケの販売も

Photo Point
どのスペースも緑がいっぱいで、写真映えする空間。世界的有名ブランドの広告撮影が行われたこともそう。

緑が気持ちいい
ボタニカルカフェ

アーバンプラント 合井

●어반플랜트 합정／
Urbanplant Hapjeong

緑に囲まれた空間でこだわりのブランチメニューが味わえる。オーバーサイズのグリーンも多く植物園のような雰囲気のエリアも。

[合井] **MAP:P14B4**

↑1階2階あわせて60席。カウンターも緑がたくさん

W1万4500
アーバンチキンサンドイッチ(手前)
ソテーしたチキンが入りボリューム満点

W7000
グリーンフロー(一番奥)
コーヒーをベースにした抹茶ラテ

[交]Ⓜ2、6号線合井駅7番出口から徒歩5分 [住]麻浦区トンマッ路4キル3 마포구 동막로4길3 ☎070-4192-0378 🕙10～22時 [休]なし [英][英]

Photo Point
比べてお気に入りの空間を見つけよう。観葉植物やドライフラワーなどのレイアウトはインテリアの参考にも。

W9000
チョコバナナケーキ(左)
ほどよい甘さが口に広がる。花もキュート！

W9000
アールグレイケーキ(右)
デコレーションの花は食べてもOK

多彩なフラワーと
緑に囲まれて

ヴォルス・ガーデン

●벌스가든／VER'S GARDEN

住宅をリノベーションしたカフェで、好みによってさまざまな空間の雰囲気を満喫できる。植物カフェとしてだけでなく手作りケーキも評判。

[延南洞] **MAP:P14A1**

↑観葉植物やドライフラワーなどのインテリアは年に数回変更

[交]Ⓜ2号線弘大入口駅3番出口から徒歩14分 [住]麻浦区ソンミサン路23キル44 마포구 성미산로 23길44 ☎070-8716-1888 🕙11～22時 [休]なし [英][英]

レトロ×モダンのコラボレーション
韓屋カフェでティータイム

韓屋って？

韓国の伝統建築様式で建てられた家屋。瓦屋根で、オンドル（床暖房）を採用しているのが大きな特徴。冬は暖かく、夏は涼しい。

↑パンの種類が豊富で選ぶのも楽しい

平日の早朝からにぎわう韓屋カフェ
カフェ・オニオン安国店
●카페 어니언 안국점／Cafe Onion

約200年前の韓屋を再利用し、レトロな雰囲気があふれるベーカリーカフェ。食事系からスイーツ系まで充実するオリジナルパンも人気。

↑かつて捕盗庁だったところをリノベーション

安国 MAP：P12B1

図M3号線安国駅3番出口から徒歩2分 ⏡鍾路区桂洞キル5 종로구 계동길 5 ☎070-7543-2123 ⏰7〜21時（土・日曜、祝日は9時〜）休なし

↑中庭を眺めながらのんびり。テーブル席もある

オススメ！

W5500
ブルーベリーバラギ
果実がどっさりのったデザート系。見た目もかわいいタルト

W6000
パンドーロ
バターが香るリッチなパンに粉砂糖がたっぷり。インパクト抜群

W6000
モンムルチーズトゥンブウ
炭が練り込まれた真っ黒なパンとチーズの相性が◎

韓国の伝統茶を体験
チャマシヌントゥル
●차마시는뜰

本格的な伝統茶やお菓子を楽しめるカフェ。緑豊かな中庭を眺めながらいただくお茶の味は格別。静かな空間で、くつろぎのひとときを過ごそう。

↓緑あふれる中庭を眺めてティータイムを

W8000
五味子茶

五味子を使ったお茶には、ひと口サイズの餅菓子（W8000〜）を一緒に

三清洞 MAP：P13B3

図M3号線安国駅1番出口から徒歩15分 ⏡鍾路区北村路11ナキル26 종로구북촌로11나길26 ☎02-722-7006 ⏰12〜21時（土・日曜は11時〜）休月曜

築100年を超えるお屋敷のカフェ

ジェイヒドゥンハウス
●제이히든하우스／J.HIDDEN HOUSE

韓国建築美を広く知ってもらおうと、韓屋の持ち主がカフェをオープン。NYで修行したバリスタが淹れるコーヒーなど、厳選メニューが楽しめる。

東大門 MAP：P17B1
図M1、4号線東大門駅10番出口から徒歩1分 鍾路区鍾路269-4 종로구 종로 269-4 ☎02-744-1915 ⊙12〜18時 ㊡不定休（インスタグラムで告知）

↑100坪の広い敷地には室内席のほかテラス席も

W1万4000

クロッフルアイスクリームのせ
さくっもちっ食感が楽しいクロッフルにバニラアイスをオン！

レトロとモダンが憩いを演出

ソウル・コーヒー
●서울커피／Seoul Coffee

「益善洞韓屋村」にある人気の韓屋カフェ。望遠エリアにも同系列のカフェがある。新旧が入り混じったこだわりのインテリアにも注目。

益善洞 MAP：P12C3
図M1、3、5号線鍾路3街駅6番出口から徒歩2分 鍾路区水標路28キル33-3 종로구수표로 28길33-3 ☎02-6085-4890 ⊙11〜22時 ㊡なし

W4500
あんバターパン（ノーマル、左）

W4500
あんバターパン（イカスミ、右）
人気メニューのあんバターパンはノーマルな食パンとイカスミ食パンの2種類から選べる

W7000
ビエンナミルクティー（ホット）

↑韓屋の雰囲気を損なわないシンプルなインテリアが配されている

+Plus! 美容に効果バツグン！ 伝統茶

韓屋カフェでぜひ試したい伝統茶。韓国に古くから伝わる果物や穀物を用いて作り、女性特有の悩みにも効果が期待できる。

柚子茶
柚子の皮と果肉を砂糖で漬け込んだお茶。風邪予防や美肌効果あり

なつめ茶
甘くて香ばしい、なつめのお茶。神経を安定させる作用がある

梅茶
甘酸っぱい梅の風味が特徴。疲労回復や胃腸の働きを促進する

双和茶
10種類以上の韓方生姜を煮出し、独特の苦味が特徴。滋養強壮にも

※写真は主な伝統茶の一例です

焼き立てをほおばりたい！

おしゃれベーカリーカフェが増加中！

Read me!

雰囲気抜群の店内はもちろん、フォトジェニックなスイーツなど、ベーカリーカフェの進化から目が離せない。ハイレベルなパンや焼き菓子などに舌鼓を打とう。

ココがおしゃれ！

ヴィンテージなインテリアに囲まれた空間。部屋毎に異なる雰囲気も◎。

←焼き立てパンや焼き菓子がずらりと並ぶ
↓インテリアも素敵なシャビーシックな空間

↑店内にはジブリの音楽が流れている

手作りパン＆焼き菓子が充実！

ドトリガーデン安国店

●도토리가든 안국점／DOTORI GARDEN

童話の世界に迷い込んだようなかわいい一軒家カフェ。店名の"ドトリ"は日本語でどんぐりという意味。どんぐり形のマドレーヌなど、多彩なメニューも楽しみ。

安国 **MAP：P13C4**

交Ｍ3号線安国駅3番出口から徒歩2分 健鍾路区桂洞キル 19-8 종로구 계동길 19-8 ☎0507-1476-1176 営8～23時 休なし 日英韓甘

オススメ！

W6800

FIG クリームプレッツェル

クリームの中にはイチジクがたっぷり！

W1万7500

リアル ストロベリー

グラノーラにグリークヨーグルトとハチミツをオン。自家製ヨーグルトが絶品。

W3800

どとりマンゴーココナッツマドレーヌ

マドレーヌは日替わり。ピスタチオ抹茶など全5種類ほど

1日平均1000本売れるデニッシュ食パン

キョートマーブル

●교토마블／KYOTO MARBLE

生地を64層織り込んで焼いた食パンは、きめ細かくしっとりした食感。緑茶、ストロベリー、プレーンの三味が楽しめるサムセクが人気。

[二村] **MAP：P4C3**

[図]Ⓜ4号線二村駅1番出口から徒歩2分 [住]龍山区西氷庫路69、龍山パークタワー地下1階 용산구 서빙고로 69, 용산파크타워 지하1층 ☎02-3785-2002 🕐8時～16時30分 [休]第2月曜 [英]

↑食パンはおしゃれなボックスに入って販売されている

W8900

サムセク(1斤)

プレーンに粉末緑茶とイチゴピューレを練り込んだ三つの味

W5000

アメリカーノ(上)

←甘酸っぱいベリー系のパンとコーヒーの相性がバツグン！

古い工場がトレンドスポットに変身

カフェ・オニオン聖水店

●카페어니언／Cafe Onion

空き工場をリノベしたスタイリッシュなベーカリー。半個室、テラスに屋上と席も多様で、雰囲気が少しずつ異なるのもおもしろい。

[聖水洞] **MAP：P5E2**

[図]Ⓜ2号線聖水駅2番出口から徒歩3分 [住]城東区峨嵯山路9キル8 성동구 아차산로9길 8 ☎02-1644-1941 🕐8～22時(土・日曜は10時～、21時30分LO) [休]なし [日][英][英]

↑古い工場のコンクリートやレンガの質感をそのまま利用

おしゃれ度全開で注目度がUP

アワー・ベーカリー

●아우어베이커리／Our Bakery

芸能人のスタイリストが手がけた店としてオープンしたベーカリーカフェ。現在も焼き立てパンを求め、多くの人が訪れる人気店。カロスキルなどに支店もある。

[狎鴎亭洞] **MAP：P21D2**

[図]Ⓜ盆唐線狎鴎亭ロデオ駅5番出口から徒歩10分 [住]江南区島山大路45キル10-11 강남구도산대로45길10-11 ☎02-545-5556 🕐9～21時(土・日曜は10時～) [休]なし [英]

←外観もスタイリッシュ。テラス席もおすすめ

W5200

カヤクロワッサン

ココナッツがたっぷりのったクロワッサン

W4700

アワーキューブ(S)

小麦の旨味を感じるシンプルな食パン。焼き立てを狙いたい

欧風のベーカリーダイニング

ザ・ベイカーズ・テーブル

●더베이커스테이블／The Bakers Table

高級ホテルでパティシエを務めていたドイツ人シェフが毎日30～40種類のパンを焼く。ドイツ料理を中心とした欧風料理やドイツビールも楽しめる。

[梨泰院] **MAP：P16A3**

[図]Ⓜ6号線緑莎坪駅2番出口から徒歩10分 [住]龍山区緑莎坪大路244-1 용산구 녹사평대로 244-1 ☎070-7717-3501 🕐8～21時(日曜は～20時) [休]なし [英]

←欧風パンがずらりと並び、ヨーロッパのような雰囲気

W1000

ハードロール

小麦粉、水、塩、イーストを使ったシンプルなフランスパン

W1500

ライ麦ロール

代表的なドイツパン。ライ麦を使ったふんわり柔らかな食感

W7000

オリーブブレッド

オリーブの香りが香ばしいドイツパン

W2800

プレッツェル

ドイツ発祥のパンで、ビールによく合うが、おやつとしてもおすすめ

ピンス
フォト映え
ボタニカル
韓屋
ベーカリー
Kスイーツ

おしゃれに進化中

コリアンスイーツをCHECK！

Read me !

独特の進化を遂げる韓国スイーツの数々。レトロブームの流れで話題の韓国伝統菓子、薬菓（蜜のかかった揚げ菓子）を使ったニュートロなスイーツなど、もりだくさん。

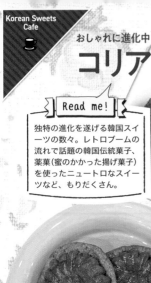

W2500

ユニコーン Ⓑ

カラフルなビジュアルに釘付け。なんとクリームソーダ味！

クァベギ

ネジネジの見た目がキュートな昔ながらの揚げドーナツ。バリエーションが豊富に！

W2900

ソルティドキャラメル Ⓑ

ミニキューブ形のソルティドキャラメルで甘さとしょっぱさを同時に！

W4500

薬菓クッキー Ⓐ

しっかり甘くボリュームも満点。花の形もレトロかわいい！

薬菓クッキー

もっちりとした食感の薬菓にざっくりクッキーを合わせたハイブリッドスイーツ

こちらも **W6500**

黄チーズラテ Ⓐ

ヤミツキになること間違いなしの甘じょっぱいドリンク

↓焼き菓子のほか韓国でブーム中の塩パンも並ぶ

オススメ！

Ⓐ コンビニコラボの話題のクッキー

トントンイ

●똥똥이／TONGTONGE

韓国コンビニ「CU」とコラボし200万個以上を売り上げた薬菓クッキーのカフェ。塩パンや黄チーズクッキーも人気でテイクアウトOK。

狎鷗亭洞 MAP：P21D1

Ⓜ水仁・盆唐線狎鷗亭ロデオ駅5、6番出口から徒歩2分 🏠江南区宣陵路161キル19 강남구 선릉로 161길 19 ☎070-8865-1234 🕐10～21時30分（21時LO）㊡なし

W3900
図食化
ダイアモンド
[C]

W4300
図食化
醤油エゴマ[C]
マドレーヌの上にはエゴマのお菓子と醤油のシロップ！

W4900
薬菓マドレーヌ[C]
一日熟成させたしょうがベースのマドレーヌに伝統菓子をトッピング

薬菓マドレーヌ
伝統菓子とフィナンシェの組み合わせ。西洋と韓国の風味を一緒に堪能できる

➡季節限定や限定コラボドーナツもあるので、要チェック！
[D]

各W3500～
ドーナツ[D]
カップに入れて提供。定番はあっさりとした生クリームが入りのミルククリームドーナツ

W7000
グレープフルーツエイド[C]
フレッシュでさっぱりとした甘酸っぱさが口の中に広がる

ドーナツ
ノティドは甘過ぎずふわふわと軽いのが◎。いくつでも食べられる飽きない味わい

W8000
薬菓シナモンシュペナー[E]
たっぷりのシナモンクリームに崩した薬菓を　※メニュー変更の可能性あり

薬菓ドリンク
シナモンの風味と薬菓の食感、コーヒーの香りが見事に調和する。スイーツのよう

W7800
ハト麦クリームラテ[E]
香ばしいハト麦クリームや粉で韓国伝統の味をアレンジ

[B]
個性豊かでカラフルなクァベギ
クァペ
●꽈페／Quafe

韓国の伝統的なおやつクァベギを現代的にアレンジ。ビジュアルだけでなく味にもこだわり、ジューシーでもちもちとした生地は絶品。

[延南洞] MAP：P14B2

[交]Ⓜ2号線弘大入口駅3番出口から徒歩9分 [住]麻浦区東橋路46キル20　마포구 동교로46길 20 ☎02-332-7567 🕘10時30分～21時30分 [休]なし [英][英]

[C]
ビジュアル抜群の多彩なマドレーヌ
図食化
オススメ！
●도식화／Dosikhwa

店内に展示されたアートを鑑賞しながらくつろげる。シグネチャーメニューのマドレーヌなど、アート作品のようなスイーツが揃う。

[上水] MAP：P14C3

[交]Ⓜ6号線上水駅1番出口から徒歩5分 [住]麻浦区臥牛山路17キル19-9 마포구 와우산로 17길 19-9 ☎010-6542-7937 🕘12～21時（20時LO） [休]なし [英]

[D]
ニコちゃんマークに癒やされる
ノティド
●노티드／Knotted

口コミから人気に火が付き、ソウルのドーナツブームを牽引しているカフェ。ドーナツのほかケーキやドリンクも。行列覚悟で訪れて。

[狎鴎亭洞] MAP：P21D2

[交]Ⓜ水仁・盆唐線狎鴎亭ロデオ駅5番出口から徒歩6分 [住]江南区島山大路53キル15　강남구 도산대로 53길 15 ☎070-8860-9377 🕘9～21時 [休]なし [英][英]

[E]
薬菓アレンジメニューに注目
ベーカスト・ブラウン
●베이커스트 브라운／Bakest Brown

オーナーがヨーロッパで出会ったカフェを再現すべくメニューやインテリアを丁寧に手がける。約20種類のベーカリーメニューも人気。

[江南] MAP：P18B4

[交]Ⓜ9号線、新盆唐線新論峴駅6番出口から徒歩5分 [住]江南区江南大路102キル21　강남구 강남대로 102길 21 ☎02-558-6991 🕘11～23時（22時LO） [休]なし [英]

世界がひろがる！
Column

CAFE LOVER必見！

ソウルの最新カフェ事情

ソウルのカフェはスイーツ自慢の行列必至の人気店から本格派まで幅広い。ネクストトレンドや注目キーワードをここで押さえよう！

Tips&News

ソウルでホットな“カフェエリア”は“狎鷗亭洞”と“延南洞”

おしゃれタウンとして知られる狎鷗亭エリア(→P212)には行列カフェが点在する。若者に人気の延南洞エリア(→P214)は、SNSでも話題のカフェがたくさん。

狎鷗亭洞

←ディープチョコ&チュロスW8000

☑ ミニュート・パピヨン
●미뉴트빠삐용／Minute Papillon

チュロスが流行中。カップに入ったチョコをディップして味わおう。

[狎鷗亭洞] MAP：P21D1

[交][M]水仁・盆唐線狎鷗亭ロデオ駅5番出口から徒歩4分 [住]江南区島山大路51キル37、地下1階 강남구 도산대로51길 37, 지하1층 ☎070-8888-0288 🕐10～21時(20時30分LO) [休]なし [英][英]

↑海外からのヴィンテージ家具が並びアンティークな雰囲気

延南洞

←さくさくパイに野菜やフルーツを丸ごとON

☑ パロル・アンド・ラング→P214

とうもろこしや栗、熟柿など季節の食材がのったパイが評判。

↑住宅を改造した店舗のため、カフェスペースは狭め

“スタイリッシュ”の次は“リノベカフェ”がきてる！

倉庫や工場などをリノベーションしたカフェが話題。どこも天井が高く開放的で広々とした空間が魅力。

→かまどで焼いたハラボジピザW2万5000

←ノンアルコールライムモヒートW1万

☑ カフェ ハラボジ工場
●카페 할아버지공장／カペ ハラボジコンジャン

工場をリノベした3階建てで広々。テラス席もある。

[聖水] MAP：P5E2

[交][M]2号線聖水駅3番出口から徒歩6分 [住]城東区聖水2路7カキル9 성동구 성수2로 7가길9 ☎0507-1317-2301 🕐11～22時(21時LO) [休]なし [英][英]

☑ スターバックスコーヒー 京東1960店
●스타벅스 경동1960점

在来市場「京東市場」内にある。店内は元劇場の雰囲気が残り、席数は約200！

↑レトロな雰囲気も素敵

[祭基洞] MAP：P5D1

[交][M]1号線祭基洞駅2番出口から徒歩5分 [住]東大門区古山子路36キル3、3～4階 동대문구 고산자로36길 3 , 3~4층 ☎1522-3232 🕐9～21時30分(金～日曜、祝日は～22時) [休]なし

個性あふれるスタバが続々誕生 今一番の注目は元劇場スタバ

「水に上に浮かぶスタバ」(→P83)など、ソウル各地には個性あふれるユニークなスタバが多数。

タピオカの人気店は限定メニューをCheck

今では定番となったタピオカ。人気の貢茶に行ったらソウルでの期間限定メニューを狙いたい。

☑ 貢茶 明洞駅店
●공차 명동역점／ゴンチャ ミョンドンエキテン

ジュエリーシリーズW5500～は限定メニュー

日本でも定着した台湾茶専門店。明洞にも数店舗ある。

[明洞] MAP：P9D2

[交][M]4号線明洞駅5番出口から徒歩10分 [住]中区退渓路109 중구 퇴계로 109 ☎02-754-7770 🕐10～22時 [休]不定休

Entertainment

エンタメ

Contents

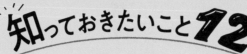

知っておきたいこと12

#エンタメ

世界を席巻するK-POPをはじめ、韓流エンタメの最新ニュースとお得な情報をお届け。
ソウルでのペン(K-POPファン)活はじめにチェック!

01 NEW

2024年ブレイク確実の新人3組をチェック!

注目は、大手事務所が何年も温めついに輩出するグループや、人気オーディション番組から誕生したグループ。新人とは思えないレベルの高さに驚く。

オーディション発グループZEROBASEONE　　写真:アフロ

ボイプラ発ボーイズグループ
ZEROBASEONE
(ゼロベースワン)

2023年7月デビュー。Mnetで放送されたオーディション番組『BOYS PLANET』で選抜された多国籍9人グループ。2024年3月に日本デビュー予定。

SM発エンタボーイズグループ
RIIZE
(ライズ)

2023年9月デビュー。NCTを離脱したショウタロウとソンチャンが所属するなど、デビュー前から実力派グループとして世界中で注目された。

YGエンタ発ガールズグループ
BABYMONSTER
(ベイビーモンスター)

2023年11月デビュー。YGエンターテインメントでは、BLACKPINK以来約7年ぶりとなる女性グループ。メンバー6人のうち2人は日本人。

02 耳より

大人気!ファンが通う
ペン活スポット

ソウルにはK-POPファン必訪のスポットがたくさん!なかでも推しゆかりの聖地や芸能事務所公式カフェ、ショップなどは、何度訪れても楽しめる。推しのサインや推しが好きなメニューを堪能しよう。(→P104)

03 NEW

コラボコスメに注目すべし!

韓国では、K-POPアイドルがコスメブランドの広告に登場することが当たり前!アイドルとコラボしたコスメも大人気。ヨジャグループのかわいいアイドルたちが使用するコスメを使えば、憧れフェイスに近づけるかも!?(→P100)

IVEのメンバー、ウォニョンがAMUSEのアンバサダーに

AMUSEのアイカラーパレット

04 NEW

アイドルの入隊除隊情報!

韓国の成人男性には一定期間の兵役義務がありアイドルも同様。BTSは2025年完全体活動を目指し順次入隊した。

2023年入隊	2023年除隊
・J-HOPE、SUGA、RM、V、ジミン、ジョングク(BTS)など	・テミン(SHINee)・ショヌ(MONSTA X)・P.O(Block B)など

05 耳より

龍仁市は韓ドラ
時代劇ファンの聖地

龍仁市にある、韓国民俗村と龍仁大長今パークは多くの歴史系ドラマで使用されるいわば時代劇ファンの聖地。昔ながらの街並みが再現され、歩いているだけでタイムスリップした気分に!(→P111)

06 耳より♪

使いたくなる K-POP用語集

K-POP好きならマストで知っておきたい用語がこちら！

- ・ペン→ファン
- ・ペンサ→ファンサービス
- ・ペンカフェ→ファンが独自で運営しているウェブサイト
- ・オッパ→（女性から見た）お兄さん
- ・ヒョン→（男性から見た）お兄さん
- ・オンニ→（女性から見た）お姉さん
- ・ヌナ→（男性から見た）お姉さん
- ・マンネ→末っ子
- ・ヨジャグル→女性グループ
- ・ナムジャグル→男性グループ
- ・カムバ→アルバムなどのリリース
- ・オルペン→グループ全員のファン
- ・ソンムル→プレゼント
- ・センイル→誕生日
- ・イルデ→日本デビュー
- ・イル活→日本での活動
- ・ヨントン→ビデオ通話
- ・チッケム→1人にフォーカスした動画

07 耳より♪

Kスター・ロードを散歩

地下鉄狎鴎亭ロデオ駅を降りてすぐ現れるアートトイ「江南ドル」。カンナム（江南）とアイドル（idol）、そしてドール（人形）に由来する合成語で、韓国アイドルたちをイメージしたもの。清潭の交差点まで、K-POP人気の火付け役的存在の江南ドルが並ぶ。清潭洞散策の際はチェックしてみて。

狎鴎亭洞 MAP：P21E1 ⊠Ⓜ水仁・盆唐線狎鴎亭ロデオ駅2番出口からすぐ

イチオシの江南ドルと写真撮影！

08 耳より♪

コンサート参加の必須アイテム

K-POPアイドルファンなら、一度は参加したいコンサート。気になる必須アイテムをご紹介！

- ・うちわ
  自作するときは黒地に蛍光色の文字で、見つけられやすさを重視して！
- ・応援ボード
  応援ボードやうちわは、掲げずに胸辺りで持つのがマナー！
- ・双眼鏡
  日本と異なり持つ人は少ないが、推しをしっかりと見たいなら必須！
- ・ペンライト
  ペンライトはコンサートで欠かせないアイテム！ 物販で買っておこう。
- ・タオル
  物販で買えるメンバーごとのタオル。推しをアピールしよう！
- ・メンバーカラーの洋服や小物
  友人と双子コーデや衣装コスプレ、グッズコーデをするのもおすすめ！

09 NEW

SM所属アイドル公式グッズなら

事務所の移転とともに江南のショップはクローズ。事務所移転先の地下鉄ソウルの森駅にあるビルに新しくオープンした。アイドルのセンイルなど、イベント時は世界中からファンが訪れる大にぎわい（→P98）

最新グッズをチェック！

10 ⚠

聖地のひとつ 推しの事務所へ

事務所巡りもK-POPファンの旅の楽しみのひとつ。近年、移転した事務所が多いので事前に場所の確認を忘れずに。2018年にはJYPが、2021年にはSMと、社名変更とともにHYBEが移転している。（→P105）

JYPエンターテインメントは清潭洞からオリンピック公園近くに

11 耳より♪

テレビ局が集まる メディアシティへ

MBC、SBS、Mnetなどの放送局やIT企業などが集まる巨大メディアシティをチェック。周辺にはカフェやレストラン、ショップも充実。スターの手形が埋め込まれているスターパークなども。

デジタル・メディア・シティ
디지털미디어시티／DMC（Digital Media City）
デジタルメディアシティ MAP：P4A1
⊠Ⓜ水仁・盆唐6号線デジタルメディアシティ駅9番出口から徒歩9分

広大なMBC本社の建物

12 耳より♪

韓国には人気音楽番組がたくさん！

日本よりも圧倒的に音楽番組の数が多い韓国。なかでも人気の番組がこちら。推しの姿を逃さずチェックするなら、現地で番組観覧に参加もオススメ！（→P112）

- ・『M COUNTDOWN』
- ・『MUSIC BANK』
- ・『ショー！K-POPの中心』
- ・『人気歌謡』
- ・『SHOW CHAMPION』

YouTubeと連携している番組が多いのもうれしい

© CJ ENM Co., Ltd, All Rights Reserved

【編集MEMO】

コレだけはいいたい！

韓国の音楽はK-POPだけじゃないんです！ 最近はラップバトル番組をきっかけに実力派ラッパーが続々誕生！

韓国にはサバイバル系のオーディション番組がたくさん。推しを見つけ、デビューを応援できるのが楽しい！

ライブやカムバに加え、推しのセンイル（誕生日）渡韓もおすすめ。イベントのほか、ファンが出すお祝い広告も楽しみ。

渡韓したら絶対GETしたい！
アイドル公式グッズまとめ

Read me!

大好きなK-POPアイドルのグッズを手に入れるなら、まずは公式グッズのショップへ行こう！ 売り切れや新作情報が出ることもあるのでインスタなどのチェックも忘れずに！

↑アーティストのアルバムリリースや活動にちなんだ品揃え

↑定期的にコンセプトが変わるフォトゾーンで撮影！

アーティストとファンが出会う新しい体験スペース

↑大型スクリーンからSM所属アイドルのMVを鑑賞できる

人気商品！

各W9000
フォトセット
NCTメンバー別のフォトカード。写真はテヨン、ユウタ、ジョンウ。それぞれ3枚セットに

W1万5000
シーズングリーティングコレクトブック
aespaメンバー別トレカ付き(写真はカリナ)。推しのトレカを表紙にしよう

クァンヤの世界観を楽しんで
クァンヤ@ソウル
オススメ！

●광야@서울／KWANGYA@SEOUL

SMエンターテイメント本社の地下1階にある、事務所運営の公式グッズショップ。アーティストのセンイル(バースデー)には企画などもあり世界中からファンたちが集まる。

SMエンターテインメント
主な所属アーティスト
aespa　NCT
SHINee　東方神起
Red Velvet

[ソウルの森] MAP：P5D2

[交]Ⓜ水仁・盆唐線ソウルの森駅4番出口から地下直結 [住]城東区往十里路83-21、地下1階 성동구 왕십리로 83-21, 지하1층 ☎02-6233-6729 [時]10時30分~20時 [休]なし [日][英]

各W2万9000
キャンディールームキット
aespaメンバー別(写真はニンニンとウィンター)。アクスタをセットして

人気商品！

W5600
ステッカー
TREASUREのメンバー10人がセットに

YG社屋前にあるカフェ
ザ・セイム
●더세임／The SameE

YGエンターテイメントがアーティストとファンが同じ時間、空間を共有できるところをと作ったカフェ。地下1階はショップで、YG所属アーティストのグッズのほか、公式ライトスティックやCD、DVDなどを販売。
合井 MAP：P4A2
→P.104

YGエンターテインメント 主な所属アーティスト
BLACKPINK
TREASURE
WINNER

W3万2000
Tシャツ
爽やかなTREASUREをイメージしたブルーのタイダイT

W4万5000
バケットハット
BLACKPINKのロゴがアクセント

人気商品！

W2万

W4万9000
クレヨン（アーカイビングブックとのセット）
MINOの2ndフルアルバム『TAKE』のグッズ

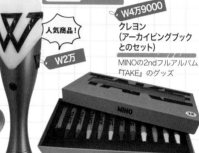

↑かわいいBLACKPINKのヌイ、Plush dollも

W2万7000
ぬいぐるみ
VのキャラクターTATAがかわいい

→お客さんの迷惑にならぬようフォトタイム

W3万2000
キャップ
BT21スポーツクラブ・テニスボールキャップ

W1万2000
ベアブラシ
ジョングクのキャラクターCOOKYが描かれているBT21COOKYのブラシ。ミニスタンド型

ラインフレンズがBTSとともに作ったキャラ
プレイ・ライン・フレンズ 仁寺洞店
●플레이 라인프렌즈 인사동점／PLAY LINE FRIENDS

複合文化空間「アンニョン仁寺洞」にあるショップ。ラインフレンズやBT21キャラクターのグッズが揃う。入り口や店内にはフォトスポットも点在。推しキャラと一緒に撮影を楽しむこともできる。

仁寺洞 MAP：P12A2

W1万8500
BT21トラベルキット
シャワー用品がセットに。パープルも◎

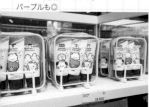

↑店内は「PLAY」をイメージしたイエローカラーがたくさん

図Ｍ3号線安国駅6番出口から徒歩3分 ⊕鍾路区仁寺洞キル49 종로구 인사동길 49 ☎02-6954-2940 ⏰11時30分～19時30分（土・日曜は11時～20時30分）⊗なし

憧れフェイスに！

アイドルコラボコスメで自分磨き

人気韓国コスメといえば、今をときめくアイドルたちが各ブランドのアンバサダーに。美しい肌に施されたメイク。かわいいアイドルフェイスに少しでも近づきたい！

AMUSE
アミューズ

韓国を代表するヴィーガン&ウェルネスのビューティブランド。肌や環境に優しいだけでなく、デザインがかわいいのも◎。

W3万4000
デューパワー
ヴィーガンクッション

しっとり密着カバーで一日中崩れない0.00低刺激のクリーン&ヘルシーなクッション

AMUSE × ウォニョン

WONGYOUNG
ウォニョン

2021年デビュー、6人組ガールズグループIVEのメンバーでセンターを務める。元IZ*ONEのメンバー

各W2万
ジュエルフィットティント

高光沢のぷにゅっとジェリーツヤが評判。乾燥無縁の保湿&ケア効果も見逃せない

各W3万4000
アイカラーパレット

活用度の高い9色のグリッドパレット。デイリーからスペシャルルックまでOK

ヴィーガンライフを提案
アミューズ 漢南ショールーム
●어뮤즈 한남 쇼룸／AMUSE HANNAM SHOWROOM

アミューズ初のフラッグシップストア。ピンク×グリーンを基調としたラブリーな空間も人気。テスターが豊富に揃うのであれこれ試してみよう。

梨泰院 MAP：P16C4
⇨P121

オススメ

コチラで買える！

↑店舗限定アイテムのチェックもお忘れなく

YUJIN
ユジン

IVEのリーダー。人気音楽番組『人気歌謡』のMCを1年務めるなど多方面で活躍。元IZ*ONEのメンバー

W1万4000

ベルベットリップライナー
繊細なリップラインも自在に。柔らかなつけ心地と発色の良さも魅力。全4色

CLIO

CLIO
クリオ
1993年に誕生した韓国初のメイク専門ブランド。革新的な品質とスタイリッシュなデザインが評判でベストセラーも多数。

各W3万4000

プロアイパレットエア
軽やかなテクスチャーが目元に密着。デイリーで使える12色セット、全7種。肌色にあわせてセレクト

W1万8000

キル ラッシュ スーパープルーフ マスカラ 00スリムフィクシング
ダマ・ヨレになりにくく、自分のまつ毛のようにすっきりくっきりとした仕上がりに

幅広いラインナップが魅力
オリーブ・ヤング
●올리브영／OLIVE YOUNG
韓国の代表的なドラッグストア。美容と健康をトータルにサポートする。コスメの品揃えが自慢で、オリヤンへ行けば、コスメトレンドが把握できるほど。

明洞 MAP：P9E2
⇨P124

> コチラで買える！

YUNJIN
ユンジン

5人組ガールズグループLE SSERAFIMのメンバー。グループ内で一番長身、スタイル抜群

W3万8000

ウォーターベルベット カバーファンデーション
薄くて軽い密着感で長時間、ムラや浮きのない滑らかな肌に

WAKEMAKE ユンジン

WAKEMAKE
ウェイクメイク
オリーブ・ヤング発のメイクアップブランド。「全ての肌を色で美しく魅せる」をコンセプトに多彩なカラーバリエーションを展開。

W3万4000

ソフトブラーリング アイパレット
パーソナルカラーをベースに、段階別明度と彩度を考えたトーン別の16色が一堂に。全15種類

※各ブランドアンバサダーは変更になる場合があります

推しに出会えるかも!?

アイドル御用達グルメスポット

Read me!

アイドルがプライベートで通うお店をピックアップ。有名になっても通い続けているアイドルもいるとか。ばったり会えるチャンスに期待！色紙をカバンに忍ばせよう！

Visited Idols
☆ キー（SHINee）
☆ ギグァン（HIGHLIGHT）
☆ ナヨン（TWICE）

店内必見スポット
店内の一角には韓国芸能人のサインがずらりと並ぶ。推しのサインを見つけたら記念撮影！

オススメ！

人気スターが通うトッポッキ専門店
スーパージップ
●슈퍼집／Superzip

オーナーが屋台料理のトッポッキをカフェのようなおしゃれな店でゆっくり味わってほしいとオープン。周囲の美容室からの出前注文が多く、それを食べた芸能人たちが店を訪れるようになったそう。

江南区庁 MAP：P21D3

図M7号線、水仁・盆唐線江南区庁駅2番出口／7号線鶴洞駅1番出口から徒歩7分 ⌂江南区彦州路130キル14 강남구 언주로130길 14 ☎02-540-1591 ⌚11時30分〜13時50分、14時30分〜21時50分 ㊡土・日曜

→エゴマの葉と腸詰めの炒め物

W1万

エゴマの葉入りトッポッキ（Sサイズ）

おしゃれにアレンジ。具だくさんなのもうれしい

韓国スターのサインがズラリと並ぶ！
ウドンチョン
●우돈정

多くの芸能人が常連という高級焼肉店。肉の種類が豊富で、サムギョプサルやオギョプサルといった豚肉だけでなく、牛肉も揃う。芸能人は深夜に来店し、奥の席に座るそう。

狎鴎亭洞 MAP：P21D1

図M水仁・盆唐線狎鴎亭ロデオ駅5番出口から徒歩5分 ⌂江南区彦州路170キル37 강남구 언주로 170길 37 ☎02-544-5055 ⌚16時〜翌4時 ㊡なし

W1万6000〜

サムギョプサルなど

ほか済州オギョプサルW2万1000も人気

←話題店が多い島山公園の近くにある

Visited Idols
☆ ジョングク（BTS）
☆ ミンギュ（SEVENTEEN）
☆ チャウヌ（ASTRO）
☆ ユギョム（GOT7）

店内必見スポット
1〜3階まで3フロアあり、2階はカウンター席になっている。フロアによりLOが異なるので注意！

BLINKで集まってワイワイするなら

クムテジ食堂

●금돼지식당／クムテジシクタン

オススメ！

骨付きサムギョプサルが絶品で、メディアに多数紹介される人気焼肉店。韓国芸能人の常連も多く、BLACKPINKはライブの打ち上げで使った。

[薬水] **MAP：17C3**

[図]Ⓜ3号線薬水駅2番出口から徒歩3分 [住]中区茶山路149 중구 다산로 149 ☎010-4484-8750 🕐11時30分〜23時(22時10分LO、2・3階は〜22時、21時20分LO) [休]なし [日][英]

Visited Idols
☆ BLACKPINK
☆ BTS
☆ ユンホ(東方神起)
☆ EXO

↑大通り沿い、白い建物に輝く金色の店名が目印

W1万9000
本サムギョプ
2人前以上注文時、骨付きサムギョプサルに

W1万7000
生黒豚皮付きサムギョプサル
お店のイチオシメニュー。コラーゲンたっぷり！(2人から注文可)

BTS(防弾少年団)がデビュー前から通う焼肉店

ユジョン食堂

●유정식당／ユジョンシクタン

BTSのメンバーがデビュー前から通い、レッスンの後、ここで食事をしていたという食堂。彼らが好んで食べた料理はメニュー表に印が付いているのでわかりやすい。

[狎鷗亭洞] **MAP：P20B3**

[図]Ⓜ3号線、新盆唐線新沙駅1番出口から徒歩12分 [住]江南区島山大路28キル14 강남구도산대로28길14 ☎02-511-4592 🕐10〜22時(金・土曜は〜20時) [休]なし [英]

Visited Idols
☆ BTS
☆ GFRIEND
☆ KNK(クナクン)

←ファンの間ではバンタン(防弾)食堂とよばれる思い出の店

Visited Idols
☆ Rain(ピ)
☆ EXO
☆ イ・スンギ

魔女(マニョ)の味にハマる

マニョキムパプ ●마녀김밥

多くの有名人をとりこにしたキムパプ専門店。ヤミツキになる味と評判になり、周囲に芸能事務所がたくさんあったこともあり、芸能人やファンが通う人気店に。

[狎鷗亭洞] **MAP：P21F2**

[図]Ⓜ7号線清潭駅9番出口から徒歩15分 [住]江南区狎鷗亭路79キル32 강남구 압구정로 79길32 ☎02-547-1114 🕐8〜21時 [休]なし [英][日][英]

W3900〜
魔女キムパプ
種類が豊富に揃う。小腹がすいた時にも重宝

スペシャルランクの韓牛が自慢の焼肉店

ヨンチョンヨンファ

●영천영화

韓牛と国産野菜を化学調味料不使用でヘルシーに食べられる店。高級店のため韓国の人気芸能人の来店が多く、壁には多くのサインが並ぶ。肉の甘みが感じられるユッケも人気がある。

Visited Idols
☆ BTS
☆ バンチャン(Stray Kids)
☆ ジェヒョン(NCT)
☆ ジェジュン

↑韓国スター御用達としても有名

[狎鷗亭洞] **MAP：P21F2**

[図]Ⓜ7号線清潭駅9番出口から徒歩15分 [住]江南区島山大路90キル3 강남구 도산대로90길 3 ☎02-3442-0381 🕐24時間 [休]なし

W5万6000
韓牛カルビサル(130g)
新鮮さと品質に優れた韓牛は濃厚な肉本来の旨味があふれる

推しを身近に感じよう！

ファンが通うペン活スポット

Read me!

芸能事務所公式のカフェや推しの定番聖地は絶対に外せない。1歩踏み入れただけで感じる愛あふれる空間は、もはやパワースポット。何度でも訪れたくなる。

ココをCHECK!
店内は当時BTSの誰が使っていた部屋かもわかるようになっている

BTSメンバーの元寮

↑観光地や駅近ではなく閑静な住宅街にひっそりとあるのもリアルで◎

→カフェ入口にはファンが描いた絵が置いてある

オススメ！

BTSメンバーが暮らした寮
カフェ休家 ●카페휴가／カフェヒュガ

メンバー全員で5年近く住んでいた寮を改装してオープンしたカフェ。メンバーが使用していたエアコンや当時の壁もそのまま。世界中からBTSのファンが訪れる。

鶴洞 MAP：P20B4
🚇M7号線鶴洞駅4番出口から徒歩7分
🏠江南区論峴路119キル16、103棟
　강남구 논현로119길 16 ,103동
☎02-3444-2022
🕐9時30分~21時30分 ㉹祝日

→イカ墨使用の黒い防弾塩パンW2000や季節のフルーツ生クリームクロワッサンW7800などを用意

店内にはアーティストのサインやポスターが飾られ、撮影したくなるスポットがたくさん

ココをCHECK!

SameE

→CDやDVDのほか、グッズもアイドル別に陳列されており、選ぶのが楽しい

→アーティストが練習などの合間に買いに来ることもあるドリンクやスイーツを

定番

BLACKPINK、TREASURE所属 YG経営

アーティストと同じ空間を共有！
ザ・セイム ●더세임／the SameE

YGエンターテイメント本社前にあるカフェ。アーティストお気に入りのメニューなどもあり、運がよければ事務所に出入りするアーティストの姿がみられるなんてことも！

合井 MAP：P4A2
🚇M6号線合井駅8番出口から徒歩7分
🏠麻浦区喜雨亭路1キル6-3、1~2階
　마포구 희우정로1길 6-3,1~2층
☎02-336-0536 🕐10~21時(20時30分LO)、MDショップ10時30分~20時 ㉹なし

JYP
ファン
御用達

↑ラムの盛り合わせW3万5000
（2人前から注文可）。コスパ良く
様々な肉を堪能！

JYPアイドルも常連のラム肉専門店

ラム 肉屋 ●램 니쿠야／LAMB NIKUYA

JYPエンターテイメントの新社屋周辺にあり、
Stray KidsやDAY6も行きつけの人気店。北海
道式ラム肉を手ごろな価格で味わえる。

遁村洞 MAP：P5F3
Ⓜ5号線遁村洞駅3番出口から徒歩5分
江東区良才大路87キル23 강동구 양재대로87길23
☎02-478-0729 ⓗ12〜24時（23時LO）ⓝなし

ココをCHECK！
壁にはファンのメッセージ
入り付箋が満載。スキズ
メンバーが座った奥のテー
ブルやサインも要チェック！

↑親しみやすい居酒屋のような外観。
スキズとDAY6の写真が目印！

ココをCHECK！

キュヒョンのペン（ファ
ン）にはたまらない「ギュ
様ルーム」。彼と一
晩一緒に過ごせるよう
な気分に♪

SUPER
JUNIOR
キュヒョンの
父経営

キュヒョンパパに会えるかも！

明洞MOMハウス ●명동 MOM 하우스／ミョンドンマムハウス

SUPER JUNIORのキュヒョンの
お父さんが経営する外国人専用
のゲストハウス。廊下から部屋
にいたるまで、キュヒョンの写
真がたくさん飾られている。

明洞 MAP：P9E4
Ⓜ4号線明洞駅2番出口から徒歩3分
中区退渓路22キル11 중구퇴계로22길11
☎02-779-0000、02-779-4455
URL mom2014.net 客室数60 ⓦW6万5000〜

↑廊下やエレベーター
などにはキュヒョンの
写真がぎっしり！

＋Plus！ 有名事務所をチェック！ 定番アーティストから注目の新人まで、所属の事務所をチェック。
公式グッズを探すときなどに役立つかも！

HYBE
所属アイドル
☆BTS ☆TOMORROW X TOGETHER
☆ENHYPEN ☆SEVENTEEN
☆LE SSERAFIM ☆NewJeans
Ⓜ4号線新龍山駅2番出口から徒歩8分
龍山区漢江大路42

➡ビッグヒットエンターテイメントから社名を変更。
それを機に2021年社屋を江南から龍山へ移転

SM
所属アイドル
☆東方神起 ☆SUPER JUNIOR ☆SHINee
☆EXO ☆NCT ☆aespa ☆RIIZE
Ⓜ水仁・盆唐線ソウルの森駅5番出口からすぐ
城東区往十里路83-21 6〜19階

JYP
所属アイドル
☆2PM ☆TWICE ☆Stray Kids
☆ITZY ☆NiziU ☆NMIXX
Ⓜ5号線遁村洞駅4番出口から
徒歩18分 江東区江東大路205

YG
所属アイドル
☆BLACKPINK ☆WINNER
☆TREASURE
Ⓜ2、6号線合井駅8番出口から
徒歩7分 麻浦区喜雨正路1キル3

STAR SHIP
所属アイドル
☆MONSTA X ☆宇宙少女 ☆IVE
Ⓜ7号線清潭駅9番出口から徒歩6分
江南区三成路146キル4-5

メイクの技術はピカイチ
アイドルメイクで変身体験

Read me!

K-エンタメを満喫するなら、
アイドル変身体験はいかが?
美容大国だからこそのメイク
技術にふれたり、世界に誇る
K-POPのMVに出演気分が味
わえる施設に出かけてみて。

アドバイスも
聞き逃さず
チェック!

CHALLENGE 1
気軽にKビューティ体験

人気韓国コスメの使い方をマスターしたい、いろいろ試してみたい、
そんな初心者におすすめなのがビューティ・プレイス。2ケ月に1回
ラインナップが変わるので最新トレンドチェックもできる。

ここに注意! スタッフによるサービス(無料体験※約10分)は、当日店内にあるQRで申し込める。1日1種類の体験のみ可能(外国語は翻訳アプリで対応)

メイクアップ体験
アイ、リップ&チーク、ベース&シェーディング、アイブロウの4つから1つを選び、プチメイクを受けられる

皮膚診断
専用診断機械を使用し、精密な分析から自分に合うスキンケアやメイク方法などを専門家がアドバイス

コチラで
体験できる!

by staff

ビューティ・プレイ
●뷰티플레이/BEAUTY PLAY

韓国保険福祉部支援のKビューティ体験館。広告や口コミなどで知られているKビューティを実際にふれて試すことができる。厳選した30以上のブランドが揃い、すべてMade in Korea。無料体験イベントも豊富。

明洞 **MAP:P9E2**

図M2号線乙支路入口駅5・6番出口から徒歩7分 中区明洞キル73、3階 중구 명동길 73,3층
☎070-4070-9675 ⏰10〜19時(専門家による体験〜18時) 日曜

スタジオ撮影
フォトジェニックなドレッサーが置いてあるフォトゾーンも。体験後はお姫さま気分で思い出の写真撮影をぜひ

by self

コスメ体験
テスターが用意された展示コーナー。購入したい商品がある場合は、QRをスキャンし各ブランドの公式サイトから注文

BEAUTY PLAY

by self

by self

カラー診断
パーソナルカラーを診断できる機械がある。店内のQRをスキャンし体験登録すれば自由に使用OK

CHALLENGE 2
アイドル御用達店へ潜入

韓国のプロの技を体験してみたい人はアイドル御用達美容院の予約に挑戦。憧れのアイドルの雰囲気に近づけるかも。

ここに注意！ 予約は基本日本語に対応していない。店により予約方法は異なり、公式サイト、メール、SNSのDMなどさまざま。人気の先生を指名するのはかなりハード。

↑白文字の看板が目印
←美容院とは思えない高級感漂う店内。アプリなどを使い意思疎通しよう

ビットアンドブート 清潭店
●빗앤붓 청담점／BIT&BOOT

涙袋で話題になったTWICEのヘアメイク担当、ウォン・ジョンヨ代表の美容室。TWICEのほかBTSやNCTなどの有名アイドルも通うそう。

清潭洞 MAP：P21E1

図M水仁・盆唐線狎鷗亭ロデオ駅2番出口から徒歩8分 江南区島山大路81キル49、1階 강남구도산대로 81길49,1층 ☎02-514-1239 ⏰10～18時 Rなし Mメイクアップ W22万～

アリュー 清潭店
●알루 청담점／ALUU

IZ*ONEのヘアメイクを担当していたことで知られるヘミン先生の美容室。束感のあるまつげが美しいと日本でも話題になったぱっちりアイメイクがおすすめ。

清潭洞 MAP：P21D2

図M水仁・盆唐線狎鷗亭ロデオ駅4番出口から徒歩10分 江南区島山大路56キル12-1 강남구 도산대로 56길 12-1 ☎02-546-5112 ⏰10～18時 R月曜 Mメイクアップ W22万～

↑カフェのようなおしゃれな外観。店内もゆとりあるレイアウトで広々

CHALLENGE 3
スタジオでMV撮影

いつもと違うテンションあがる自分に変身したら写真に収めよう。アイドルになったような気分でフォトジェニックな撮影にトライ！

→aespaの『Blackmamba』MVを再現。一番人気のスペース
↓EVERGLOWのMVに使われたスペースシップ（HiKR Ground撮影協力）

撮影スペースいろいろ
2階にあるK-POP GROUNDではK-POPアーティストがパフォーマンスするセットのような雰囲気のスペースがあり、照明や音楽をセレクトし撮影できる

コチラで体験できる！

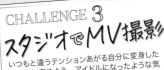

ハイカー・グラウンド
●하이커 그라운드／HiKR Ground

韓流コンテンツの展示やメディアアート鑑賞、K-POPスターのMVを再現したスペース体験など見どころ満載。2022年、韓国観光公社ソウルセンターの1～5階に誕生した韓国文化広報館。

明洞 MAP：P11D4

図M1号線鐘閣駅5番出口から徒歩5分 中区清渓川路40 중구 청계천로40 ☎02-729-9497 ⏰10～19時 R月曜

韓国唯一のXR技術を体験
バーチャル背景映像や特殊効果を用いた演出を使い、音楽番組出演の雰囲気が楽しめる

↑最新技術を駆使して、アイドル気分で撮影しちゃおう
←音楽や背景を自由に変えることができる

地下鉄

宇宙船

コインランドリー

↑アーティストMVで人気の異国感漂うコインランドリー
→背景のパターンは多数あり迷うほど

聖地巡礼の定番
大ヒット韓ドラロケ地巡り

Read me!

韓国で大ヒットしたドラマロケ地を厳選してご紹介。感動の名シーンを思い出しながら巡ってみよう。韓ドラファンなら興奮すること間違いなしの一度は訪れたいスポット。

テ・スミとすれ違うデパート
6話でヨンウとスヨンがショッピングを楽しんだデパート。ライバル事務所のテ・スミとすれ違うも…。

ウ・ヨンウ弁護士は天才肌
이상한 변호사 우영우　**2022**

あらすじ
自閉症の主人公、ウ・ヨンウ（パク・ウンビン）が、弁護士として働きながら困難を乗り越え成長していくヒューマンドラマ。周りの人たちと協力しながら事件を解決に導いていく。

ザ・現代ソウル●더현대 서울／The Hyundai Seoul
汝矣島 MAP：P4B3
🚇 Ⓜ5、9号線汝矣島駅3番出口から徒歩10分
🏠 永登浦区汝矣大路108 영등포구 여의대로 108
☎ 02-767-2233 🕐 10時30分～20時金～日曜、祝日は～20時30分。食堂街は～21時30分LO) ㊗ なし

←オフィスビルの入口なので周りに迷惑にならぬよう気をつけて

ヨンウが働く事務所の回転扉
さまざまな場面でヨンウを助ける、同僚イ・ジュノと出会った場所。回転扉にうまく入れない主人公にアドバイスを。

必訪

センターフィールドウエスト
●센터필드／West
江南 MAP：P19D4
🚇 Ⓜ2号線駅三駅8番出口から徒歩8分
🏠 江南区テヘラン路231 강남구 테헤란로 231 🕐㊗㊙ 見学自由

必訪

ザ・ファビュラス
더 패뷸러스　**2022**

あらすじ
モデル・カメラマン、デザイナー、代理店という職種でファッション業界に身をおく仲良し4人組。仕事や恋愛でつまずきながらもお互い助け合い、それぞれの夢を叶えていくストーリー。

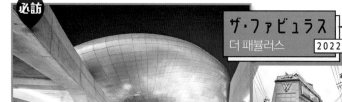

カフェ店員ドヨンとの待ち合わせ場所

アーレインJのイベント会場
最終回、ジョセフがアーレインJの初代ディレクターとしてコレクションを開催。4人の協力でショーは成功！

DDP東大門デザインプラザ
●동대문디자인플라자
東大門 MAP：P17B2
⤷P157

ウルフギャング・ステーキハウス
●울프강스테이크하우스／Wolfgang's Steakhouse
狎鴎亭 MAP：P21D2
🚇 Ⓜ水仁・盆唐線狎鴎亭ロデオ駅4番出口から徒歩5分 🏠 江南区宣陵路152キル21 강남구 선릉로 152길 21 ☎ 02-556-8700 🕐 11～22時(21時LO) ㊗ なし

セレブリティ
셀러브리티 `2023`

あらすじ
化粧販売員だったソ・アリ（パク・ギュヨン）。学生時代の友人でインフルエンサーのオ・ミネとの再会をきっかけに、SNSの世界に足を踏み入れ、セレブの裏の顔を知ることに。

ミネのブランドのお店
劇中たびたび出現する「LUNA CHIC」の店内。2話の佳賓会のサプライズパーティーにも登場。アーチが印象的。

ティルティル 弘大ショールーム
●ティルティル 弘大쇼룸
`合井` **MAP：P14C3**
図Ⓜ2、6号線合井駅3番出口から徒歩6分 🏢麻浦区チャンダリ路3アンキル5 麻浦区 잔다리로3안길 5
☎070-4281-9974
🕙10〜19時 ㉻なし 🔉

セレブの裏の顔を知ったパーティー会場

ソウル・ウェーブ・アートセンター
●서울웨이브아트센터
`漢江公園` **MAP：P18A2⇨P83**

クムガプラザ
ドラマのメイン舞台。ヴィンチェンツォが「このビルを壊す」と決意する場面がフラッシュバック!!

ヴィンチェンツォ
빈센조 `2022`

あらすじ
主人公ヴィンチェンツォ（ソン・ジュンギ）はイタリアンマフィアの顧問弁護士。ビル「クムガプラザ」の下に埋めた金塊を取りにソウルに戻ってきたが、その情報が巨悪のバベルグループにばれてしまう。

世運商店街
●세운상가／セウンサンガ
`鍾路` **MAP：P11F4**
図Ⓜ1号線鍾路3街駅12番出口から徒歩4分 🏢鍾路区清渓川路159 종로구 청계천로 159

チャヨンとヴィンチェンツォがホットドッグを食べていた場所

コモン・グラウンド
●커먼그라운드／Common Ground
`聖水洞` **MAP：P5E2⇨P215**

梨泰院クラス
이태원 클라쓰 `2020`

あらすじ
パク・セロイ（パク・ソジュン）は、学生時代、正義感の強さから大企業・長家の息子を殴ったことで人生が一変。居酒屋「タンバム」を開店し、因縁の相手、長家に挑む。

セロイが考え事や決意をする場面で何度も登場する歩道橋

緑莎坪歩道橋
●녹사평보도육교／ノクサピョンボドユッキョ
`梨泰院` **MAP：P16A4**
図Ⓜ6号線緑莎坪駅3番出口からすぐ 🏢龍山区緑莎坪大路195 용산구 녹사평대로 195

ルーフトップの眺望も◎
移転後のタンバム

ソウルバム
●서울밤
`梨泰院` **MAP：P16A4**
図Ⓜ6号線緑莎坪駅3番出口から徒歩5分 🏢龍山区緑莎坪大路40キル59 용산구 녹사평대로 40길 59

移転前のタンバム
セロイが長年の夢を叶えたタンバム1号店。数々の名シーンはここから生まれた。

アーバン・クリフ
●어반클리프／URBAN CLIFF
`梨泰院` **MAP：P7E4**
⇨P205

愛の不時着
사랑의 불시착 `2019`

あらすじ
パラグライダーの事故で北朝鮮に不時着したセリ（ソン・イェジン）は、ジョンヒョク（ヒョンビン）と一緒に暮らすことに。セリが帰国できるよう奮闘する中、惹かれあっていく…。

BBQチキン 梨大
●비비큐치킨 이대
`梨大` **MAP：P16B1**
図Ⓜ2号線梨大駅1番出口から徒歩6分 🏢西大門区 梨花女大5キル35 서대문구 이화여대5길 35 ☎02-363-4236 🕙16〜翌4時（翌3時50分LO）㉻なし

第五中隊が見ていたチキン店
北朝鮮から来た第五中隊が店内でチキンを食べる人を羨ましそうに眺めるシーン!

アクレッド
●야크레도／acredo
`狎鷗亭` **MAP：P21D1**
図Ⓜ水仁・盆唐線狎鷗亭ロデオ駅3番出口からすぐ 🏢江南区狎鷗亭路410 강남구 압구정로410

セリのブランド「Sen's Choice」の外観

時代劇ファン必訪

歴史系ロケ地案内

Read me!

時代劇ファンなら、ドラマの世界だけでなく、朝鮮王朝時代の王族や庶民の暮らしぶりも体感できるリアル歴史ワールドへ行ってみよう！歴史を学べばもっと韓流好きに！

↑ドギムを一途に愛するサン。切ないふたりの関係に涙する

名作を完全ドラマ化！
大ヒット歴史ラブロマンス

赤い袖先

放送年 2021年11月〜
出演 ジュノ(2PM)、イ・セヨン、カン・フン、イ・ドクファほか

コンプリート・シンプル BOX 1〜2
日本語吹替収録版
価格 BD-BOX：各6600円(税込)
　　 DVD-BOX：各6050円(税込)
発売元 NBCユニバーサル・エンターテイメント

©2021MBC

ストーリー・見どころ
好奇心旺盛で明るく誰からも愛される宮女のソン・ドギム(イ・セヨン)と孤独に宮廷で暮らす王の孫で暮孫のイ・サン(ジュノ)。ふたりが再会し、恋をし、困難を乗り越え成長する…。俳優としても着実にキャリアを積んできた2PM・ジュノの除隊後初となる復帰作。数々の作品で取り上げられお馴染みの名君、イ・サンを、新しいアプローチで熱演する。

↑ドキッとした人も多いサンの沐浴のシーン

↑宿命を背負い生きるサンから目が離せない

ロケ地はココ！ ①
ソウル市内でアクセス抜群
昌徳宮
●창덕궁／チャンドックン

世界遺産指定の朝鮮王朝の宮殿。都心とは思えないタイムスリップしたような景色が広がる。王とサンが釣りをするシーンで登場する池は昌徳宮内の後苑に。後苑は要予約で別途料金が必要。苑内は自由行動不可、外国語ガイドとめぐる。

鍾路 MAP：P11F2
→P.148

そのほかの撮影ドラマ
『宮廷女官チャングムの誓い』(2003)、『シュルプ』(2022)

後苑にある芙蓉池。四角い池は地を丸い島は天を表している

↑朝鮮王朝時代の庶民が暮らした木造の家家が並ぶ街並みを再現

ロケ地はココ！ **2**

韓国きっての規模を誇るスタジオ

龍仁大長今パーク

●용인대장금파크 ／ヨンインテジャングムパーク

MBCの歴史ドラマを撮影するために建設されたオープンセット場。宮殿内のシーンの大多数がこちらで撮影された。撮影中も撮影場所以外は見学できるが、邪魔にならないように気をつけて。

龍仁市 **MAP：P3C4**

図ソウル南部バスターミナルから白岩ターミナルまで約50分。白岩ターミナルで下車し、タクシー乗り場横のハナロ薬局(하나로약국)前で105番バスに乗車し約25分 住京畿道龍仁市処仁区白岩面涌泉ドラマキル25 용인시처인구백암면용천드라마길25 ☎031-337-3241 ⏰9〜18時(夏)、9〜17時(冬)※入場は閉場1時間前まで 休なし 料W9500 URL djgpark.imbc.com

そのほかの撮影ドラマ

『宮廷女官チャングムの誓い』(2003)、『夜を歩く士(ソンビ)』(2015)、『王になった男』(2019)など多数

↑宮廷衣装の試着体験で、ドラマの主人公の気分を味わおう

↑ここで撮影された時代劇の主人公たちが壁に描かれている

ロケ地はココ！ **3**

村を散策しながらロケ地を巡る

全州韓屋村

●전주한옥마을 ／チョンジュハノクマウル

朝鮮王朝発祥の地として知られ、約700もの韓屋が残り、慶基殿や全州郷校など歴史遺産も点在する。全州郷校は、宮殿で女官たちが遊んでいたところに虎が現れたシーンで使用された。全州韓屋村の南東にある。

全州市 **MAP：P2B3**

図全州駅から車で約15分(ソウルからは龍山駅から全州駅までKTXで1時間30分) 住全州市完山区麒麟大路99 (韓屋村観光案内所) 전주시 완산구 기린대로 99 ☎063-282-1330(韓屋村観光案内所) 休なし

そのほかの撮影ドラマ

『雲が描いた月明り』(2016)、『恋慕』(2021)など

コチラもおすすめ

→四季折々の美しい情景は海外でも評判

→両班屋敷や官庁など朝鮮時代の建物も展示

数多くの歴史ドラマの撮影地

韓国民俗村

●한국민속촌 ／ハングッミンソッチョン

昔ながらの各地方の伝統家屋が再現された民俗歴史村。頻繁に映画やドラマの撮影が行われている。人気ドラマの大看板は要チェック。

龍仁市 **MAP：P3B3**

図1号線水原駅から37、10-5番バスで60分 住京畿道龍仁市器興区民俗村路90 경기도용인시기흥구민속촌로90 ☎031-288-0000 ⏰10時〜18時30分(5〜9月は〜19時、11〜1月は〜18時) 休なし 料W3万2000 URL koreanfolk.co.kr

撮影ドラマ一覧

『太陽を抱く月』(2012)、『星から来たあなた』(2013)、『100日の郎君様』(2018)など

K-POPアイドルを生で観よう！

音楽番組を生で観覧！

日本で聴いているだけじゃ物足りない！せっかく韓国に行くなら憧れのアイドルを間近で見たい！ここでは韓国の代表的な音楽番組をご紹介。推しのカムバを生で応援しよう。

YouTubeなどで動画もUPされるのでチェック！

韓国を代表する国民的音楽番組

Mnet 『M COUNTDOWN』
●엠카운트다운／エム・カウントダウン

Mnetにて毎週木曜18時から放送の番組。上岩洞デジタルメディアシティにあるCJ ENMセンターから生放送。観客はオールスタンディングで会場の盛り上がりは最高潮！

ここで見よう！
CJ ENMセンター
麻浦 MAP：P4A1
M6号線デジタルメディアシティ駅9番出口から徒歩10分 麻浦区上岩山路66 마포구상암산로66
URL www.cjenm.com

info 番組を日本で観るなら
『M COUNTDOWN』
放送日：毎週木曜18時～日韓同時生放送・生配信！
再放送：[字幕なし]土曜深夜2時～[字幕あり]日曜18時～、火曜11時～、水曜深夜1時～

★CS放送Mnet URL mnetjp.com
★動画配信サービス Mnet Smart⁺ URL m.smart.mnetjp.com

↑旬のアイドル、アーティストたちが勢揃い

←韓国はもちろん、日本でも大人気のLE SSERAFIM。日本人メンバーも2人所属する
©CJ ENM Co., Ltd, All Rights Reserved

最新の音楽チャートをチェック！

MBC 『ショー！K-POPの中心』
●쇼!음악중심／Show Music Core

「ウマチュン」の名で親しまれている音楽番組。上岩洞デジタルメディアシティのMBC公開ホールより毎週土曜15時15分から生放送。現地での観覧は韓国人のみなので日本で楽しもう。

ここで見よう！
MBC公開ホール
麻浦 MAP：P4A1
M6号線デジタルメディアシティ駅9番出口から徒歩10分 麻浦区城岩路255 마포구상암로255
URL aboutmbc.imbc.com

info 番組を日本で観るなら
★CS放送KNTV URL kntv.jp/
『ショー！K-POPの中心』
放送日：[字幕なし最新版]毎週水曜22時30分～23時50分[字幕版]毎週火曜14時～15時30分ほか

©MBC

Shopping

おかいもの

Contents

知っておきたいこと12

#おかいもの

思いっきりショッピングをしたいなら事前リサーチが必須！
韓国独自のルールや事後免税の手続きについても調べておこう。

01 耳より

目的別！ おかいものエリア指南

限られた時間の中で、ショッピングはできるだけ効率よく楽しみたい。
そこで、目的ごとのおすすめエリアをご紹介。

トレンドファッション
→ 弘大、カロスキル

2大トレンド発信
地。弘大は若者向
け、カロスキルは
大人向け。

韓国コスメ
→ 明洞

韓国の定番コス
メブランドが集
結。ここだけで
すべてが揃う。

ナイトショッピング
→ 東大門

朝まで営業のフ
ァッションビル
で貴重な滞在時
間を有効活用。

グルメみやげ
→ 南大門、ソウル駅

南大門の香辛料、
ソウル駅ロッテマ
ートの食材は要チ
ェック！

伝統雑貨
→ 仁寺洞

メイン通りの仁
寺洞キルと路地
裏に専門店が軒
を連ねる。

ブランド品
→ 狎鴎亭洞、清潭洞

狎鴎亭洞から清
潭洞に抜ける通
りはブランドの
路面店がいっぱ
い！

02 NEW 耳より

韓国っぽメイク大解剖

キーワードは「ナチュラル」。ラフに仕上げつつも、印象的な目元
や口元は誰でも取り入れやすい。チークやリップはメイクで血色感
をプラスすることで、美肌を際立たせるのがポイント。

眉毛 EYE BROW

ふんわり自然な眉
自然な太さのアーチ眉が人気。
眉全体を描いたあと、ブラシで
なじませ眉マスカラを塗り、自
眉のようなふんわり感を演出。

チーク CHEEK

血色感をプラス
肌質がよりキレイに見えるよう
チークを入れて血色感UP。なり
たい印象に合わせてカラーを選
ぶのが正解。

肌 SKIN

とにかく白肌＆ツヤ肌
美白命の韓国はスキンケアで美
白を常にキープ。お人形のよう
な真っ白な肌が理想。

アイライン＆涙袋 EYE LINE & TEAR BAG

自然なツヤ感で目力UP
アイシャドウはナチュラルなグラ
デ＆アイラインは内側に細めに
入れる。アイシャドウを使って
涙袋に色をのせたら完成！

ティント＆リップ TINT & LIP

グラデーションリップが定番
みずみずしい血色感のグラデリ
ップが韓国っぽ。発色もよく、
潤いも持続する優秀ティントが
続々発売中。

03 耳より

韓国コスメ プチ解説

韓国コスメのネーミングは、日本のニュアンスと少々違う。
買い物の前に基本を頭に入れておこう！

トナー／スキン

化粧水はスキン
やトナー（トノ）
と呼ぶのが一般
的。ファジァス
ともいう。

エッセンス／セラム／アンプル

美容液のこと。ア
ンプルが最も高濃
度で、次いでセラム、
エッセンスの順。

ブラッシャー

チークのこと。ブラッシ
ャーを濃く
しっかりと
入れるのが
韓国女子流。

エマルジョン

乳液。ローション
ともいうので
化粧水と間違え
ないよう注意。

クレンジングフォーム

日本のクレンジング（メイク落と
し）ではなく洗顔フォームのこと。

04 耳より

雨の日も安心！2大モールへGO！

まとめてショッピングをしたいなら駅直結の江南2大モールがおすすめ。エンタメ施設もあるので1日中楽しめる。

約300テナントの巨大モール
コエックスモール

地下鉄三成駅直結で、ファッション、グルメ、エンタメまで何でも揃う巨大複合施設。SNSでも人気の「ビョマルダン図書館」もここにある。休憩場所やロッカーなどサービスも充実。
MAP：P19E3
🚇M2号線三成駅直結🏠江南区永東大路513　강남구 영동대로513☎02-6002-5300🕙10時30分〜22時(店舗により異なる)🅿なし(店舗により異なる)日英

超高層タワー併設の商業施設
ロッテワールドモール

ロッテワールドタワー内にあるショッピングモール。レストランやキッズ施設も豊富。同敷地内に水族館ロッテワールドアクアリウムやロッテ免税店もある。
MAP：P5F3
🚇M2、8号線蚕室駅直結🏠松坡区オリンピック路300　송파구 올림픽로 300☎02-3213-4000🕙10時30分〜22時(店舗により異なる)🅿店舗により異なる日英

05 得

事後免税(TAX REFUND)を利用しよう

TAX FREEマークのある免税加盟店で、外国人が1店舗につきW1万5000以上の買い物をした場合、手続きをすれば、消費税が払い戻される。購入時に手続きに必要な伝票を受け取り、空港や市内の払い戻しカウンターで返金する。詳細は→P222。

06 耳より

洋服のサイズを確認！

洋服を購入する際は、韓国のサイズを頭に入れておこう。また、試着ができないアパレルショップも多いので要注意。

サイズ表(レディース)

サイズ	S	M	L	LL	3L
韓国の号数	44	55	66	77	88
日本の号数	7号	9号	11号	13号	15号

07 ⚠

おみやげ持ち帰りの注意事項

帰国時、キムチやシートマスクは、液体とみなされて飛行機の機内に持ち込めないので、預け入れ荷物に入れよう。量り売りなどで買ったキムチは、汁が漏れないようにしっかり包装してもらおう。

08 耳より

おみやげの日本発送も可能

明洞には、簡単な手続きで荷物を日本へ発送してくれるスーパーもある。ソウル駅の「ロッテマート」などがその一例。持ちきれないほどおみやげを買ったときには、利用してみて！

ロッテマート →P136

09 耳より

機内預け入れ袋はダイソーでゲット

おみやげを買いすぎてしまって、スーツケースに入らない！そんなときは、明洞のダイソーに行くとジッパー付きで便利な大型バッグを探せる。

値段は大きさによって、W3000〜5000程度

ダイソー明洞駅店　→P140

10 耳より

バラまきみやげの最新相場はコチラ！

おみやげに迷ったら、韓国海苔、シートマスクなど定番バラまきアイテムを！

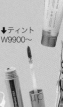

↑ハンドクリーム W7900〜
←韓国海苔(20袋)W6980〜
↓ティント W9900〜
←シートマスク W2000〜
↓スナック菓子 W2380〜
↓インスタント麺 W840〜

11 ⚠

買い物袋は持参で

韓国のスーパーやコンビニでは、買い物袋は有料なのが基本。何も言わないと商品をそのまま渡されるので注意。コスメショップなども例外ではない。有料の袋を買う場合は、ビニール袋か紙袋を選べる。

12 耳より

1＋1サービスを活用しよう！

コスメショップでは、商品を1つ買うと1つおまけが付いてくる「1+1」のサービスがよく行われている。一定額以上の買い物でサンプルのおまけが付いてくる店も多い。

【編集MEMO】

コレだけはいいたい！

カード社会の韓国ですが、東大門のファッションビルは支払いが「現金のみ」という店が意外に多いので要注意！

両替は、だんぜん明洞エリアの両替商で行うのがお得。滞在期間を考えながら、しっかりキャッシュを管理しよう。

LCC(格安航空会社)利用の際は、荷物の重量制限を忘れずに。おみやげを買いすぎると思わぬ出費になることも！

定番コスメはココで探せる!!

最愛5大コスメブランドを攻略！

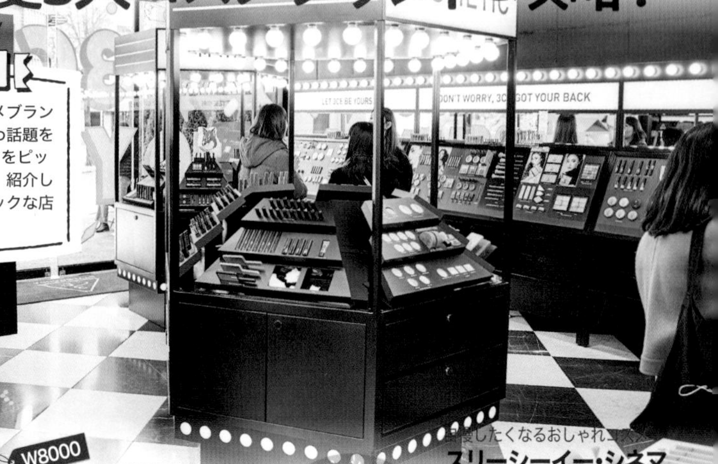

Read me!

美容大国韓国のコスメブランドの中でも、ひときわ話題を集めている5ブランドをピックアップ。できれば、紹介しているフォトジェニックな店舗を訪れてみて！

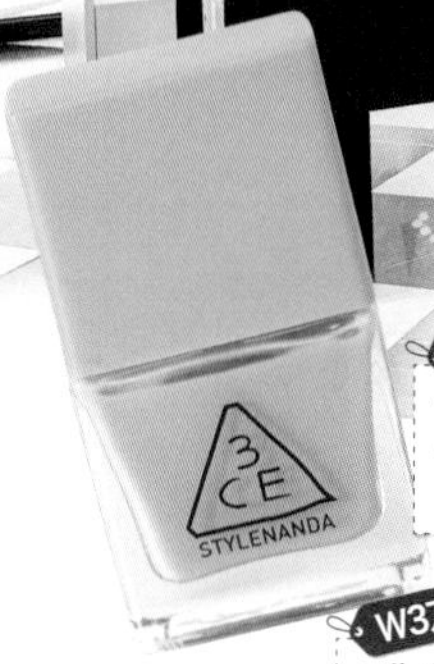

W8000
デュー・ネイル・カラー
キレイな光沢を演出する透明なカラーリングで手元を華やかに

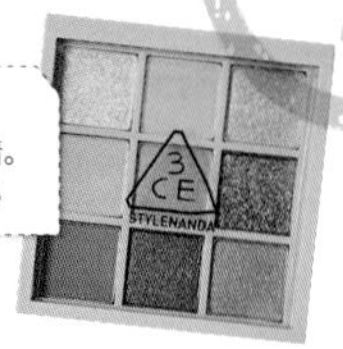

W3万9000
マルチアイカラーパレット
パウダー粒子が肌に優しく密着。自然な光沢を顔に与えてくれる

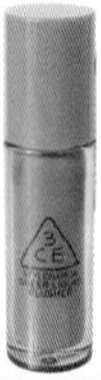

W1万7000
シアー・リキッド・ブラッシャー
やわらかなテクスチャーで肌に密着。高いカラーをキープできる

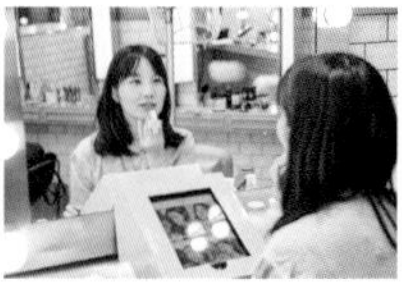
↑店内にはアイテムをお試しできるビューティサロンも

自慢したくなるおしゃれコスメ

スリーシーイー・シネマ

●쓰리씨이 시네마／3CE CINEMA

ファッションブランド・スタイルナンダがプロデュース。デザイン性の高いパッケージと手頃な価格が魅力。特に若い女性に人気が高い。

[カロスキル] MAP：P20A2

[交]Ⓜ3号線、新盆唐線新沙駅8番出口から徒歩11分 🏠江南区狎鷗亭路8キル22 강남구 압구정로 8길 22
☎02-544-7724 🕒11～22時
[休]なし [日][英]

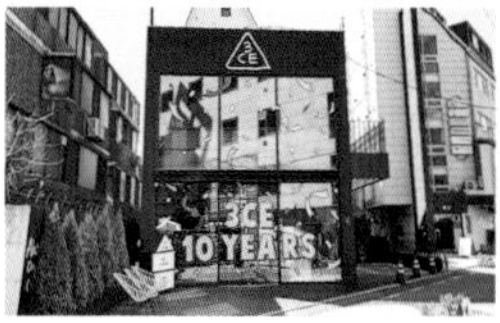

↑スタイリッシュな外観が目を引く

感覚的なカラーメイクを楽しめる

ヒンス漢南

●힌스 한남／hince

2019年オンラインショップから人気に火が付いたコスメブランド。多彩なカラーバリエーションのメイクアイテムを展開している。

[梨泰院] MAP：P16C4

[交]Ⓜ6号線漢江鎮駅1番出口から徒歩6分 🏠龍山区梨泰院路49キル14-2 용산구 이태원로49길 14-2 ☎02-2135-3031
🕒11～20時 [休]なし [日][英]

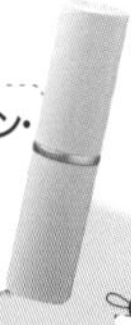

W2万9000
トゥルーディメンション・ラディアンスバーム
繊細なハイライトがナチュラルなツヤ感に

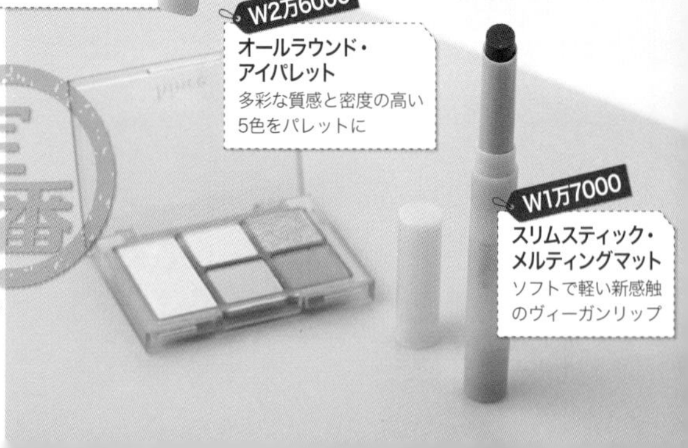

W2万6000
オールラウンド・アイパレット
多彩な質感と密度の高い5色をパレットに

W1万7000
スリムスティック・メルティングマット
ソフトで軽い新感触のヴィーガンリップ

←シンプルながら洗練された店内

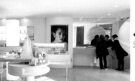

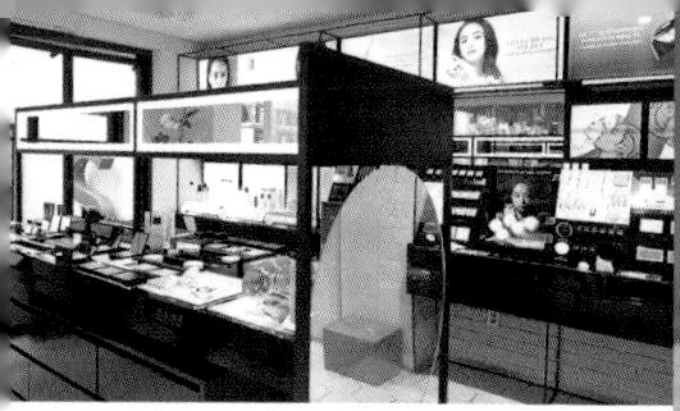

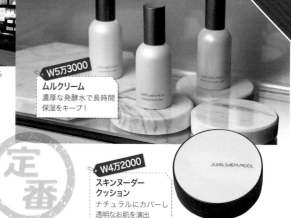

↑入口からフォトジェニックな空間が広がる

韓国芸能人の愛用率も高いブランド

ジョンセンムルプロップス

●정샘물 플롭스／JUNG SAEM MOOL PLOPS

数多くの有名芸能人を担当したメイクアップアーティスト、ジョン・センムル氏が手がけるコスメブランド。独自のセンスが女子をトリコに。

[カロスキル] **MAP：P20A2**

[図]Ⓜ3号線、新盆唐線新沙駅8番出口から徒歩10分 [住]江南区狎鷗亭路12キル40 강남구 압구정로12길 40 ☎02-6713-5345 🕐11～21時 [休]なし [日][英]

定番

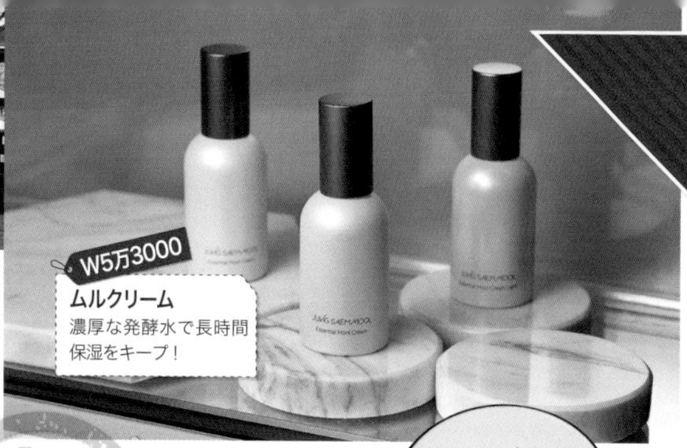

W5万3000
ムルクリーム
濃厚な発酵水で長時間保湿をキープ！

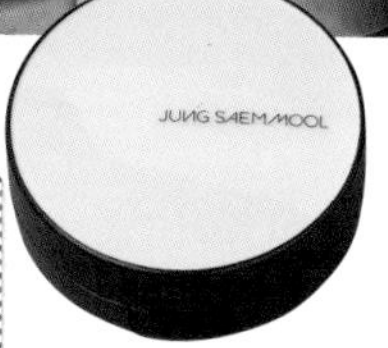

W4万2000
スキンヌーダークッション
ナチュラルにカバーし透明なお肌を演出

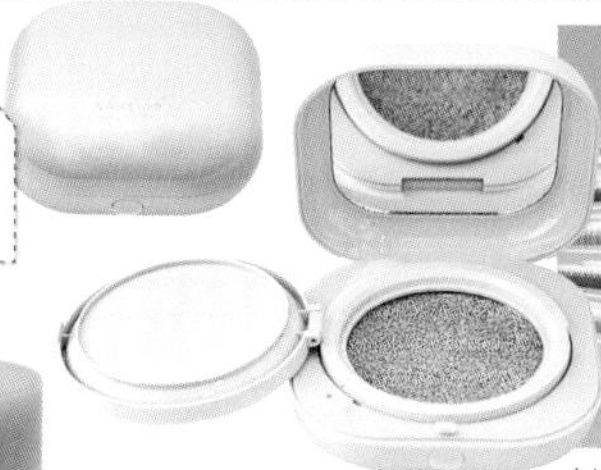

W4万5000
ネオクッション・マット
薄づきなのにしっかりカバーできる超軽量クッション

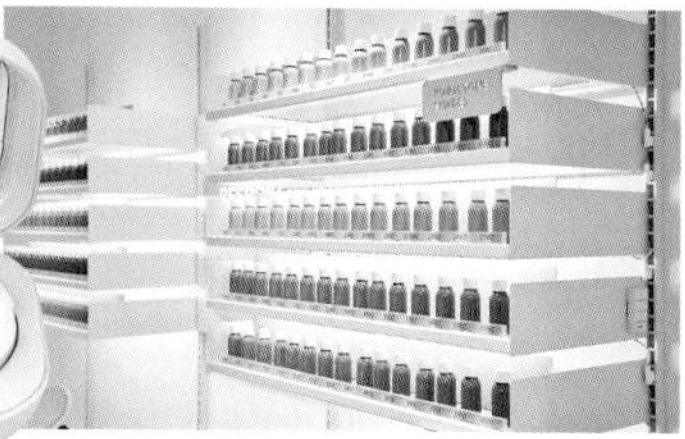

←予約は毎月20日に1カ月単位で取れる

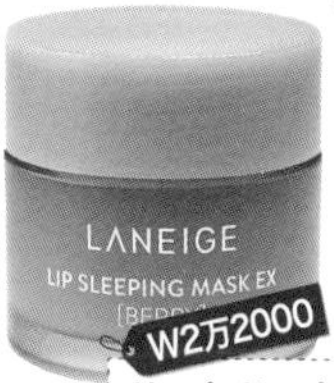

W2万2000
リップスリーピングマスクEX
ビタミンCなどの成分が寝ている間に唇をケア

定番

オリジナルコスメも作れる

ラネージュショールーム

●라네즈 쇼룸／LANEIGE

上質のスキンケア商品が充実。診断により150色から肌に合う色のファンデーションを作ってくれる予約制の「ビスポクネオ」サービスが話題。

[明洞] **MAP：P9D2**

[図]Ⓜ4号線明洞駅6番出口から徒歩4分 [住]中区明洞8キル8 중구 명동8길8 ☎02-754-1970 🕐11～20時 [休]なし ※ビスポクネオはNAVERを通じて要予約

幅広い年齢層から支持を集める

ミシャプラス　明洞メガストア店

●미샤플러스 명동메가스토어점／MISSHA PLUS MYEONGDONG MEGASTORE

2023年10月にリニューアルオープン。「ミシャ」をはじめ「アピュー」や「ステラ」など、自社の主力コスメがラインナップする。

[明洞] **MAP：P9D3**

[図]Ⓜ4号線明洞駅6番出口から徒歩2分 [住]中区明洞8キル42 중구 명동8길42 ☎070-4288-6519 🕐10時～22時30分 [休]なし [英]

定番

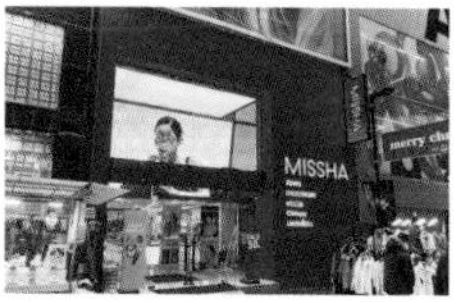

↑真っ赤な外観が目印

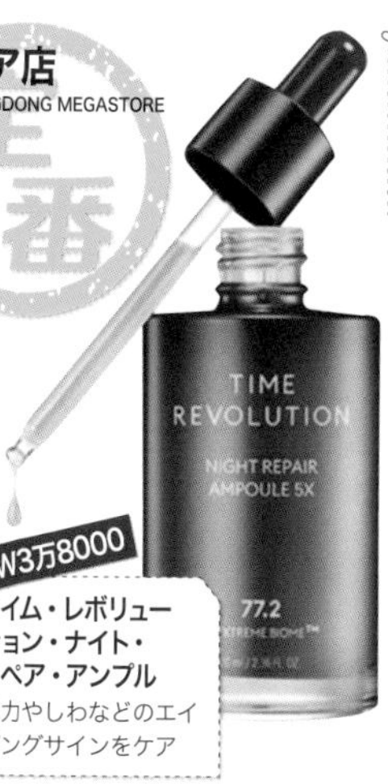

W3万8000
タイム・レボリューション・ナイト・リペア・アンプル
弾力やしわなどのエイジングサインをケア

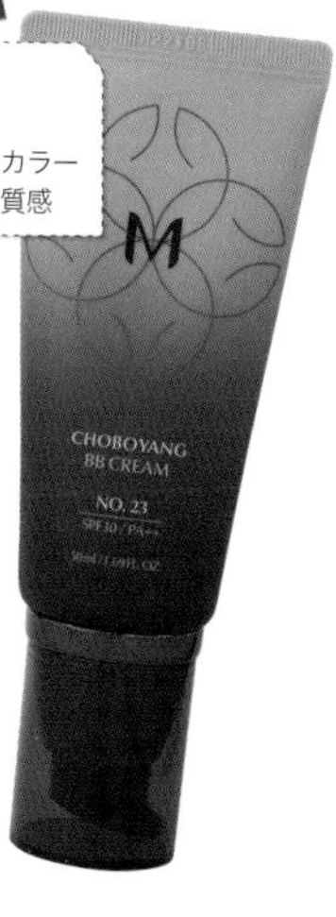

W2万8000
チョボヤン・BBクリーム
肌なじみのよいカラーでナチュラルな質感

注目コスメをまとめてゲット！

明洞コスメショップ巡り

Read me!

おみやげ探しに必ず立ち寄りたい定番コスメショップがこちら。多くがチェーン展開しているので、ここでは明洞周辺の店舗をご紹介。理想のコスメをゲットしよう！

定番

肌に優しい自然派化粧品

イニスフリー

●이니스프리／innisfree

自然豊かな済州島でとれる緑茶などを主成分にしたナチュラルコスメブランド。肌にやさしいスキンケアアイテムが多く、使い心地も抜群。

[明洞] MAP：P8C2

[図]Ⓜ2号線乙支路入口駅6番出口から徒歩6分 [住]中区明洞キル7　중구 명동길7
☎02-752-7971 [営]9～22時 [休]なし [日][英]

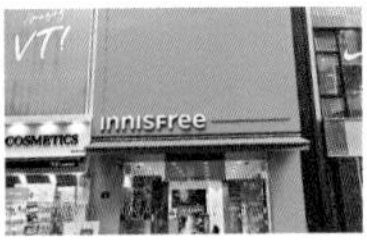

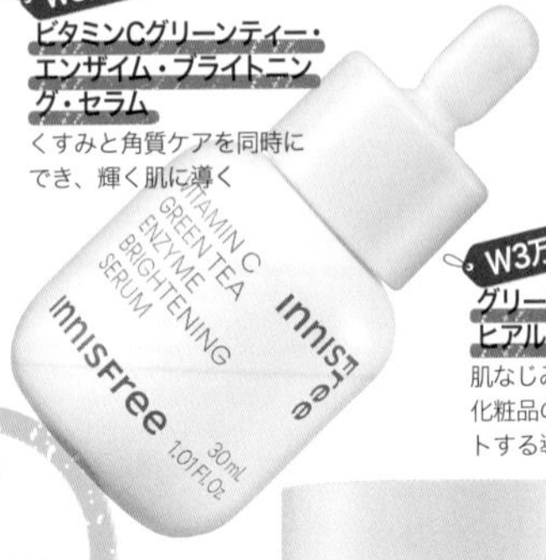

W3万8000

ビタミンCグリーンティー・エンザイム・ブライトニング・セラム

くすみと角質ケアを同時にでき、輝く肌に導く

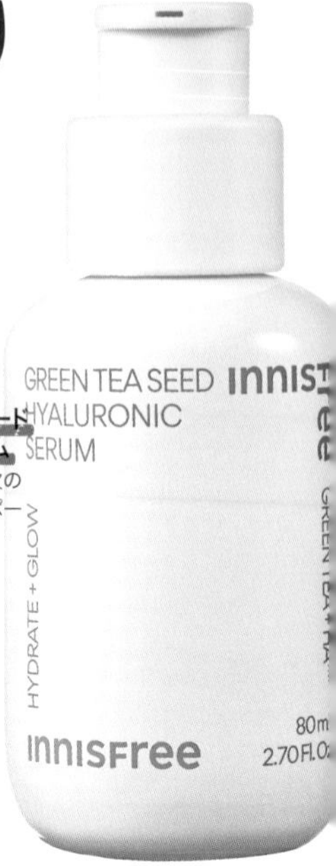

W3万1000

グリーンティーシード・ヒアルロン・セラム

肌なじみがよく、次の化粧品の浸透をサポートする導入美容液

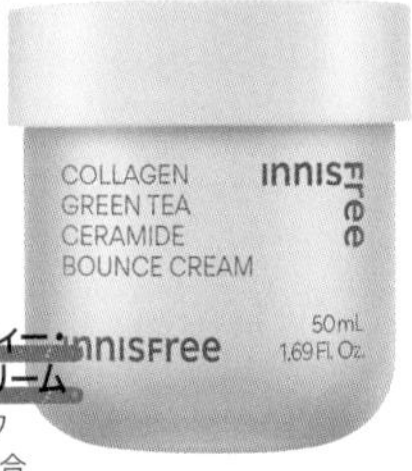

W3万9000

コラーゲン・グリーンティー・セラミド・バウンス・クリーム

ナイアシンアミドやスクワランなど8種の美容成分配合

ナチュラル系

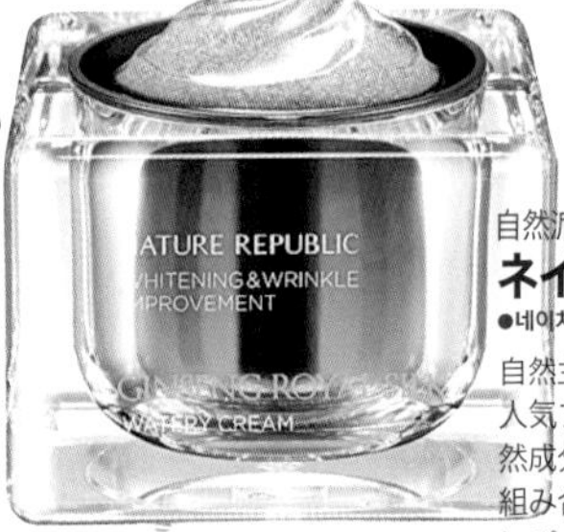

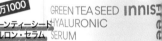

W13万2000

ジンセンロイヤルシルクウォータークリーム

美白効果&シワ改善が期待できる紅参&ローヤルゼリー配合

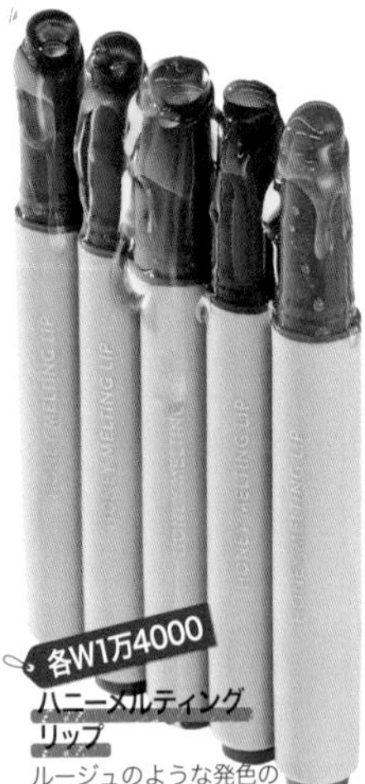

各W1万4000

ハニーメルティングリップ

ルージュのような発色の良さに、美容液のようなぷっくり感、リップオイル並みのケアと3in1のリップ

W4400

スージング&モイスチャー・アロエベラ92%スージングジェル

オーガニックアロエ使用の保湿ジェル。日焼け後のアフターケアにも

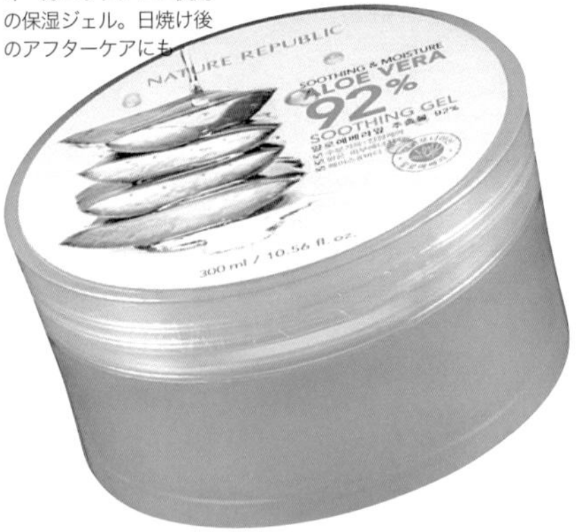

自然派のスキンケアブランド

ネイチャー・リパブリック

●네이처리퍼블릭／NATURE REPUBLIC

自然主義がコンセプトの人気ブランド。貴重な天然成分と最先端の技術を組み合わせたスキンケアにぴったりのアイテムが充実している。

[明洞] MAP：P9E3

[図]Ⓜ4号線明洞駅6番出口から徒歩1分 [住]中区明洞8キル52　중구 명동8길52
☎02-753-0123 [営]9～22時 [休]なし

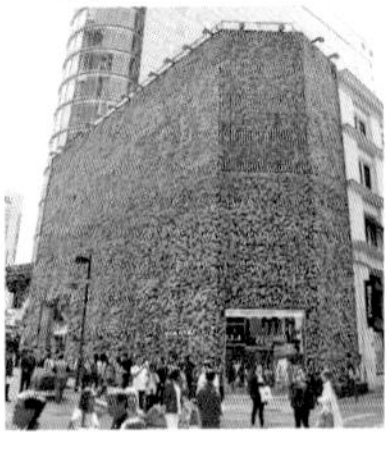

魔法の呪文でキュートに変身！

ホリカホリカ
●홀리카홀리카／Holika Holika

「ホリカホリカ」という魔法の呪文で新しくキュートな自分になる！ がコンセプトのコスメブランド。アイテムのリーズナブルさがうれしい。

明洞 MAP：P9E3

図M4号線明洞駅6番出口から徒歩3分 倄中区明洞8キル37 중구 명동8길37 ☎02-754-9888 ⏰10時～23時30分 ㉡なし 🔒🍴

> **各W1万6000**
> ラッシュ・コレクティング・マスカラ
> ダブルコーティングシステムでCカールが1日中崩れない

> キュート系

> **W2万8000**
> マイ・ウェイフル・ムード・アイパレット
> さらっとした質感が肌になじみやすくムードのある目元に

> **W2万2000**
> プライムプライマーフィニッシュパウダー
> テカリを抑えてサラツヤ肌をキープしてくれる

美を目指すすべての女性に

バニラ・コ
●바닐라코／BANILA CO

全世界の販売累計が7000万個以上のヒットアイテム『クリーンイットゼロ』や、スタイリッシュなパッケージのコスメラインが人気。

明洞 MAP：P9D3

図M4号線明洞駅6番出口から徒歩3分 倄中区明洞8キル38 중구 명동8길38 ☎02-775-1022 ⏰10時～22時20分（金～日曜は～22時45分）㉡なし 🔒

> **W2万2000**
> プライムプライマークラシック
> メイクの前に使うことでベースメイクが崩れにくくなる！

> **W2万**
> コントゥアパウダー
> やわらかな色合いは、ムラにならず自然な仕上がりに

メイク用コスメが充実

エチュード
●에뛰드／etude

「楽しむためのメイクアップ」をコンセプトに、時代の変化に合わせたアイテムを提案。コスパも良くプレゼントにも最適。

明洞 MAP：P9D2

図M4号線明洞駅6番出口から徒歩5分 倄中区明洞4キル11 중구 명동4길11 ☎02-778-1888 ⏰10～23時 ㉡なし 🔒🍴

> **W1万5000**
> カールフィックスマスカラ
> 2015年の発売から変わらず支持されているマスカラ。塗るだけで上向きカールが長時間キープ

> クール系

> **W3万6000**
> フィキシングヌードクッション
> 美容系YouTuberとの共同開発。新開発のパウダーで52時間持続のカバー力

> **W1万6000**
> アートクラス・バイロダン・シェーディング
> オリーブ・ヤングでの販売5年連続1位に輝いた実力派

おしゃれなデザインが目を引く

トゥー・クール・フォー・スクール
●투쿨포스쿨／too cool for school

デザイン性の高いパッケージと手頃な価格が魅力。アートな世界観で楽しませてくれるアイテムは、特に若い女性に人気！

明洞 MAP：P9D3

図M4号線明洞駅6番出口から徒歩3分 倄中区明洞8キル28 중구 명동8길28 ☎02-318-5617 ⏰9時30分～22時30分 ㉡なし 🔒🍴

> **各W1万2000**
> アートクラスプロタージュペンシル
> アイシャドウやチーク、ハイライターにも使える便利な1本

自分にぴったりのコスメを発見

作れる試せるベストコスメ探し

Search.1
オリジナルコスメ作り

自分に合ったファンデーションやリップを使えば、ナチュラルで明るい印象を演出できる。

AMORE Seongsu

❶診断
好みのテクスチャーや香り、色を選択。色は皮膚診断かカラーパレットを使って決められる。

❸完成！
最終的にカラーが確定したらその場で製造。リップケースに好きなメッセージが彫られる。

❷自分に合うカラーを見つける
診断した肌色に合わせベースカラーを提案してくれる。自分に合う色味に調整していく。

自分だけのコスメが手に入る！
アモーレソンス ●아모레 성수／AMORE Seongsu

「雪花秀」や「イニスフリー」、「ラネージュ」を手掛ける韓国の大手化粧品メーカー「アモーレ・パシフィック」のビューティ体験館。アイテムを試すのはもちろんオリジナルコスメも作れる。

聖水洞 **MAP：P5E2**

Ⓜ2号線聖水駅2番出口から徒歩3分 城東区峨嵯山路11キル7 성동구 아차산로11길7 02-469-8600 10時30分〜20時30分 月曜 トーンワーク・ヴィーガン365＋リキッドリップW3万(60分)
※amoreseongsu@amorepacific.comに予約申請メール（名前、ご希望の体験名、日時）を送信。可能日時はインスタグラムの@amore_seongsu→visitor guideにて確認

オリジナルのファンデーションも！

リップ同様、「HERA」のファンデーションもカスタムできる。専用機器で診断された肌トーンをもとに、カラーを選べるので塗るだけで色ムラやくすみ問題が一気に解決。店内のロボットがファンデーションを製造する間（約15分）、専門家がメイクのコツなどを教えてくれるのもうれしい。

↑専門家のアドバイスのもと、顔に直接テストしながらカラーを決められる➡ヘラ・シルキーステイ・カスタムマッチW6万8000(60分)

Search.2
ショールームでお試し

各ブランドのアイテムがズラリと並び、あれもこれも試せるショールームも見逃せない！

↑ジュエルフィットティントのベージュフィグカラーW2万(左)、ショールーム限定ティント。シューベルベット漢南バラW2万(右)
←↑オシャレなインテリアで統一

環境にやさしいウェルネス商品も
アミューズ 漢南ショールーム
●어뮤즈 한남 쇼룸／AMUSE HANNAM SHOWROOM

ヴィーガンコスメブランド「アミューズ」初のフラッグシップストア。ハンドウォッシュやクリームを自由に試すことができる洗面台をはじめ、店内はどこを切り取ってもラブリー。

梨泰院 MAP：P16C4

🚇図⑥6号線漢江鎮駅1番出口から徒歩8分
🏠龍山区梨泰院路55カキル49 3階 용산구 이태원로55가길49 3층 ☎02-796-2527
🕐11〜20時(11〜2月は〜19時) 休なし

健康な肌色を取り戻せるコスメ
ティルティル 弘大ショールーム
●티르티르 홍대쇼룸／TIRTIR

人気インフルエンサー、イ・ユビンさんが手掛けるコスメブランド。誰もが使いやすく安心できる成分のアイテムを展開する。ピンクを基調とした店内は、ドラマ『セレブリティ』のロケ地として使われたのも納得のフォトジェニックさ！
⇨P109

↑入口すぐはカフェエリアで、写真映えなトンネルの奥がコスメエリア。ほぼ全てのアイテムを試すことができる　←マスクにファンデがつかないと話題のマイグロウクリームクッションW2万7000

かわいくて機能的なのにコスパもいい!

バラマキコスメ大集合!

Read me!

自分用にはもちろん、友達へのおみやげにも絶対に喜ばれる高機能コスメが大集合。リップやティント、スキンケア商品まで、いくらあっても困らない!

W4000

3番すべスベキメケアシートマスク Ⓒ
発酵&毛穴収れん成分配合で一度で肌の変化を実感!?

Pack & Mask

パック&マスク
パッケージのかわいさと品質で選びたい!

各W2000

エッセンシャルマスク Ⓒ
竹由来のシートは美容液がたっぷり含まれ肌に浸透する

W6500

バイタルハイドラソリューション Ⓒ
ヒアルロン酸エッセンスを配合し、お肌に潤いを補給

W5000

バイオコラーゲンリアルディープマスク Ⓒ
高濃縮エッセンスで保湿、弾力、毛穴ケア

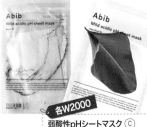

各W2000

弱酸性pHシートマスク Ⓒ
肌に近いpH数値でできたパックは、低刺激で肌をケアできる

Skin Care

スキンケア
韓国女子みたいな透明感のあるお肌に!

W7900

パフュームハンドクリーム Ⓒ
シアバター配合で手に潤いをプラス

W8800

セラミドカプセルハンドクリーム Ⓔ
アボカドオイルを含有した高保湿クリーム

Ⓐ 値ごろ感のあるコスメが豊富 **オススメ!**

トニー・モリー
●토니모리／TONY MOLY
自然由来の成分を配合した低刺激化粧品は、高級ブランドにも負けない実力派。スキンケアからメイクアイテムまで、手頃な価格でゲットできる。

東大門 MAP：P17B2
🚇M2、4、5号線東大門歴史文化公園駅14番出口から徒歩3分 🏠中区奨忠壇路257 중구 장충단로257 ☎02-2273-5273 🕐10〜23時 🚫なし

Ⓑ

スリーシーイー・シネマ
●쓰리씨이 시네마／3CE CINEMA
ファッションブランドがプロデュース。デザイン性の高いパッケージと手頃な価格が魅力。⇨**P116**

Ⓒ

オリーブ・ヤング
●올리브영／OLIVE YOUNG
コスメアイテムはもちろん、健康食品や雑貨など何でもそろうドラッグストア。⇨**P124**

Lip
リップ

カラーバリエーションも豊富！
必ず喜ばれる！

W1万9000
**ムードインハンサー
シアーリップ** Ⓕ
さりげない発色とツヤ感
はどんなシーンにも

W1万3000
プランピングリップス Ⓑ
ぷるぷる唇になれる美容液
配合プランパー

W9900
**ジューシーラスティ
ングティント** Ⓒ
発色がよく潤いも続
くと人気の1本！

Tint
ティント

オルチャンメイクの
マストアイテム！

各W1万2000
**ウォータートック
ティント** Ⓒ
ムラなく自然な血色を演
出してくれる人気のリッ
プティント

W1万8000
**オブジェ
リキッド** Ⓒ
マットな質感なのに
乾燥しない

W1万4000
**ハートクラッシュベア
グレイズティント** Ⓓ
25%の水分エッセンス
配合でクリアな発色

Eye Make
アイメイク

キラキラのラメ入りアイテムが
大人気！

各W1万4800
**ザ・ショッキング
マスカラ** Ⓐ
7種類のブラシで好みの
まつ毛を演出できる

W4800
3Dマスカラ Ⓔ
耐水性のある保護膜が、
まつ毛をコーティング
し、落ちづらい！

W9500
**バックジェル
アイライナー** Ⓐ
ブラシが滑らかにスライ
ドし描きやすい

Ⓓ
ホリカホリカ
●홀리카홀리카／Holika Holika
キュートなパッケージとリーズナブルな価格がうれしい
定番の人気ブランド。⇨**P119**

Ⓔ
ミシャプラス 明洞メガストア店
●미샤플러스 명동메가스토어점／MISSHA PLUS MYEONGDONG MEGASTORE
「ミシャ」製品をはじめ、姉妹ブランドの「アピュー」や「ス
ティラ」なども取り扱う。⇨**P117**

Ⓕ
ヒンス漢南
●힌스 한남／hince
オンラインショップ発の人気コスメブランド。メイクア
イテムはカラバリ豊富。⇨**P116**

何でも揃うドラッグストアが最強

オリーブ・ヤング大活用術

Read me!

プチプラコスメを探すなら、最新アイテムが続々入荷し、品揃えも豊富なオリーブ・ヤングへGO！支店も多いので、流行に敏感な友達へのおみやげ探しにも使い勝手がいい。

スキンケア

W1万8900

イリユン
セラミド
アートローション
パラベンや合成着色料などを含まない低刺激成分で、敏感肌でも安心

W3000

リンゼイ
モデリングマスク
カップパック
水を混ぜることでゴムのように固まり、顔に沿ってパックが密着！

W3万500

アヌア
ドクダミ77%
スージングトナー
スキン/トナーランキング1位！ドクダミエキス77%配合で滑らかな肌に

Skincare

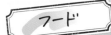
フード

W1500

ナッシングベター
オーガニック
小豆ジュース
オーガニックの小豆のみを使い低温抽出方式で栄養成分はそのままに、カロリーだけオフ

W7500

ティーゼン
コンブチャ
2億本も売り上げたスティックタイプの発酵ドリンク。水に溶かすだけ！

テイラー
プルーンジュース
食物繊維、鉄分、カリウムをたっぷり含んだプルーンは便秘解消に効果あり

ナッシングベター
オーガニック
カボチャジュース
むくみ予防に効果があり、ダウンタイムに適していると評判のジュース

W1600

W4500(1本)

Food

メイクアップ

W1万8000

ビューティーオブジョソン
ピュアライスサンクリーム
13種類の発酵成分を含み、抗酸化作用と外部刺激から肌を保護してくれる

W3万4000

デイジーク
アイシャドウパレット
マットからグリッターまでつけ心地の違う同系色のカラーが9種入り

各W1万3000

リリーバイレッド
ブラッディライアー
コーティングティント
フルーツシロップを塗ったような発色はもちろん、持続性も抜群。全10色展開

各W1万3000

ラカ
ソウルビーガンリップバーム
メルトインテクスチャーで角質をやさしくケア。植物性原料のみを使用

Make up

ヘアケア他

W5000

フィリミリ
ウォータリーパフ
大ヒットした水を含むとプルプルになるパフ。水気をしっかりと切ってから使用

W2万2000

アノブ
ディープダメージ
トリートメント
36種類のたんぱく質と栄養成分が髪にうるおいを補給し、サラツヤに

W1万9000

ピカソ
メイクスパチュラ
ファンデーションの量調節や、メイクのムラを防止。化粧がくずれにくいと話題に

other

幅広いラインナップが魅力
オリーブ・ヤング
●올리브영／Olive Young

美容と健康を総合的にサポートするドラッグストア。コスメはもちろん、食品や旅行者に便利なちょっとした雑貨も扱う。2階建てと大型店舗のため品揃えも豊富。

明洞 MAP：P9E2

図Ｍ4号線明洞駅6番出口から徒歩7分
⌂中区明洞キル53 1〜2階 중구 명동길 53 1〜2층 ☎02-736-5290
◷10時〜22時30分 ㋺なし 🇯🇷

125

トレンドの最先端をチェック！

店内が"映え"なKファッションショップ

Read me!

アパレル業界で、常に最先端を走り続けるKファッション。SNS映えするショップが続々登場している。トレンドアイテムを探しながら、SNSでも目立っちゃおう！

←コレクションに合わせ変わる
インスタレーションは撮影必須

↓挑戦しやすいシンプルなデザインのラインナップも豊富

オススメ！

かけるだけでオシャレに!?

ジェントルモンスター ハウス島山 ●젠틀몬스터 하우스 도산／GENTLE MONSTER HAUS DOSAN

ドラマ『星から来たあなた』の劇中で使用され、人気に火が付いたサングラスブランド。個性的なデザインは新作を発表するたびに話題を呼んでいる。

狎鷗亭洞 **MAP：P20C1**

🚇Ⓜ水仁・盆唐線狎鷗亭ロデオ駅5番出口から徒歩9分
🏠江南区狎鷗亭路46キル50
　강남구 압구정로46길50
☎070-4128-2122 🕐11〜21時 Ⓗなし

↑旬のショップが集まる
ハウス島山の中にある

定番

↑デニムを中心に一部小物
もディスプレイされている

↑買い物が楽しくなるフォトゾーンもあるので、ぜひ撮影を

人気アイドルも愛用！

インスタントファンク ●인스턴트펑크／INSTANTFUNK

トレンディなデザインや素材は一枚あると即旬顔に。ユニセックスアイテムやマルチウェアなども多く、着る人を選ばないのも好ポイント。

狎鷗亭洞 **MAP：P21D2**

🚇Ⓜ水仁・盆唐線狎鷗亭ロデオ駅5番出口から徒歩6分
🏠江南区島山大路51キル12 강남구 도산대로51길12
☎070-7720-9093 🕐12〜20時 Ⓗなし

←カラフルなソックスはおみやげにも◎。1 足W5000〜

↓キャップやバッグなどの小物も取り扱う

インスタで話題のおしゃれな靴下専門店
エムエスエムアール ●エムエスエムアル／MSMR

2022年5月、経理団通りから移転した靴下専門店。数種類あるボックス、ステッカー、ショッパーから好きなものを選び、ラッピングしてもらえる。

梨泰院 **MAP：P16C4**

🚇Ⓜ6号線漢江鎮駅 3番出口から徒歩8分
🏠龍山区大使館路11キル 49、3階
　용산구 대사관로11길49、3층
☎070-8888-0321 🕐11時〜19時30分 🈺月曜

↑ガールズクラッシュスタイルを展開する「PLASMASPHERE」のアウター

→オリジナルのグラフィックエコバッグはW1万9800

I'm not chic.

↑ポップ＆キュートスタイルの「clotty」のプリーツスカート

↑ポップなイラストが目をひく外観

韓国の人気ブランドが勢ぞろい
エー・ランド 明洞本店 ●エイランド 명동본점／A LAND

韓国を代表するセレクトショップ。2022年の移転・リニューアルオープンにより、約400坪の大型店舗に拡張。毎日新作が入荷される。

明洞 **MAP：P9D3**

🚇Ⓜ4号線明洞駅6番出口からすぐ
🏠中区明洞8キル40 중구 명동8길 40
☎02-3210-5900 🕐10時〜22時30分 🈺なし

↑1〜4階のフロア構成でブランド別に商品が並んでいる

↓1階ではオリジナルコスメ3CEも

↑花柄のAラインスカート

豊富なラインナップがうれしい
スタイルナンダ 弘大本店 ●スタイルナンダ 홍대본점／Stylenanda

ネットショップから人気に火がつき、今や弘大を代表するショップへと成長したファッションブランド。多彩なラインナップで好みの服が見つかる。

弘大 **MAP：P15E2**

🚇Ⓜ2号線弘大入口駅8番出口から徒歩8分
🏠麻浦区臥牛山路29ダキル23 마포구 와우산로 29다길23
☎02-333-9215 🕐11〜20時 🈺なし

↑存在感大のレオパード柄バックパック

↑フリルがロマンチックなブラウス

最先端を走る
Kブランド狙い撃ち!

↑大胆なプリントの
スウェットW8万9000

↑犬グラフィックのTシャツ
W4万2000

行列ができる人気アパレルブランド
マルディ・メクルディ・ストア#1
オススメ!
●마르디메크르디 스토어#1／MARDI MERCREDI STORE#1

大胆なフラワープリントがシグネチャー。フレンチムード漂うラフなデイリーウエアは若い女性に大人気。

梨泰院 MAP:P16C4

図M6号線漢江鎮駅3番出口から徒歩9分
龍山区梨泰院路54キル58 용산구 이태
원로54길 58 ☎なし ⊘11～19時 ㉿月曜

↑「FLOWER MARDI」
TシャツW4万2000

↑「RACERTANK」
W3万7000

ココが狙い目!
マルディ・メクルディらしさを楽しみたいなら、花とロゴを大きくあしらったTシャツやスウェットをチョイス! パンツにもスカートにも合わせやすい。

↑ブラッククリームTシャツ
W4万2000

トレンドアイテムをゲット!
ハウス・バイ
●하우스바이／HOUSE BY

エッジィな小物から人気を拡大したファッションブランド「マーティン・キム」と「ザ・ミュージアム・ビジター」のショールーム。

↑種類豊富なロゴ
入りキャップ

→ショルダーにもなるミニレザートートバッグ

聖水洞 MAP:P5D2

図M2号線聖水駅1番出口から徒歩3分 城東区峨嵯山路5キル24-33 성동구아차산로5길 24-33 ☎02-461-2277 ⊘11時30分～20時 ㉿なし

上品でナチュラルなアイテムが勢ぞろい

シヌーン フラグシップストア島山

●시눈 플래그십스토어 도산／SINOON FLAGSHIP STOR

日常の中から受けたインスピレーションを元にした、ナチュラルでロマン漂うデザインが人気。

[狎鴎亭洞] MAP：P20C1

[図]Ⓜ水仁・盆唐線狎鴎亭ロデオ駅5番出口から徒歩10分 [住]江南区狎鴎亭路42キル47 강남구 압구정로42길47 ☎070-4242-8410 [時]12～20時 [休]なし [英]

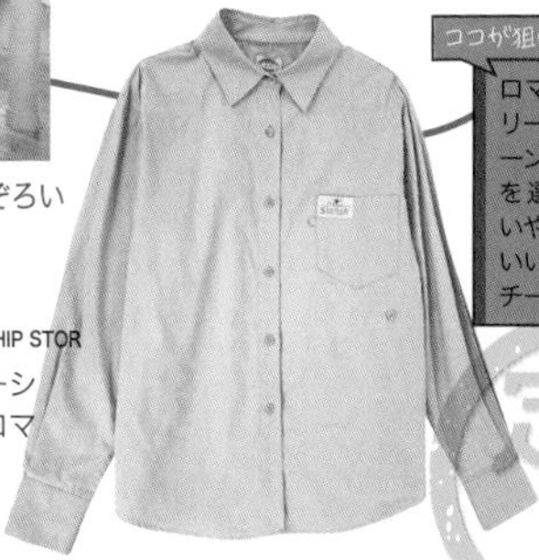

↑ロングセラーのクラシックコットンシャツW11万8000

ココが狙い目！

ロマンチック＆ガーリーがテーマのシヌーンらしいアイテムを選ぶなら、色合いやデザインがかわいいものを。ロゴモチーフもおすすめ！

定番

↑プルオーバーニット W12万8000

↑シグネチャーのプルオーバーニット W11万9000

←クラシックロゴのハーフニット W7万8000

→重ね着にいいフラワーレースドレスW14万8000

←ワンピースはW3万9900。3点のトータルコーディネートはW11万9700

↑履き心地◎なコンビカラーのシューズW23万

↑クラシカルルックにコーデしたいBOX BAG。W36万

↑カードや小銭などを収納できる。W9万5000

↑2重コーティングで優れた防水機能のBRET MINI。W31万

トレンドを押さえたアイテムが豊富

エイトセカンズ

●에잇세컨즈／8 seconds

韓国を代表するファストファッションブランド。ほぼ毎日新作が入荷するスピードで、流行に敏感な20～30代の女性から圧倒的な支持を集める。

[明洞] MAP：P9D3

[図]Ⓜ4号線明洞駅6番出口から徒歩5分 [住]中区明洞キル32 중구 명동길32 ☎070-7090-2272 [時]10時30分～22時 [休]なし [日][英]

ミニマルで実用的なバッグ

ミニミュート

●미닛뮤트／Minitmute

流行を追わないベーシックかつ、シンプルなデザインは何にでもコーデしやすい。最上級イタリア産本革のアイテムがリーズナブルな価格で手に入るのもうれしい。

[聖水洞] MAP：P5E2

[図]Ⓜ2号線聖水駅3番出口から徒歩4分 [住]城東区練武場キル57 성동구 연무장길57 ☎070-4640-2803 [時]13～20時 [休]日・月曜

レトロ&キュートな個性派アイテム！

コリアン雑貨に夢中！

Read me!

職人が丁寧に手作りしているカラフルな伝統工芸品から、ハングルモチーフや癒される表情のキャラクターグッズまで個性的な雑貨がズラリ。お気に入りを見つけよう！

各W1万5800
ステンレスタンブラー Ⓑ
にんじんデザインがかわいい。持ち運びにもぴったり

各W3500
マグネット Ⓒ
おにぎりやラーメンなどご飯がテーマのマグネット

ニューフェイス！

かわいい韓国みやげの新定番を狙うならこちら。特にキャラグッズがかわいい！

各W1300
ステッカー Ⓑ
韓国焼酎やチキンなどみているだけでも楽しい

各W9000
フォトカードキーリング Ⓐ
写真はもちろんICカードを入れてカバンにつけても

W2万8000
もちもちクッション Ⓓ
「セカンドモーニング」のイラストがキュート

W2万4000
クリアポケットポーチ Ⓓ
化粧ポーチやペンケースなど色々な用途に使える

W7900
洗顔バンド Ⓐ
マジックテープタイプなので、装着がラクチン

W1万6000
ヒーリングポーチ Ⓓ
人気爆発中の虎のキャラクターのミニポーチ

オススメ！

定番

Ⓐお手頃価格のかわいい生活雑貨店
バター
●버터／BUTTER
ユーモアあふれるアイテムが揃う人気雑貨ショップ。広々とした店内には、次から次へとほしくなるキュートなプチプラ商品がいっぱい！

弘大 MAP：P15D1

Ⓜ2号線弘大入口駅1番出口直結 麻浦区楊花路153、地下2階（E-LAND複合館）マポ区양화로153、지하2F ☎ 02-338-5742 ⏰ 11〜23時 ㊡なし

ⒷプチプラK雑貨の天国！
アートボックス
●아트박스／Artbox
文具をはじめ、コスメやアクセサリー、キャラクターものまでと、何でも揃う雑貨チェーン店。人気デザインの雑貨はおみやげにも重宝する。

明洞 MAP：P9E3

Ⓜ4号線明洞駅8番出口から徒歩3分 中区明洞10キル38 중구 명동10길 38 ☎ 02-779-0789 ⏰ 10時30分〜22時 ㊡なし

Ⓒゆるキャラおじさんが人気
リトル・テンポ
●리틀템포／Little Tempo
ゆるいアジョシ（おじさん）キャラの雑貨が人気。名前をハングルで印刷してくれるオーダーメイドのシールW1000もおみやげにおすすめ。

西村 MAP：P10B2

Ⓜ3号線景福宮駅2番出口から徒歩10分 鍾路区紫霞門路7キル69-1 종로구 자하문로7길 69-1 ☎ 070-7725-4038 ⏰ 13〜19時（土曜は12時〜）㊡日〜火曜

各W3万2000
マグネット (E)
韓国で厄除けとして
使われる干し鱈が
モチーフ

各W13万
モッペゲ(枕) (F)
100%シルクの枕。首への
負担を軽減してくれる

各W1万
しおり (E)
韓国の伝統手工芸
である螺鈿細工を
使ったしおり

伝統柄モチーフ!

職人の手によって丁寧に作り
上げられる伝統雑貨は、色使
いがとっても鮮やか!

各W5万4000
タンブラー (E)
ポイントに螺鈿細工が
施され、高級感がある

W2000〜
韓服形プレート (E)
大W5万5000、中W3万2000、小W2000

W8万〜
座布団 (F)
風車モチーフのパッチ
ワークが華やか。大はW9万

(D) 韓国人作家の作品を多く扱う
KT&Gサンサンマダン弘大 デザインスクエア
●KT&G상상마당 홍대 디자인스퀘어 /
KT&G Sangsangmadang Hondae

映画館やライブホールを併設する文化
複合空間。1・2階のデザインスクエア
では、日常生活の中で使いやすいアー
ト作品や個性的な雑貨を販売している。

弘大 MAP:P14C3

図M6号線上水駅1番
出口から徒歩8分
麻浦区オウルマダン
路65 마포구 어울마당
로 65

☎02-330-6200 ⊙11〜21時 ㉡なし

(E) 伝統とモダンが融合するアイテム多数
KCDFギャラリー
●KCDF갤러리 /KCDFGallery

公募で選ばれたアイテムの展示・販売
を行う。ギャラリーショップでは、韓
国を代表する職人、作家による作品の
購入もでき、大切な人への贈り物にも
最適。

仁寺洞 MAP:P12A3

図M3号線安国駅6番
出口から徒歩10分
鍾路区仁寺洞11キ
ル8 종로구 인사동11길
8

☎02-733-9041 ⊙10〜19時 ㉡月曜

(F) 閑静な通りにひっそりと佇む
ヴィンコレクション
●빈컬렉션 /Viin collection

デザイナー、カン・クムソン氏のファ
ブリックブランド。アイテムはすべて
シルクをはじめ天然素材を使い、丁寧
に手縫いで仕上げられている。

景福宮 MAP:P10C2

図M3号線景福宮駅
3-1出口から徒歩8分
鍾路区紫霞門路8キ
ル26 종로구 자하문로
8길26

☎02-735-5760 ⊙11〜18時 ㉡日・月曜

LINEとKAKAOだけじゃない！

韓国の人気キャラグッズ

Read me!

おなじみカカオフレンズとLINEフレンズのオフィシャルショップには、かわいすぎるグッズが大集合。今ソウルっ子に人気のニューキャラもお忘れなく！

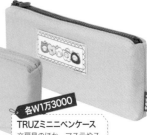

各W1万3000

TRUZミニミニペンケース
文房具のほか、マステやステッカーなどを入れてもOK

W2万

COLLER22 iPhone14 ケース
同封のスティッカンは自分の好きな位置につけられる

TRUZとは？
LINEフレンズとTREASUREのコラボキャラクター。記憶はないが、特別な能力を持つという設定。

W1万4000

ブラウン・ベーシックマルチポーチ
リボンがかわいい。11.5cm×9.5cm×5cmサイズ

W1万5000

サリニ・ミニニキーリング
四葉のクローバーをかけているサリニ

各W1万5000

オリジナルレザーコースター
革製のコースター。サリー、ブラウン、レナードがある

W4万3000

ミニニ・シロカラショルダーバッグ
ナイロン製なので雨に濡れても大丈夫！

定番

W5000

コニー・フェイスノート
スプリングタイプで使いやすいコニーフェイスのメモ帳

おなじみLINEのキャラが大集合！

プレイ・ライン・フレンズ 仁寺洞店
●플레이 라인프렌즈 인사동점／PLAY LINE FRIENDS

LINEフレンズキャラや、BT21のグッズを販売。店内にはBT21のフォトスポットも点在している。 ⇨**P99**

各W8500

スプリングノート
B6サイズで持ち運び
にもぴったり

W1万800

チュンシク
デイリーガラスカップ
ライン使いがレトロな
コップ。2個セット

カカオフレンズとは？
韓国で大人気のメッセンジ
ャーアプリ「カカオトーク」
から生まれたキャラクター。
性格の異なる全8キャラ。

各W5800

ミラーキーリング
スライドすると鏡が。
前後でキャラクター
の表情が変わる

W5000

ベビードリーミング
マウスパッド
キュートなベビード
リーミングシリーズ

W1万5000

ライアンペンケース
シリコン素材で軽くて
丈夫なペンケース

人気キャラクターグッズが勢揃い
カカオフレンズ・ストア
●카카오프렌즈스토어／KAKAO FRIENDS STORE

韓国の国民的SNS、カカオトーク
のキャラクターが大集合！人気キャ
ラをモチーフにした文具や生活
雑貨などが豊富に揃っている。

弘大 MAP：P15D1

図Ⓜ2号線弘大入口駅8、9番出口から
徒歩1分 ⓐ麻浦区楊花路162 마포구
양화로162 ☎02-322-2248 ⓣ10時
30分～21時30分 ⓗなし Ⓔ

W2万9700

メトロタンブラー
韓国のLocknLockと
のコラボアイテム

W9900

パッドポーチ
フラットタイプでリッ
プや手鏡などを入れて

W2万7100

スリッパ
肌ざわりのいいタオル
地で履き心地も◎

W1万6000

爪切り7種セット
コンパクトなミニバッ
グに爪切りが7種入り

ポップで明るい原色アイテムが豊富
ウィッグル・ウィッグル・チップ 島山
●위글위글집 도산／WIGGLE WIGGLE ZIP

「SMILE WE LOVE」という花のキャ
ラクターを中心に、カラフルで
ユニークな日用品を提案する。

狎鷗亭洞 MAP：P20C1

図Ⓜ水仁・盆唐線狎鷗亭ロデオ駅5番
出口から徒歩7分 ⓐ江南区彦州路168
キル31 강남구 언주로168길 31 ☎02-
6959-2051 ⓣ11～20時 ⓗなし Ⓔ

+Plus!

ファッショナブルな女の子のキャラにも注目！

韓国の作家YOUK SHIM WONが描く
女の子のキャラクターが話題。
身に着けるだけで盛れるかも!?

女性に大人気のキャラブランド！
ユク・シムウォン
●육심원／YOUK SHIM WON

2005年の立ち上げ以来、愛らしいキャ
ラクターで韓国女性に支持されているフ
ァッションブランド。店内では、バッグ
や小物を中心にTシャツなども販売。

カロスキル MAP：P20A2

図Ⓜ3号線、新盆唐線新沙駅8番出口から徒歩10
分 ⓐ江南区 論峴路159キル66 강남구 논현로
159길66 ☎02-516-4477 ⓣ11～21時 ⓗなし

↑バッグやポーチのほか、アパレル
アイテムも充実している

←ショルダーに
もなるボールド
ボストンバッグ
W14万8000
をはじめ、どの
アイテムもイン
パクト大！

キッチンウエアからインテリアまで韓国デザインの宝庫

ライフスタイルショップへ

Read me!

食器やカトラリーはもちろん、雑貨からファブリック系まで幅広い品ぞろえが魅力のライフスタイルショップ。韓国テイストのインテリアを探すなら、マストで訪れたい。

→「Better day, better living」をコンセプトに幅広いジャンルのアイテムを扱う

日常を彩るアイテム多数
ティングル・ストア聖水店
●띵굴스토어 성수점／Thingool store seongsu

創立者でもあるインフルエンサーのイ・ヘソン氏自らが使い、気に入ったアイテムをセレクト。ファション小物や文具、キッチン用品など約150の国内ブランドのアイテムを扱う。

聖水洞 MAP：P5E2

図M2号線聖水駅3番出口から徒歩6分 ⊕城東区聖水2路14キル14 A棟、1階 성동구 성수이로14길 14 A동、1층 ☎070-4246-0277 ⊙11〜21時 ⑭なし

W3万6000

→さりげなく描かれたハングルは日常使いにぴったり

W1万6900

↑ソウルの観光名所が散りばめられたカップ

MAGNET brown poodle

→「ソウルディクショナリー」のマグネット

W6000

店内を見て回るだけでも楽しい
ナイスウェザーマーケット
●나이스웨더 마켓／NICE WEATHER MARKET

アパレルや食品、ガーデニング用品など何でもそろうセレクトショップ。コンセプトごとにコーナーが設けられ、中でも注目なのがオリジナルアイテムを扱う「ナイスウェザーアパレル」。

カロスキル MAP：P20A2

図M3号線、新盆唐線新沙駅8番出口から徒歩8分 ⊕江南区 江南大路162キル35 강남구 강남대로162길35 ☎02-547-0073 ⊙11〜21時 ⑭なし

→レコードやオーディオ機器、アルコールなど品ぞろえが幅広い！

→ショップオリジナルのタオル。やわらかい天然染色の風合いがGood

W9000

NICE WEATHER

W8000

↑天然ゴムで作られたグローブはやわらか、作業しやすい

↓レトロ粉食マーブルシリーズ。大きさは4種類

W1万1000

↑パステルカラーがかわいいマカロンカトラリーセット

W5000〜

↑食器やカトラリーなどのホームキッチン雑貨がずらりと並ぶ

W2万6000

→料理を選ばないシンプルな色とフォルムのエッグシリーズ。全3色

↑アイテムはすべて自社のオリジナル

オリジナルアイテムが豊富
ポーラ・アット・ホーム
●폴라앳홈／polaathome

20代〜30代女性の支持を集めるキッチン雑貨店。韓国の軽食屋で使われていたメラミン素材のお皿を、現代風におしゃれな色味に仕上げたシリーズが人気。

聖水洞 **MAP：P5D2**

図Ⓜ2号線聖水駅3番出口から徒歩10分 城東区聖水1路10キル11 성동구 성수1로10길11 ☎ 02-466-2026 ⊕12時〜18時30分(土曜は14時〜) 俄日曜 奥

↑月日と曜日がリングでつながった「ピンポンカレンダー」はインテリアにも

各W6万3000

W1万5000(小)

↓ドローウイングブック。大はW2万5000

デザイン性の高い韓国発雑貨ショップ
ミリメーター・ミリグラム
●밀리미터 밀리그람／MMMG

美大出身の4人組が立ち上げたステーショナリーブランド。独創的なデザインでファンが多い。日本の「D&DEPARTMENT」なども取り扱う。

梨泰院 **MAP：P16C4**

図Ⓜ6号線漢江鎮駅3番出口から徒歩8分 龍山区梨泰院路240、地下2階 용산구 이태원로 240,지하 2층 ☎ 02-549-1520 ⊕11時30分〜20時 俄月曜 日 奥

↓地下1階には「D&DEPARTMENT」、地下3階には「FREITAG」が

↑何冊でもほしくなるデザイン性の高いノート

韓国のり、キムチ、カップラーメン!

スーパーでグルメみやげ

Read me!

手軽な値段で品揃え豊富な大型スーパーは、おみやげのまとめ買いに超便利! しっかり探せば、かなり喜ばれる珍しいアイテムも。滞在中に一度は寄ってみよう!

W4000
ふりかけ海苔 Ⓐ
オリーブオイル風味。ご飯やお茶漬けにかけて

W3000
韓国産17穀クリスピーロール Ⓐ
おみやげの定番。穀物で作られた体によさそうなお菓子

(左)W2600　(右)W2750
牛肉炒めコチュジャン Ⓐ
甘辛い牛肉炒めのコチュジャン。本場の味!

定番みやげ Best3

W6980
両班海苔(エゴマ油) Ⓐ
エゴマ独特の風味を楽しみたい人におすすめ。20パック入りなのでバラマキ用にも

W2180
コーンスティックスナック Ⓒ
お酒のおつまみにも◎

W2280
缶詰めキムチ Ⓐ
香ばしいキムチ炒めの缶詰めタイプ

[2] W5900
Tom's
ハニーバターアーモンド Ⓐ
大人気で類似品も多数登場。オリジナルの「Tom's」ブランドの商品は、安売り店でもW5900程度

[3] W4800
bibigo 白菜キムチ Ⓐ
やっぱりひとつくらい買って帰りたい本場のキムチ。パックなら「bibigo」ブランドが人気

W3900
マスカットキャンディー Ⓐ
マスカットの爽やかな風味が口に広がる飴

W1200
オランダ Ⓐ
あられを蜜で固めた昔ながらのお菓子

Ⓐ 食品みやげが特に充実
ロッテマート
●롯데마트／Lotte Mart
食料品から日用雑貨にいたるまで品数豊富に揃う。PBブランド「Only Price」の商品も要チェック。

ソウル駅 MAP:P6C2

🚇Ⓜ1、4号線ソウル駅1番出口から徒歩2分 🏠中区青坡路426 中区青坡洞426
☎02-390-2500
🕐10時〜翌0時 ㉺第2・4日曜

Ⓑ 多彩な品揃えの巨大スーパー
ホームプラス
●홈플러스／Home plus
地下鉄駅直結のメセナポリス・モールにある大型スーパーで、弘大エリアからアクセスしやすい。

合井 MAP:P14A3

🚇Ⓜ2、6号線合井駅9、10番出口直結 🏠麻浦区楊花路45、モール地下2階 마포구 양화로 45, 몰지하 2F
☎02-6938-8800
🕐10時〜翌0時 ㉺不定休

Ⓒ コスパのいいアイテムがたくさん!
ノーブランド
●노브랜드／No Brand
新世界グループ運営の大型マート「eマート」系列のオリジナルブランド。食品からコスメ、電化製品まで取り扱う。

三成 MAP:P19E3

🚇Ⓜ2号線三成駅6番出口直結 🏠江南区永東大路513、コエックスモール地下2階 강남구 영동대로 513, 지하 2F
☎02-3454-0567 🕐10時30分〜22時 ㉺第2・4日曜

オススメ!

W1400
**ブルダック
ポックンミョン** Ⓑ
激辛汁なし麺の決定版。
辛さの限界に挑戦！

W1550
**ブルダックポックンミョン
ジャジャンミョン味** Ⓐ
ニワトリのイラストが目印の激
辛汁なし麺。ジャジャンミョン
味はグリーン系のパッケージ

**カップラーメン
人気
Best3**

W1500
**ブルダック
ポックンミョン チーズ味** Ⓐ
激辛汁なし麺のチーズ味。辛
さがやや マイルド

W980
Paldo キムチ王ラーメン
定番人気・王ラーメンはキ
ムチ味がおすすめ

W850
ジンラーメン(ホット) Ⓐ
韓国の定番カップラーメン。
細めの麺が特徴

W840
**農心
ユッケジャンラーメン** Ⓑ
コクのあるユッケジャンス
ープがクセになる！

W870
Paldo ドシラク Ⓐ
「お弁当」という名のラ
ーメン。こちらも定番

W840
農心 キムチラーメン Ⓐ
素朴ながらしっかりおいし
いキムチ味

W4480
**スパムマヨ
どんぶり** Ⓐ
カップタイプのご飯
で国内販売No.1！

W2380
チュロス Ⓐ
スペイン伝統のチュロ
スをスナックに！

W1200
高笑美(コソミ) Ⓐ
誰もが知っている韓国
の代表的なお菓子

W2080
チャムケスティック Ⓒ
香ばしいゴマ味のお菓子。
牛乳にも合う

W4980
餅チョコパイ Ⓐ
小ぶりながら、食
べ応えもしっかり

**⁺
Plus!**　**スーパー知っ得情報**　深夜まで営業していて便利な韓国のスーパーで
知っておきたいことまとめ。

❶ 荷物はロッカーに預けられる

ロッテマートには3時間まで無料で
利用できるロッカーがある。eマー
トのロッカーはW100コインが必
要だが、利用後には返金される。

❷ 買い物袋は有料

買い物袋は有料なので、
あらかじめショッピング
バッグを持参するか、レ
ジで購入を。持ち手付
きの頑丈なショッピング
袋はW500～1000ほど
で購入できる。

❸ キムチは日本に持ち帰りOK

キムチ類は機内持ち込み不可だが、
預け荷物に入れれば持ち帰りOK。
購入の際は、お店の人にしっかり
と包装してもらうように伝えよう。

深夜のおみやげ探しもOK

充実!コンビニみやげ

Read me!

おみやげを買い足したくなったときの救世主がコンビニ！ソウル市街のあちこちにある4大コンビニの人気商品をチェック！ 夜中に小腹が減ったときにも利用価値大！

日本でもおなじみ

セブンイレブン

●7-ELEVeN

日本でもおなじみのセブンイレブン。こちらもPB商品ほかコラボ商品を多く取り揃える。お弁当やおにぎりなど、食事系の品揃えも豊富。

[ソウル全域]

🕐24時間 [休]なし

W2500

テングルテングル

イチゴ味のグミ。ランダムで36種のステッカー入り

各W1500

ヨーグルトグミ

ヤクルト味のグミはセブンイレブン限定商品

プライベートアイテム!

各W1360

ペペロ

フレーバーをはじめ、人気キャラとのコラボなどさまざまなタイプがある

各W2000

ビヨット

こちらはおみやげではなく朝食に最適！

W1700

ハニーバターチップ

おみやげの定番！はちみつの風味が絶妙！

限定商品が充実

シーユー

●CU

韓国最大のコンビニチェーンで海外進出もしている。スイーツコーナーやホットスナックなども充実していて、利用価値大のコンビニ。

[ソウル全域]

🕐24時間 [休]なし

各W1700

エイド

ポムポムプリンがマンゴー、クロミがベリー味

ドリンクが豊富なコンビニ
ジーエス25
●GS25

韓国で支持率No.1ともいわれる代表的なコンビニ。PB商品「YOU US」はシンプルながらデザイン性のあるパッケージが人気。

ソウル全域
24時間 ㊥なし

W2500
ゼリー
ぶどう、イチゴ、リンゴ、モモ味の4種類入り

プライベートブランド！

W2000
ミニプレッツェル
ピリ辛のビーフ味でホテル飲みのお供にも最高

W2700
プルコギキンパプ
小腹が空いたときにピッタリの韓国風のりまき

オリジナル商品をチェック！
イーマート24
●emart24

韓国各地にある人気スーパーeマートが展開する24時間営業コンビニ。PB商品が充実していて、クオリティも高い！

ソウル全域
24時間 ㊥なし

プライベートブランド！

W1700
ポテトチップス
お酒にも合う海苔＆わさび味がイチオシ

W2000
トッポッキスナック
トッポッキのクセになる辛さが魅力

W1700
ダブルチーズポップコーン
チーズの風味でよりコク深い味わい

プライベートブランド！

※商品は取材時のものです。

+ Plus!
コンビニを上手に活用しよう！　言葉は通じなくても、コンビニは万国共通。ひと息つけるスペースのあるお店もある。

T-moneyのチャージができる！
T-moneyカード（→P225）を販売しているほか、W1000単位でチャージも可能。「チュンジョネジュセヨ」と伝えて、チャージ希望額を払えばOK。

イートインスペースが便利！
店の内外にイートインスペースが設置されているコンビニは休憩に最適。商品を購入した人は利用可能。電子レンジやお湯はセルフサービス。

139

困った時に駆けこもう！

ソウルのダイソーが優秀すぎる！

明洞にあるダイソーは、日本の品揃えとはちょっと違う！
コスメや雑貨など、韓国オリジナル商品をゲットしよう！

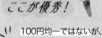

パッケージ
デザインも
キュート！

9・10F インテリア・芳香剤・趣味・工具・ファッション

アロマオイルやアロマキ
ャンドルなどが充実。電
源アダプターなど、トラ
ベルグッズのコーナーも。
→変圧器付きトラベルア
ダプター W5000

ここが優秀！

1 100円均一ではないが、
W1000～5000（100～500円）
程度で豊富な
プチプラアイテムが揃う。

2 明洞駅店は
12階まですべてダイソーで、
旅の便利グッズからおみやげまで
一度の買い物で完結できる。

3 コスメなどの美容グッズが
豊富で、専門店よりも
安く購入できることも。

8F バス・トイレ・掃除・洗濯・収納・リビング

シャンプー、歯ブラシ、ウェットティッ
シュなどが売っていて便利。機内持ち込
み用の液体容器もここでGETできる！

ダイソー明洞駅店

●다이소／Daiso

明洞駅の目の前にある12フロア
の大型店。シーズン商品（1階）や
食品（5階）なども充実。

[明洞] MAP：P9E4

🚇 M4号線明洞1番出口からすぐ
🏠 中区退渓路134-1、1～12階
　 중구퇴계로134-1、1～12F
☎ 02-319-6016
🕙 10～22時
⊕ なし

6・7F 保存容器・キッチン・陶器

マグカップやタ
ンブラー、タッ
パーなど日本で
は見かけない
キュートなデザ
インのアイテムが
いっぱい！

←ついつい旅先なのを忘れて、普段
使いのグッズを買ってしまいそう

3・4F 文具・おもちゃ・ギフト・食品

ポストカード、
ミニシール、マ
スキングテープ
などかわいいデ
ザインのコリア
ン雑貨はここで。

→韓国っぽな
ノートも豊富
W2000

←チマチョゴリ柄のカードセット
W1000

2F 美容・化粧品

ハンドクリーム、シー
トマスク、パフなどコ
スメ店に負けない豊富
なラインナップ。機能
的なアイテムが充実。

→安眠でき
そうなかわ
いいアイマ
スク W2000

←ハンドクリーム
W1000

←メイク用パ
フ W1000～は
ソウルの女子に
大人気

SEOUL

♪

あそぶ

Sightseeing & Activity

Contents

♪ 地上555mからのパノラマビューを堪能

ロッテワールドタワーに登ろう！

Read me!

韓国で一番高いタワーからソウルの街を見渡せる絶景スポット。展望台やカフェはもちろん、水族館や免税店も併設しているので、じっくり見るなら半日はみておこう！

高さ **555m**

展望台ソウルスカイはココ！

\夜景もキレイ！/

超高層複合エンタメスポット
ロッテワールドタワー ★★★
●롯데월드타워／Lotte World Tower ★★★

高さ555mを誇る、韓国一の高層ビル。展望台ソウルスカイから見下ろすソウルの街は絶景。展望スポットだけでなく各階にカフェやショップ、フォトスポットなどがありアトラクションも豊富。

蚕室 **MAP：P5F3**

図Ⓜ2、8号線蚕室駅直結 松坡区 松林路300 松坡区 オリンピック路300 ☎02-3213-5000 ◷10時30分〜22時（金・土曜・祝日前は〜23時）チケット販売は閉館1時間前まで 休なし 料一般W2万9000、子どもW2万5000 日英

チケットは通常チケットのほか、並ばずにエレベーターに乗れるファストパスW5万もある！

SEOUL SKY

高さ
473~500
m

タワーのみどころを おさえよう！

展望台はもちろん、水族館やショッピングエリアも充実。様々な体験が1カ所で叶う！

117-123階

カフェやショップも併設の展望台

ソウルスカイ
●서울스카이／Seoul Sky ★★★

タワーの123階は地上500mのパノラマ展望台。最大40km先まで見渡すことができ、時間や季節によって違う景色を楽しめる。

↑世界有数の高さからソウルの街を一望！

ここもCHECK!

118階 スカイ・デッキ
●스카이데크／Sky Deck

上に乗ると足元が透ける強化ガラスの床に立って、476m地点の空中浮遊を体験！空に浮かんでいるようでスリル満点。

119階
スカイ・フレンズ・カフェ
●스카이프렌즈 카페／Sky Friends Cafe

アイスクリームやドリンク類を販売している。ソウル・スカイのキャラクターが描かれているカップがかわいい。

⏰10時30分～22時（金・土曜・祝日前は～23時）休なし🈳

121階
ソウル・スカイ・ショップ
●서울스카이 숍／Seoul Sky Shop

かわいいキャラクターやタワーがデザインされた文具類、生活雑貨、オブジェなどのグッズが揃うショップ。思い出に残るおみやげをゲットしよう。

⏰10時30分～22時（金・土曜・祝日前は～23時）休なし🈳

B2-B1階 ファミリーにオススメ！
ロッテワールドアクアリウム
●롯데월드 아쿠아리움／Lotte World Aquarium ★★★

5万5000匹の海洋生物に出会える。白イルカが一番の人気者。

☎02-1661-2000 ⏰10～20時（金～日曜は～22時）、最終入場は閉館1時間前まで 休なし 料W3万5500、子どもW2万9000 🈔🈳

↑海底を散歩しているような気分

↓人なつっこいベルーガ

8-9階
お得にショッピングを楽しもう
ロッテ免税店 ワールドタワー店
●롯데면세점 월드타워점／Lotte Duty Free ★★

韓国では最大規模を誇る免税店。世界的ハイブランドはもちろん、韓国コスメ特化ゾーンも。タワーの8～9階にある。

☎02-3213-3800 ⏰9時30分～20時 休なし 🈔🈳

↑国内外のブランドが集結

+ Plus! ギネス認定の超高速エレベーター!?
ロッテワールドタワーのエレベーターは、超高層展望台に上がる速さがギネス世界記録！

窓の映像もギネス級！
スカイシャトル
●스카이 셔틀／Sky Shuttle ★★★

その距離と速さでギネス世界記録に認定されたエレベーター。天井と壁3面は、韓国の歴史や文化を映し出す巨大メディアウォールになっている。展望台に上がるまでに、ソウルの街の変遷を迫力の映像で楽しめる。

↓まるで宇宙ロケットの中にいるかのよう

↓最後はタワーを囲んで花火が降り注ぐ映像に！

気分は宮廷ドラマのヒロイン！

韓服でレトロ散歩

Read me!

韓国の時代劇ドラマでおなじみのカラフルな伝統衣装は、景福宮など歴史スポットの見物や撮影にもバッチリ！三清洞エリアには、伝統衣装のレンタルショップが多くある。

↑多彩な背景セットでセルフ撮影を楽しめる

↑ヘアスタイリングもやってもらえる

韓服のデザインが充実

韓服男 ●한복남／ハンボクナム ★★

景福宮はもちろん、人気エリア、仁寺洞や北村韓屋村へもアクセス抜群。韓服姿で街歩きが楽しめる。男性用や子ども用の用意もあるので、カップルやファミリーにもおすすめ。

景福宮 **MAP：P10C2**

図Ⓜ3号線景福宮駅4番出口から徒歩1分⋒鍾路区 社稷路 133-5 종로구사직로 133-5☎010-6485-8507⋓9時〜19時⋒なし⋒伝統韓服W1万〜、テーマ韓服W2万〜(レンタル時間により異なる) 🅱

バッグのレンタルもできるのでさんぽにも◎

↑地下1階地上3階建て。3階はフォトスタジオ

お店の
イチオシ
Point!

20世紀初めに流行した伝統的な韓服デザインや昨今人気の華麗でスラリとして見えるファッショナブルなテーマ韓服など種類が豊富。

リーズナブルに韓服散歩
ワンデー韓服
●원데이한복／Oneday Hanbok ★★

大人用から子ども用までサイズも幅広く用意されている人気店。毎年、世界中から多くの観光客が訪れている。

三清洞　MAP：P13B3
図Ⓜ3号線安国駅2番出口から徒歩4分 🏠鍾路区北村路5キル4、2階 종로구 북촌로5길 4, 2F ☎070-4202-4310 🕘9〜19時 ⓇなしⓇ4時間W2万4000、24時間W3万2000 🔵表

↑バッグなどの小道具は自由に使える

友人と一緒にコーディネートを楽しもう♡

←周辺にはフォトジェニックなスポットが点在

お店のイチオシ Point! 伝統服から最近のトレンドを反映した韓服やオリジナルデザインまでバリエーションが多い。小物類が無料なのも高ポイント

↑花の髪飾りでメルヘンな韓服の装いに

服装に似合う髪型にセットして出かけよう♪

↑クラシックな花柄、パステルカラーなど、デザイン豊富

カラフルな韓服で街歩き
ドロシー韓服旅行
●도로시한복여행／ドロシーハンボッヨヘン ★★

古宮や北村韓屋村からすぐ近くの老舗レンタルショップ。色とりどりの美しい韓服が用意されており、2回まで試着ができる。

三清洞　MAP：P13B4
図Ⓜ3号線安国駅1番出口から徒歩3分 🏠鍾路区尹潽善キル23、2階 종로구 윤보선길23, 2F ☎02-2278-8318 🕘9〜19時 Ⓡなし Ⓡ伝統韓服W1万〜、テーマ韓服W2万〜（レンタル時間により料金が異なる）🔵

お店のイチオシ Point! 韓服レンタルショップの元祖といわれる人気店。撮影した写真を1枚プリントしてもらえるサービスも

↑写真が一気に華やぐ美しい民族衣装

＋Plus!　**韓服レンタルの方法**　効率よく韓服スナップを撮るために、レンタルの方法を予めチェック！

1 30分以内で衣装を選ぶ。先にチマ（スカート）から決めるのがおすすめ。

2 着替え。試着は2回までOK。小物もレンタル可能（基本は別途料金が必要）。

3 最後に韓国風にヘアセットしたら支払いを済ませ、街へ出かけよう！

↓宮廷ドラマの世界にどっぷり浸ろう！

韓服着用で入場料が無料に！

景福宮、昌慶宮、昌徳宮、徳寿宮、宗廟は、韓服を着ていくと入場料が無料になる。韓服が映えるスポットでもあるので、ぜひ試して！

記念に残る思い出作りに！

韓国カルチャー体験スポットへ GO!

体験スタート！

Read me!

よりリアルな韓国を楽しみたいなら、カルチャー体験に参加してみよう！制服撮影や料理など、現地の魅力に触れ、特別なひとときが過ごせるはず。特別な思い出を持ち帰ろう♪

1

地下1階でフロアマップを確認。レンタル時はパスポートと保証金1着W5000を預ける（最後に返金）

制服撮影

韓国の学生服コーデで
テンションMAX

梨花制服

●이화교복／Ehwa Korean School Uniform Rental ★★

通常レンタル価格は終日W2万〜（ブラウス＋スカートかズボン＋ベスト。ネクタイ、カチューシャ込み）。ジャケットやカバンは各W5000、タイツなどの小物は販売も。

蚕室 MAP：P5E3

図M2、8号線蚕室駅4番出口から徒歩10分 松坡区オリンピック路212、ギャラリアパレス地下1階 송파구 올림픽로 212 갤러리아팰리스 지하1F ☎02-420-5871 ⊙9時〜22時30分（レンタルは21時まで）休なし 日英

2

大きな鏡を完備したメイクルームには、ティッシュやヘアアイロンも完備！

3

ネクタイやカチューシャも、定番からユニーク系まで種類豊富！好きなものをチョイスして

放課後のような雰囲気を楽しんだら街へGO！

4
ハイライト！
教室風スタジオで撮影！ロッテモールに行くのが定番コース♪

学生気分で自撮りを満喫！とっておきの1枚を収めよう

キムチ作り

本場のキムチを手作りしよう！

ソウルキムチ文化体験館

●서울김치문화체험관／ソウルキムチムナチェホムグァン ★★

北村韓屋村にある韓国の伝統家屋、韓屋でキムチ作りの料理教室を1日2回開催。教室の所要時間は60～90分ほど。作ったキムチはアルミパックに入れて持ち帰ることができる。

[三清洞] **MAP：P13C3**

[交]Ⓜ3号線安国駅3番出口から徒歩10分 🏠鍾路区桂洞キル102 종로구계동길 102 ☎02-318-7051 ⏰9時30分～、14時～(1日2回)、土曜は14時～のみ [休]予約時に確認 [料]W4万5000 [予]1日前まで [日][英]

自分で作るキムチはいつもよりおいしい!?

⬆韓国らしい体験は忘れられない思い出に。日本でも試したい

⬆韓国の風情も一緒に堪能できる

⬅必要な道具はすべて揃っているので手ぶらで参加OK

米を蒸すところから始める本格的な体験

⬇酒のいい香りが漂う

マッコリ作り

マッコリの試飲とおみやげもゲット

韓国伝統酒研究所

●한국전통주연구소／ハングッチョントンジュヨングソ ★★

気軽にマッコリ作りを楽しめるプログラムを開催。米に麹と水を混ぜて甕に入れる工程など、本格的な酒造りの一端を体験できる。完成したマッコリは試飲できる。

[西村] **MAP：P10C2**

[交]Ⓜ3号線景福宮駅3番出口から徒歩10分 🏠鍾路区紫霞門路62 종로구 자하문로 62 ☎02-389-8611 ⏰9時30分～18時30分 [休]土・日曜 [料]W5万(所要約1時間30分、最少開催人数5名) [予]1週間前まで [日][英]

⬅伝統酒の瓶がズラリと並ぶ

巾着作り

韓国の巾着手作り体験

ギャラリー・ミル

●갤러리미르／Gallery Mir ★★

20年以上のキャリアをもつ職人から、韓国の伝統工芸「ポジャギ」の巾着作りを学べる。生地の色や刺繍糸を選べるので、自分だけの巾着を作れる。

[三清洞] **MAP：P13A4**

[交]Ⓜ3号線安国駅1番出口から徒歩7分 🏠鍾路区栗谷路1キル40 종로구 율곡로1길 40 ☎02-733-6881 ⏰11～18時(体験は～18時) [休]日曜 [料]体験W3万5000～(所要30～60分) [予]1週間前まで [日][英]

柄や色の組み合わせでオリジナルの作品が完成

⬅体験以外に作品の展示、販売も行う

Historical Spot

王朝時代にタイムスリップ
韓国の歴史 体感スポット

Read me!

朝鮮時代の都であったソウルには、かつての古宮が現存し、パワースポットとしても有名。昔ながらの建物が残る韓屋村も訪れたい。ドラマや映画のような優雅な空間を味わおう！

見学情報
自由見学
○
日本語ツアー
無料
10時、14時30分
(所要約60分)

朝鮮王朝最大の王宮
景福宮
●경복궁／キョンボックン ★★★

朝鮮王朝創始者の太祖が1395年に正宮として創建。4王宮(景福宮、昌徳宮、昌慶宮、徳寿宮)の中で最も広い。全焼、再建を経て1895年に王宮としての役割を終えた。

[景福宮] MAP：P11D2

[図]Ⓜ3号線景福宮駅5番出口からすぐ [住]鍾路区社稷路161종로구 사직로161 ☎3700-3900 🕐9～18時(6～8月は～18時30分、11～2月は～17時)入場は閉場1時間前まで [休]火曜 [料]W3000(韓服着用者は無料、毎月最終水曜無料)[日][英]

↑国家行事が行われる場だった勤政殿。5月には世宗大王の即位式を再現するイベントも

↓迫力満点の守門将交代式は10時、14時の1日2回(火曜は休み)

古宮の回り方

●日本語ツアーもあり!
ほとんどの古宮には日本語ツアーがあり、1日に複数回行っているところもある。ツアーでのみ見学できるスポットもあるので、事前に確認を。

●総合観覧券で見どころをおさえる!
総合観覧券は景福宮、昌徳宮(後苑含む)、昌慶宮、徳寿宮の4王宮と宗廟の入場券がセットになっている。1枚W1万、3カ月間有効で、上記5スポットの入場券売り場で購入できる。

[世界遺産] 朝鮮王朝の風雅を極める宮殿
昌徳宮
●창덕궁／チャンドックン ★★★

1405年に景福宮の離宮として、緒戦王朝第3代国王太宗により建てられ、約270年間正宮として使われた。朝鮮王朝時代の趣が残る雅な建築や、美しい庭園が見どころ。

[鍾路] MAP：P11F2

[図]Ⓜ3号線安国駅3番出口から徒歩5分 [住]鍾路区栗谷路99 종로구 율곡로 99 ☎02-3668-2300 🕐9～18時(6～8月は～18時30分、11～1月は～17時30分)入場は閉園1時間前まで [休]月曜 [料]W3000(韓服着用者は無料、毎月最終水曜は無料)[日][英]

見学情報
自由見学
○
日本語ツアー
有料
(入場料+W5000)
昌徳宮11時(所要約50分)、後苑13時30分(所要90分)

←主に王妃の寝室として使用された大造殿は、一部西洋式の造りが見られる

↓正門の敦化門をくぐって進むと、青い瓦屋根が特徴的な宣政殿へ

↓王宮の警護などを担う守門将の交代儀式を忠実に再現

 世界遺産 美しく厳粛な祭礼の場 **宗廟**●종묘／チョンミョ ★★

朝鮮王朝の国王と王妃の位牌を祀り、代々王朝の祭祀が行われてきた。儒教の影響により建築の装飾は簡素だが、無駄のないシンプルなたたずまいは用の美ともいえる。

鍾路 MAP：P11F3

図Ⓜ1、3、5号線鍾路3街駅11番出口から徒歩5分 鍾路区鍾路157 종로구 종로 157 ☎02-765-0195 ⊙9〜18時（6〜8月は〜18時30分、11〜1月は〜17時30分）入場は閉園1時間前まで ※自由見学は土・日曜、祝日、毎月最終水曜のみ 休火曜 料W1000（韓服着用者は無料）日英

➡王と皇太子が祭祀の際に身と心を清めた御肅室

←柱の朱色が美しい宗廟を象徴する建築で、全長は101mにも及ぶ

見学情報
自由見学
●（土曜・日曜、祝日、毎月最終水曜）
日本語ツアー
無料
9時40分、11時40分、13時40分、15時40分
（所要約60分）

↑正殿の他に王と王妃を祀る場所が永寧殿

＋ Plus! **伝統家屋村も絵になる!** 旅の拠点・明洞の近くにもレトロな街並みがある。ショッピングの合間に立ち寄ってみては？

王朝時代の邸宅を中心街に移築
南山コル韓屋村●남산골한옥마을／ナムサンコルハノクマウル ★

両班（貴族）や平民が暮らした邸宅5棟を移築・復元した伝統家屋村。朝鮮王朝第25代国王哲宗の娘とその夫・朴泳孝の屋敷などが見られる。

明洞 MAP：P7F2

図Ⓜ3、4号線忠武路駅3番出口から徒歩5分 中区退渓路34キル28 중구 퇴계로34길 28 ☎02-2264-4412 ⊙9〜21時（11〜3月は〜20時）休月曜 料無料 日

↓韓国伝統の民俗遊びができるほか伝統文化講座も

↑往時の貴族の暮らしぶりがわかる。映画や歴史ドラマのロケにも使われる

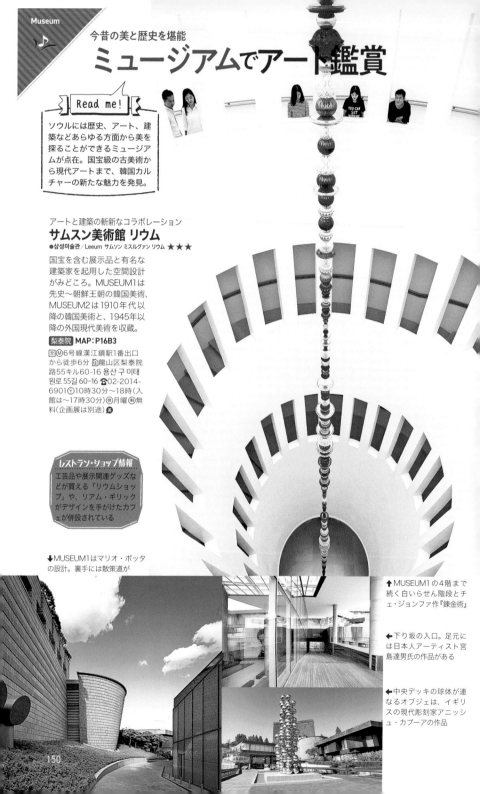

今昔の美と歴史を堪能

ミュージアムでアート鑑賞

Read me!

ソウルには歴史、アート、建築などあらゆる方面から美を探ることができるミュージアムが点在。国宝級の古美術から現代アートまで、韓国カルチャーの新たな魅力を発見。

アートと建築の斬新なコラボレーション

サムスン美術館 リウム
●삼성미술관／Leeum サムソン ミスルグァン リウム ★★★

国宝を含む展示品と有名な建築家を起用した空間設計がみどころ。MUSEUM1は先史〜朝鮮王朝の韓国美術、MUSEUM2は1910年代以降の韓国美術と、1945年以降の外国現代美術を収蔵。

梨泰院 MAP：P16B3

🚇Ⓜ6号線漢江鎮駅1番出口から徒歩6分 🏠龍山区梨泰院路55キル60-16 용산 구 이태원로 55길 60-16 ☎02-2014-6901⏰10時30分〜18時（入館は〜17時30分）休月曜 料無料（企画展は別途）🅿

レストラン・ショップ情報

工芸品や展示関連グッズなどが買える「リウムショップ」や、リアム・ギリックがデザインを手がけたカフェが併設されている

⬇MUSEUM1はマリオ・ボッタの設計。裏手には散策道が

⬆MUSEUM1の4階まで続く白いらせん階段とチェ・ジョンファ作『錬金術』

⬅下り坂の入口。足元には日本人アーティスト宮島達男氏の作品がある

⬅中央デッキの球体が連なるオブジェは、イギリスの現代彫刻家アニッシュ・カプーアの作品

↑歴史建築を移築した外観はレトロだが、館内はモダンな空間

ゆったりとした空間で美術鑑賞
ソウル市立美術館
●서울시립미술관／ソウル シリプミスルグァン ★

旧最高裁判所のファサードを利用した建物が美しい美術館。韓国の代表的な女性画家・千鏡子氏の作品を常設展示している。

市庁 **MAP：P6C1**

図Ⓜ1、2号線市庁駅10番出口から徒歩5分⬛中区徳寿宮キル61 中区덕수궁길61☎02-2124-8800🕙10〜20時(土・日曜、祝日は〜19時。11〜2月の土・日曜、祝日は〜18時、最終水曜は〜22時)、入館は閉館1時間前まで㊡月曜㊌無料(特別展は有料)

┌レストラン・ショップ情報┐
アート系の書籍を扱う書店やブックカフェが入る

↑屋外に彫刻が点在。広大な敷地は緑や花にあふれ、作品を眺めながらの散策も楽しい

↑入口近くにある巨大なバラの花のモニュメント。ほかにもユニークな屋外作品が

多数の国宝を収蔵する大規模な博物館
国立中央博物館
●국립중앙박물관／クンニプチュンアン パンムルグァン ★★

常設展は先史・古代館と中世・近世館、書画館、彫刻・工芸館、アジアの文物を紹介するアジア館、寄贈館の6つ。1日では鑑賞しきれない規模なので、目的を絞って見学を。

二村 **MAP：P4C3**

図Ⓜ4号線二村駅2番出口から徒歩5分⬛龍山区西氷庫路137 용산구 서빙고로137☎02-2077-9000🕙10〜18時(水・土曜は〜21時)、入館は閉館30分前まで㊡なし㊌無料(特別企画展は有料)

↑韓国を代表する文化遺産「半跏思惟像」。出家前のゴータマ・シッダールタの姿を表現

↑アジア最大級の博物館。常設展示館は左右に分かれ、その間を「歴史の道」がつなぐ

┌レストラン・ショップ情報┐
3つのミュージアムショップに加え、こどもミュージアムショップがある

↑新羅の墓で最大の皇南大塚から出土した金冠は、華やかな新羅の文化を象徴する装飾品

↑巨大な芸術作品も多く、韓国を代表する多ジャンルの現代アートが集まる

現代アートから世界的名作まで
国立現代美術館 ソウル館
●국립현대미술관 서울관／
クンニプヒョンテミスルグァン ソウルグァン ★

韓国の代表的文化エリアの中心にある。伝統と現代、日常と芸術が交差する文化空間として期待されている。

三清洞 **MAP：P13A4**

図Ⓜ3号線安国駅1番出口から徒歩8分⬛鍾路区三清路30 종로구 삼청로 30☎02-3701-9500🕙10〜18時(水・土曜は〜21時)、入館は閉館1時間前まで㊡なし㊌常設はW2000〜(企画展は別途)、水・土曜の18〜21時と毎月最終水曜は無料

┌レストラン・ショップ情報┐
アートショップやカフェテリア、ブックカフェ、フードコートを併設

景福宮と一緒に訪れたい
国立民俗博物館
●국립민속박물관／クンニプミンソクパンムルグァン ★

石器時代から現代までの生活様式や民俗を取り巻く社会をビジュアルで解説。特別展も随時行われている。景福宮の敷地内にある。

景福宮 **MAP：P11D2**

図Ⓜ3号線景福宮駅5番出口から徒歩10分⬛鍾路区三清路37 종로구 삼청로 37☎02-3704-3114🕙9〜18時(11〜2月は〜17時、6〜8月の日曜、祝日は〜19時、3〜11月の水・土曜は〜20時)、入館は閉館1時間前まで㊡なし㊌無料

↑各時代の家屋や調度品を再現。当時の服装をした人形模型も

↑屋外にも近代の街並みなど生活に関わるさまざまな展示がある

┌レストラン・ショップ情報┐
軽食やドリンクを提供するカフェとミュージアムショップが入る

エンタメショーに釘付け！

魂（ソウル）で感じる圧巻のパフォーマンス

世界各地で話題を集めている韓国の華やかなエンターテイメントショー。韓国語がわからなくてもOK！驚きに満ちたライブ感あふれるパフォーマンスを肌で感じよう。

↓4人のコックたちによるリズミカルなパフォーマンス

↓躍動感あふれるショーに興奮！

↑言葉がわからなくても十分楽しめるノンバーバルエンタメ

超ロングランの打楽器パフォーマンス　ナンタ ●난타／Nanta ★

年齢も言語も超えてグイグイ魅了される、韓国を代表するパフォーマンス。1997年の初演以来、世界53カ国301都市で約1180万人を動員している。

明洞　MAP：P9D2

🚇2号線乙支路入口駅6番出口、4号線明洞駅6番出口から徒歩5分 🏠中区明洞キル26、ユネスコ会館3階 中区명동길26,유네스코회관 3F ☎02-739-8288 ⏰20時〜（土・日曜は14時〜、17時〜）休なし ￥VIP席W6万6000、S席W5万5000、A席W4万4000

笑ってホロリの心温まるステージ　オンリーユー ●당신만이／Only You ★

90年代に韓国で流行した音楽を使った演劇、ミュージックドラマ。慶尚道出身の結婚生活37年の夫婦と結婚を控えた娘の日常のリアルが描かれている。日本語字幕付きなのもうれしい。

大学路　MAP：P4C1

🚇4号線恵化駅2番出口から徒歩11分 🏠鍾路区梨花荘キル26、3階 종로구 이화장길 26,3F ☎070-8245-2602 現在休業中。2024年10月再開予定

↓踊って歌いテンポよく展開する家族のストーリー

↑全世代が共感できる物語。愛あふれる家族の絆に涙する

キッチンが舞台のエンタメショー

シェフ
●셰프／CHEF ★★

ビートボックスとビーボイングで魅せながら、寿司、ビビンパなどの料理を披露。火花を散らすシェフ二人の対決にハラハラドキドキ。毎回勝者が変わるのも◎。

乙支路 MAP：P7F1

🚇Ⓜ2、3号線乙支路3街駅8番出口から徒歩1分🏠中区マルンネ路3街47、明宝アートホール地下3階 中区마른내로47 명보아트홀 지하3층 ☎02-766-0815🕙16時30分～⑭なし🅝VIP席W7万、R席W6万、S席W5万

↑ライブならではのビートボックスの迫力に感動

↑目の前で繰り広げられるブレイクダンスに釘付け

↑目と耳で大満喫できるドタバタコメディ

驚きと感動のライブアート

ペインターズ・ヒーロー
●페인터즈히어로／The Painters Hero ★

リズミカルな音楽に合わせて踊りながら、その場でアートを描いていくショー。その技術の高さに圧倒される。観客を巻き込む仕掛けも魅力のひとつ。

西大門 MAP：P10C4

🚇Ⓜ5号線西大門駅5番出口から徒歩8分🏠中区貞洞キル3、京郷アートヒル1階 중구정동길3, 경향아트힐1층 ☎02-766-7848🕙17時～、20時～⑭なし🅝VIP席W7万、R席W5万

↑ファンタジックなアート作品が次々と舞台に登場

←韓国の庶民の暮らしを舞台にした感動作

韓国の有名俳優も輩出した舞台

ミュージカルパルレ(洗濯)
●뮤지컬 빨래 ★★

2005年からロングラン中のミュージカル『パルレ』は、下町庶民の暮らしを笑いと涙で描く、慈愛あふれる作品。観劇後は韓国への愛着がさらに湧きそう。

大学路 MAP：P4C1

🚇Ⓜ4号線恵化駅1番出口から徒歩5分🏠鍾路区大学路12キル64、ユニプレックス2館 종로구 대학로12길 64, 유니플렉스 2관☎02-928-3362🕙水曜は15時30分～、19時30分～、木・金曜は19時30分～。土・日曜は14時～、18時30分～⑭月・火曜🅝R席W6万6000、S席W5万5500

➕ Plus!

エンタメショーの楽しみ方

お目当ての舞台を観劇するためのコツをご紹介！チケットは事前予約をしておくとより安心。

ショーの選び方

ジャンルは韓国伝統芸能や音楽劇、アートパフォーマンスなどさまざま。インターネットなどで興味のある分野を探そう。公演日や価格などで選ぶのも手。

チケット購入の仕方

席が空いていれば公演当日でも各劇場で直接購入できる。ほとんどの劇場で、上演の約1時間前からチケットを販売するので、窓口へ。よい席で見たい場合は、事前予約がおすすめ。

事前予約の方法

公式サイトやその他Webで予約できる。旅行会社などでも予約できるが、手数料が必要。韓国滞在中にエンタメショーを観覧したいと思った場合は、韓国観光公社の観光案内センターへ。韓国で上演されているミュージカル公演やノンバーバルパフォーマンスなどの公演に関する相談や予約ができる。

●韓国観光公社…MAP P11D4

K-POPアイドルのロケ地として話題！

「龍馬ランド」で映え写真を撮りまくりっ♡

フォトジェニックスポットが大好きな女子に大人気の、廃墟遊園地「龍馬ランド」。
TWICE、EXO、BTSなど有名K-POPアイドルがMV撮影を行ったことでも有名！

撮影MV一覧

TWICE
「Like OOH-AHH」

BTS
「Spring Day」

CRAYON POP
「BAR BAR BAR」

EXO
「Love Me Light」

Photogenic 01
ショッピングカート

撮り方講座
ひとりがカートに入って、ひとりが押してるポーズがキュート！

#カート女子 #風船を合わせたい

Photogenic 02
レトロな赤いバス

#クレヨンポップ
#バス旅気分

撮り方講座
窓がないので、顔を出したり、手を出したりして動きを出そう！

Photogenic 03
80'sなステージ

#双子コーデ #80年代アイドル

Photogenic 04
インスタ定番の2色の壁

#ツートンカラー #ザ壁部

撮り方講座
馬車にグッと寄って撮影するとよりレトロな世界観が際立つ。

SNS映え写真が撮り放題！

メリーゴーランド
Photogenic 02

#TWICEのMV #廃墟遊園地

龍馬ランド ●용마랜드／Yongma Land ★★

ソウル東部の龍馬（ヨンマ）公園内にある2011年に閉園した遊園地。アトラクションは動かないが、管理者が常駐していて、撮影目的の観光客を入場させている。ソウル中心部から地下鉄＋タクシーを使って、約1時間30分でアクセス可能。

ソウル郊外 MAP：P5F1

交 M7号線面牧駅1番出口から
タクシーで約10分
住 中浪区忘憂路70キル 118
중랑구 망우로70길 118
☎02-436-5800 ⊙9〜19時
（11〜3月は〜18時）休なし 料W1万

☆
Night Out
夜あそび

Contents

ネオン輝く都会の夜に酔いしれよう

ソウルの夜景マストスポット

Read me!

日が暮れるときらびやかなネオンに彩られ、日中とは違った魅力をみせるソウルの街。水辺の散歩や高層タワーの上から、とびっきりのナイトビューを楽しもう！

↑立ち寄りスポットも多い。ソウル駅の新旧駅舎を一緒に望める場所も

光輝くアートに

ココをCHECK！

ソウルスクエアの壁面メディアアートは要チェック。タイミングよく撮影して、SNSにUPしちゃおう！

オススメ！

約1kmにわたる高架道の歩行者専用路 **ソウル路7017** 서울로7017／ソウルロ7017

南大門市場からソウル駅方面へ続く高架道路が、2017年に歩行者専用の遊歩道に大変身。カフェや噴水などが設けられ、ソウルの名所になっている。

ソウル駅 MAP：P6C2
図 M 1、4号線ソウル駅2番出口からすぐ 仓中区退渓路一带 중구 퇴계로 일대 ☎02-313-7017(ソウル路管理事務所) ❀佸❀散策自由

←移り変わるアートは見ていて飽きない。歩きながら変化をチェック

ソウルっ子の定番デートスポット♡ **清渓川** ●청계천／チョンゲチョン ★

↑気持ちのいい川辺の散歩コース。冬にはランタン祭りが開かれる

ソウルの中心部を流れる全長5.8kmの川。岸辺に下りてのんびりくつろぐ人々で賑わっている。夜には各所がライトアップされてロマンチックな雰囲気に。

鍾路周辺 MAP：P11E4
図 M 1号線鐘閣駅4、5番出口、5号線光化門駅5番出口など

↓滝や橋の下のライトアップを見に行くなら、光化門駅5番出口すぐの清渓広場から

ココをCHECK！

橋の下がカラフルに染まる様子はとっても幻想的。座ってゆっくりと過ごそう！

↓世界一長い噴水の橋としてギネスに登録されている

\ 幻想の世界! /

ココを CHECK!
河岸に停泊しているクルーズ船に乗ると間近で噴水を眺められる

キラキラ光る漢江にうっとり！

月光レインボー噴水
●달빛무지개분수／タルビッムジゲブンス ★

ソウルを東西に流れる漢江に架かる盤浦大橋。盤浦大橋から1km以上にわたって一斉に放水される様子は圧巻。夜はレインボーのライトアップも行われる。

盤浦 **MAP：P4C3**

🚇見学できる盤浦漢江公園へは🚇3、7、9号線高速ターミナル駅8-1番出口から徒歩15分🏠瑞草区新盤浦路11キル40 서초구 신반포로11길40☎02-3780-0578🕐噴水の放水は19時30分〜21時まで30分ごと、7・8月は19時30分〜21時30分まで30分ごと、所要約20分⊛11〜3月、雨天、増水時など

↑見学は橋の南側の盤浦漢江公園から

ソウルの新しいランドマーク

DDP 東大門デザインプラザ
●동대문디자인플라자／トンデムンデザインプラザ ★★

東大門の街に大きな存在感を示す、曲線のみで構成された巨大複合施設。夜には建物全体がライトアップされ、近未来的な景観を作り出している。

東大門 **MAP：P17B2**

🚇🚇2、4、5号線東大門歴史文化公園駅1番出口直結🏠中区乙支路281 중구 을지로 281☎02-2153-0000🕐10〜22時(施設により異なる)⊛施設により異なる(美術館は月曜)

↓タワー内には眺望抜群のレストランやカフェも

ココを CHECK!
フェンスには恋人が永遠の愛を誓ってかけた南京錠がいっぱい

↓カップルに大人気のデートスポット。記念撮影にも◎

ソウル随一の高さを誇る展望塔

N ソウルタワー
●N서울타워／N Seoul Tower ★★

標高262mの南山の頂上に立つソウルのランドマーク。夜のライトアップが景観に華やぎを添える。展望台から見るソウルの街も必見！

南山 **MAP：P7E3**

🚇🚇4号線明洞駅3番出口からケーブルカー乗り場まで徒歩15分、または4番出口から南山オルミ(南山エレベーター)まで徒歩10分、南山オルミから2分でケーブルカー乗り場へ到着。ケーブルカーで5分🏠龍山区南山公園キル105 용산구 남산공원길105☎02-3455-9277🕐10時30分〜22時30分(土・日曜は10〜23時)⊛なし🎫展望台はW2万1000(タワープラザは入場無料)

↓東大門のビル群とDDPのネオンが灯る景色は近未来的

159

狙い目は19時以降！
東大門でナイトショッピング

Read me!

ファッションビルが立ち並ぶ東大門（→P194）はソウル最大のファッション市場。日本でも人気のトレンドアイテムをリーズナブルに入手できる。深夜の空いた時間が狙い目！

普段使いしやすいウォッシングコットンパンツ W4万9000

牛革のピンクハイヒールW9万8000で女子カUP！

➡キュートな韓国ファッションが揃う

コーデの差し色になるレッドカラーのバッグ。W5万5000

↓帽子は4階。シーズンアイテムを販売

通気性のよいバケットハットW4万5000

カードがたっぷり入るカードケース W3万5000

ミニ財布W3万5000は持ち運びに便利なコンパクトサイズ

➡2階では最旬のトレンドアイテムをGET！

まずはココから！

24:00 CLOSE

最大級のテナント数を誇る
ドゥータ・モール
●두타몰／Doota Mall

韓国のデザイナーズブランドから海外ブランドまで、およそ500店舗のショップが立ち並ぶ巨大ファッションビル。免税店も入っていて、東大門のランドマーク的存在。

東大門 MAP：P17B2

Ⓜ1、4号線東大門駅8番出口から徒歩3分 中区奨忠壇路 275 중구장충단로 275 ☎02-3398-3115 ⏰10時30分〜翌0時 ㊡なし

FLOOR GUIDE

5F	メンズ/雑貨
4F	ビューティ/ファッション雑貨/ノーブランド
3F	レディース/アクセサリー/メガネ
2F	レディース/デザイナーファッション
1F	グローバルコンセプトショップ/シェイクシャック
B1F	スポーツ/ユニセックスカジュアル
B2F	セレクトショップ/フードコート

21:30 CLOSE

都市型のアウトレットで
賢くお買い物♪
現代シティアウトレット
●현대시티아울렛／ヒョンデシティアウルッ

ファッションのほか、大型書店
やIT雑貨、インテリア、アウト
ドア用品などショップが入り、
カフェやフードコートもある
新感覚のファッションビル。

`東大門` **MAP：P17B2**

🚇Ⓜ2、4、5号線東大門歴史文
化公園駅14番出口から徒歩6分
🏠住中区奨忠壇路13길20中区장
충단로 13 길 20 ☎02-2283-
2233🕙10時30分〜21時30分㊡
なし

←3階は大人
の女性向けの
ラインナップ

↓書店や生活
雑貨、DIYの
専門店も

FLOOR GUIDE

9F	食堂街
8F	キッズ
7F	スポーツ/アウトドア
6F	メンズ
5F	カジュアル
4F	ヤングカジュアル
3F	レディース/バッグ
2F	ライフスタイル
1F	ファッション/コスメ
B1F	書店/コスメ
B2F	フードコート

1:00 CLOSE

リーズナブルな価格で安心
ハローapM
●헬로에이피엠／Hello apM

手頃な価格で洋服などが買えると
ファミリーにも人気の商業ビル。
ビルの5階にはボーリング場があり、
1日中遊べる。

`東大門` **MAP：P17B2**

🚇Ⓜ2、4、5号線東大門歴史文化公園駅14番出口から徒
歩3分中区奨忠壇路253 중구장충단로 253 ☎02-6388-
1369 🕙10時20分〜翌1時㊡火曜

ネイビーが大
人っぽさを演
出するニット
W3万9000

裾のデザイン
が個性的なス
カートW3万
9000

FLOOR GUIDE

10F	病院/マッサージ
9F	ゴルフ場/ビリヤード
8F	ジム
5F	ボーリング場
4F	メンズ
3F	レディース
2F	レディース/子供服
1F	レディース/薬局
B1F	スポーツ用品/コスメ

人気のO.P.Iのネイルも
お手頃価格で買える

鮮やかなセー
ターはカジュ
アルに。W2
万8000

小売店500店が集
まり、深夜までにぎ
わう

↑約300店舗が入る
若者ファッションの
聖地

2:00 CLOSE

ティーン世代に人気のビル
ミリオレ東大門
●밀리오레 동대문／ミリオレトンデムン

1〜3階はレディースファッション
中心のフロアで、若者たちでに
ぎわう。16階の「ネイルモール」
は卸値価格の半額でネイル用品が
買える。

`東大門` **MAP：P17B2**

🚇Ⓜ2、4、5号線東大門歴史文化公
園駅14番出口から徒歩4分中区奨
忠壇路263 중구장충단로263 ☎02-
3393-0001🕙10時30分〜翌2時㊡
月曜

FLOOR GUIDE

16F	ネイルモール
9F	レストラン街
5-7F	雑貨/靴
4F	メンズ
1-3F	レディース
B1F	キッズ
B2F	輸入雑貨

➕ Plus!　ナイトショッピング攻略のコツ！

個性が異なるファッションビルはいずれも深夜まで営業。
まわり方や帰りのプランを事前に頭に入れておこう。

事前予習がカギ！
商品ジャンルが豊富なモールと、ジャンルに特化した
専門市場があるので、欲しいものがある場合はよく調
べて。店舗によって場所や営業日が異なるため、事前
に確認しておくとベター。

帰りはタクシーで帰ろう！
地下鉄は24時をまわると終電を迎えるが、ファッ
ションビル周辺にはタクシーが頻繁に走っているので、
ホテルまで心配なく帰ることができる。

↓安くてかわいいスニーカー探し
も東大門ショッピングの醍醐味

↑周辺では深夜までタクシーが
走っている

Izakaya ★

ソウルの夜を盛り上げる

○○×居酒屋が面白い

↓赤系の照明で照らされる店内は、まるで香港のような雰囲気

Read me!

雰囲気抜群な居酒屋や専門店など、ソウルは夜からが面白い！焼酎やマッコリはもちろん、クラフトビールやハイボールなどアルコールの選択肢も多彩。気分に合わせて選ぼう。

↑派手なネオンサインが光るフォトスポットで撮影を

↑ピザアモンW1万5900。72時間低温熟成させた生地を使用

↑マイルドで飲みやすい「初恋の香り」はW170/10ml～

クラフトビール×居酒屋

香港の夜市がモチーフ

アートモンスター

オススメ！

●아트몬스터／ARTMONSTER

国際ビール大会チャンピオンのクラフトビールをはじめ、メニューはどれも受賞歴のあるものばかり。10ml単位で注文可能で、好みのビールを自分でカップに注ぐスタイル。

[江南] **MAP:P18B4**

[図]Ⓜ2号線、新盆唐線江南駅11番出口から徒歩3分 [住]江南区テヘラン路1キル28-3 강남구 테헤란로1길28-3 ☎02-6448-6110 🕐17時～翌1時(23時30分LO。土曜は15時～、23時LO。日曜・祝日は15～23時、22時LO) [休]なし [英][英]

➡ビールにピッタリな揚げたてのフライドチキンW1万7900

↓ピリ辛でお酒がすすむカボチャ海鮮蒸しW3万2000

↓つまみやすいスペイン風のエビ&パリパリライスチップのサラダW2万2000

フルーツ焼酎×居酒屋

インパクト大な生フルーツ焼酎

パンジョ

●반저

メロンやリンゴ、ココナッツなど新鮮な生フルーツを使った焼酎は甘めで飲みやすく、女性に大人気。オーナーのアイディアが光る韓国フュージョン創作料理も独創的。

[恵化] **MAP:P4C1**

[図]Ⓜ4号線恵化駅1番出口から徒歩5分 [住]鐘路区大学路8カキル56 종로구 대학로8가길 56 ☎02-742-9779 🕐15時～翌2時(翌1時LO) [休]なし [英][英][日]

さわやかな飲み口のパイナップル焼酎は肉料理との相性もいい。本物のリンゴを器にして飲むリンゴ焼酎。各W1万2000

↑ミナミアカザエビとユッケの組合せ、タッセッケW4万5000。海苔に巻いて

←コンビニ風の入口や日本語の看板に何故かホッとする

日本風×居酒屋

韓国にいるのを忘れそう
狙鷗亭コンビニ
●アプクジョンピョンジョム
●狎鴎亭便宜店

日本文化好きのオーナーのこだわりが詰まった異色の飲み屋は、韓国にいながら日本っぽい雰囲気が楽しめると話題。海鮮系のメニューが多く、韓国でしか食べられない素材も。

狎鷗亭洞 **MAP:P21D1**
図Ｍ水仁・盆唐線狎鷗亭ロデオ駅5番出口から徒歩3分 ⑪江南区宣陵路161キル15-3 강남구 선릉로161길 15-3 ☎02-6015-9685 ⑬17時〜翌2時(翌1時LO。金・土曜は〜翌4時、翌3時LO) ㉔なし

→甘酸っぱい覆盆子ハイボールW9500

↑アイスクリームボール入りのヨンテソーダボールW9500

↑ホタテ貝の鍋W3万3000はシメのカルグクスが付いてくる

韓国を代表する緑豆のチヂミ、ピンデットクW1万3000(大)。色とりどりのチヂミ盛り合わせは2種類ある。人数に合わせて選ぼう

チヂミ×居酒屋

種類豊富なメニューを選ぶ楽しさも
元祖麻浦
ハルモニピンデットク
●ウォンジョマポハルモニピンデットク
●원조마포할머니빈대떡

チヂミ横丁の入口に店を構え、店頭には60種類の天ぷら(ティギム)と30種類のチヂミが並ぶ。好きなものを選ぶこともできるが、初めてなら盛り合わせメニューもおすすめ。

孔徳 **MAP:P4B2**
図Ｍ5、6号線孔徳駅5番出口から徒歩3分 ⑪麻浦区万里峠路23 마포구 만리재로 23 ☎02-715-3775 ⑬8時〜23時50分(22時50分LO) ㉔なし

↳家族経営のアットホームな店。チヂミ横丁の入口、向かって左側

161

お酒が苦手な人も楽しめる!
映えなバー&マッコリ居酒屋

~Read me!~

おしゃれなバーや居酒屋では、ぜひ新鮮な生マッコリにトライしてみよう!色鮮やかなフルーツ系マッコリなら、SNS映えもバツグンで、お酒が苦手な人も挑戦しやすい!

SNS映え!

壁一面にずらりと並んだビールサーバーが超クール! お酒好きにはたまらない

↑地下2階にスタイリッシュな空間が出現 ←60種のビールや190席のスペースを用意

世界中のクラフトビールを試し飲み!
タップ・パブリック
●탭퍼블릭／Tap Public

世界各国のクラフトビール約60種から好みのビールを自由に選び、飲んだ量だけ10mlごとに会計できる話題のビール専門店。

梨泰院 MAP:P16C4

図M6号線漢江鎮駅3番出口から徒歩7分血龍山区梨泰院路244、地下2階 용산구 이태원로244,지하2층❷02-797-4999◯16時30分~23時(金曜は~翌0時、土曜は12時~翌0時、日曜は12~23時)各閉店1時間前LO❸なし🅰🅱

↑ヒューガルデン・ロゼW270/10ml~などのビールと相性抜群のシグネチャーフライドチキンW2万2000

ライトアップされた明洞聖堂や、遠くにはNソウルタワーを望むことができる

カジュアルに楽しむワインビストロ
ワイン酒幕チャチャ 明洞店
●와인주막차차 명동점／ワインチュマクチャチャ ミョンドンジョム

明洞エリアで貴重なビストロ。オーナーこだわりの韓国フュージョン料理と、リーズナブルな価格の120種のワインを提供している。

明洞 MAP:P11E4

図M2号線乙支路入口駅5番出口から徒歩6分血中区三一大路343、2階 중구 삼일대로 343,2층❷010-9868-6874◯11時~翌0時(土曜は12~23時、22時LO)❸日曜🅰🅱

ブッラータチーズをトッピングしたスパイシーなトッポッギは辛さでワインが進む

←開店時間が早いので昼飲みも

→デジカルビと食べる混ぜ麺

←広々とした店内で食事やマッコリが味わえる

スタイリッシュなリノベ居酒屋
ムウォル
●무월／Muol

ネイルショップを経営するオーナーが一軒家を改装してオープン。バナナ牛乳、ブルーベリーといったフルーツマッコリが飲める。

江南 MAP：P18B4
図Ⓜ9号線、新盆唐線新論峴駅4番出口から徒歩3分値江南区奉恩寺路4キル21 강남구 봉은사로4길21 ☎02-555-3060⊙17〜23時⑭なし

カクテルマッコリ500ml W9000〜、青唐辛子の天ぷらW1万8800

生マッコリが楽しめる居酒屋
牛酒
●우주／Uju

生マッコリと相性のいい牛肉料理がメインの居酒屋。女性誌で紹介されてから、日本人観光客が絶えず訪れる人気のお店。

乙支路 MAP：P7F1
図Ⓜ2、3号線乙支路3街駅9番出口から徒歩2分値中区忠武路5キル27、2階 중구 충무로5길27 2층☎0507-1368-2669⊙17時〜翌0時（23時20分LO）⑭日曜 👤📷🍶

↑黒が基調の落ち着いた空間は宇宙をイメージしている

ユッケW2万2000。肉の甘みと海苔のスナックの塩気がマッチ。牛バラ豆腐キムチW2万2000、オルトルキョレW1万4000

イチオシは、品評会でも大賞を受賞した生マッコリ。できたてのヌリンマウルマッコリW1万〜とともに、自慢の料理を味わおう

江南 MAP：P18B4

どこよりも新鮮！マッコリブルワリー
ヌリンマウル醸造場＆パブ
●느린마을 양조장 앤 펍／ヌリンマウルヤンジョジャン＆ポブ

伝統酒メーカー、ペサンミョン酒家のマッコリブルワリー兼パブ。造りたての新鮮な生マッコリが味わえると、若者や女性に人気。

江南 MAP：P18B4
図Ⓜ2号線、新盆唐線江南駅9番出口から徒歩2分値瑞草区瑞草大路73キル7 서초구 서초대로73길7 ☎02-587-7720⊙17時〜翌0時（日曜は16〜23時）入店は閉店の各2時間前まで⑭なし

←スタイリッシュなインテリア

♡💬🖅

はちみつやにんじん、ブルーベリーのマッコリは1ℓ W1万3000

大人数でワイワイ盛り上がろう
マッコリサロン
●막걸리싸롱／Makgeolli Salon

全国から厳選したマッコリを扱う。フルーツを使ったものなど、多彩なマッコリが味わえる。フルーツマッコリ1ℓ W1万2000の他、にんじんなどの変わり種も。

弘大 MAP：P15D2
図Ⓜ2号線弘大入口駅9番出口から徒歩8分値麻浦区臥牛山路21キル12-6 마포구 와우산로21길12-6 ☎02-324-1518⊙17時〜翌1時⑭なし 👤📷🍶

↑広々使えるテーブル席。場所柄から、若者で賑わう

夜景

ナイトショッピング

テーマ居酒屋

バー＆居酒屋

世界がひろがる！
Column

飲み足りない夜は
天空の大人空間へ！

ソウルの絶景ルーフトップバー

もう少し飲みたい！ と思った夜は、ホテルのルーフトップバーが狙い目。

明洞ならNソウルタワービュー！

ソウルの中心・明洞なら、Nソウルタワーの夜景を楽しめるホテルのルーフトップバーへ。春から秋には、オープンテラスのシートをゲット！

ソウルのルーフトップバーの先駆け

ル・スタイル・レストラン・アンド・バー

●르스타일 레스토랑앤바／Le Style Restaurant & Bar

ホテル「イビス・スタイルズ・アンバサダー・ソウル明洞」の最上階にあるバー。Nソウルタワーが眼前に眺められるテラス席が人気。

[明洞] MAP：P9F3

[交]Ⓜ4号線明洞駅10番出口から徒歩2分
[住]中区三一大路302-21階 중구 삼일대로 302-21층
☎02-6020-8888 ⏰18～22時
[休]なし[英]

➡カラフルなシートがかわいい。観光客だけでなく、地元のおしゃれな若者にも人気

テラス席に座ると、目の前はNソウルタワー！

明洞駅前でゴージャスな時間を

ルーフトップバーフローティング

●루프탑바플로팅／Rooftop Bar Floating

明洞駅からすぐのスタイリッシュホテル「L7明洞」の21階にあるバー。駅前の喧噪が嘘のような、アジアンリゾート風の空間が広がっている。

[明洞] MAP：P9F4

[交]Ⓜ4号線明洞駅10番出口から徒歩2分
[住]中区退渓路137-21階
중구 퇴계로 137-21층
☎02-6310-1092
⏰17時～翌1時（金・土曜は～翌2時）
[休]なし[英]

ゆったりとしたテラスから、幻想的なNソウルタワーを望む

元気があればタクシーで梨泰院へ！

ザ・ファイネスト

●더 파이니스트／The Finest

ドラマ『梨泰院クラス』のロケ地として話題に。経理団キルに位置しているため、ルーフトップからはNソウルタワーがキレイに見える。

[梨泰院] MAP：P16A3

[交]Ⓜ6号線緑莎坪駅2番出口から徒歩12分
[住]龍山区フェナム路41、3～4階
용산구 회나무로 41，3～4층
☎02-794-5810
⏰18時～翌1時（翌0時LO）、金・土曜は～翌3時（翌1時LO）[休]月曜 [英][英]

セロイとイソが飲んでいた4階のバー

Relax

リラックス

Contents

知っておきたいこと10

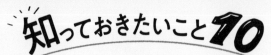

#リラックス

チムジルバン、汗蒸幕、スパ、韓医院エステなど、ソウルはビューティーの宝庫。
コスメを買うだけじゃなく、カラダの芯からキレイになろう!

01

施設別Can Doリスト

→おみやげにも人気のアカスリタオルでお肌すべすべに

↓チムジルバンの定番ヤンモリ(羊頭)タオル

さまざまある韓国の美容施設の特徴をイッキ見! これを参考に訪れてみて!

ジャンル	説明	予算	Can Do	持ち物
チムジルバン	入浴やサウナを1か所で楽しめる健康ランド的な施設を指すのが一般的。ほとんどの店が男女利用可で、24時間営業の場所も多い。	約2万W〜	アカスリ、サウナ、マッサージ、入浴 など	普段使うメイク道具(化粧直し用)、着替え、入浴アメニティ
汗蒸幕	黄土で作られた石窯のドーム型サウナのこと。100℃以上の遠赤外線で体内の老廃物を排出できる。専門店はほぼ女性専用。オプションメニューを備える店も。	約6万W〜	アカスリ、サウナ、マッサージ、入浴、食事、ネイル など 生理中は利用できないので注意	普段使うメイク道具(化粧直し用)、着替え、入浴アメニティ
スパ	専門のセラピストによるマッサージや美肌、痩身ケアなどのプログラムを受けられる。眉毛、頭皮など体の部分に特化したコースもある。	約15万W〜	フェイシャルケア、ヘッドスパ、眉毛ケア、マッサージ、フラワーバスなど	普段使うメイク道具(化粧直し用)
韓医院エステ	韓方薬剤を使った伝統施術を行う医院。症状と体質に合わせた韓方薬の処方と施術で、肌や体の悩みを解消してくれる。店によっては美容医療を行うところも。	店舗により異なる	韓方エステ、ヘアケア、ニキビケア、リフトアップ、痩身ケアなど	普段使うメイク道具(化粧直し用)

02

施術オプション解説

チムジルバンや汗蒸幕に行ったら、アカスリやヨモギ蒸しに代表される韓国独特の施術を受けてみよう。韓国は、パックやマッサージのバリエーションも豊富。なかには民族衣装体験ができる施設も。

・パック
石こうパックやキュウリパックなど、さまざまな種類のパックがある。

・マッサージ
ハンドマッサージで老廃物を流す。フェイシャルなら小顔が期待できそう!

・アカスリ
専用タオルで皮膚の老廃物を取り除き、新陳代謝を促してくれる。

・ヨモギ蒸し
ヨモギを炊いた蒸気で体を温める、韓国古来の美容法。体の芯からポカポカに。

・カッピング
ガラス製の吸い玉を背中などに付け、血液の流れを促す。

・民族衣装体験
サロンによっては、韓国の民族衣装が着られるオプションサービスもあり。

03
韓医院の施術メニューいろいろ

韓医院エステでは、国家資格をもつ専門医が、韓方の理念に基づきカウンセリングや施術を提供している。韓方薬を使った頭皮・毛髪再生、ニキビ治療から、婦人病治療、ダイエット指導まで施術のバリエーションは実に多彩。鍼(はり)を使ったシワやたるみの改善、レーザーを使ったシミ除去などを行う医院もある。

韓方薬を使った本格的な美白ケアのプログラムなども探せる

04
男性でも受けられるエステも!

日本では女性が受けるイメージが強いエステだが、男性の美容意識が高い韓国では、男性が受けられるエステも多い。なかには男女一緒に施術を受けられるコースも(→P170〜)。カップルで行くのも◎!

05
24時間営業のサウナ活用術

美容大国の韓国では24時間営業のサウナも多く、滞在中空き時間があれば活用したいところ。おすすめは東大門で深夜までショッピングしたあとでも行けるスパレックス・サウナ(→P168)。日本語にも対応しているので安心!

06
日本への持ち帰り品に注意

木香、ジャコウ、アロエ、天麻などを使った韓方薬はワシントン条約により日本への持ち込みが禁止されているので注意。また、野菜や果物などの生モノも検査が必要な場合が多いので、植物防疫所のWebサイトをチェックしよう。

07
トラブルを回避するために

・貴重品管理をしっかりと
鍵付きのロッカーを完備した施設もあるが、トラブルに遭った場合は自己責任なので、多額の現金や貴重品は持っていかないようにしよう。

・もしものときは
トラブルに巻き込まれたときは韓国観光公社韓国苦情申告センター(☎1330)に連絡を。日本語にも対応してくれる。

・覚えておきたい韓国語
料金表を見せてください
요금표를 보여주세요
ヨグムピョル ボヨ ジュセヨ?

必要ありません
필요 없어요 ピリョ オプソヨ

気持ちいいです
시원해요 シウォネヨ

痛いです
아파요 アパヨ

08
エステに持参するもの

施設によっては、メイク道具が一式常備されているところもあるが、使い慣れた自分の道具を持参したほうが安心。タオルや紙パンツなどはサロンにあるので持参する必要はない。

09
韓方茶で体内からきれいに

高麗人参、ナツメ、クコの実などを使った韓方茶は、エステ後のリラックスに最適。体調に合った韓方茶を調合していれてくれるカフェもある。観光客にも人気の韓方茶カフェもチェック!(→P176)

10
エステ施術前後の注意点

血行が促進されるので、エステ直前直後の飲酒や、チムジルバン、汗蒸幕の利用は避けよう。また直前に食事をとるのも控えたほうがベター。生理中や妊娠中の人は事前申告をしてから受けよう。

【編集MEMO】

コレだけはいいたい!

キャンペーンなどで圧倒的に値段が安いスパやエステは要注意。不衛生だったり、効果が不明瞭だったりすることも。

韓医院は施術前のカウンセリングが必須。先生に詳しく悩みや症状を説明して、自分に合った施術を受けよう。

チムジルバンは、22〜24時は人が多く、また、深夜から早朝にかけては浴場が清掃中になる場合もあるので要注意。

韓国版サウナで体ぽか健康

チムジルバンで美肌を目指そう♡

Read me!

低温サウナをはじめ、風呂やアカスリ、エステ、飲食店も備える韓国版健康ランド、チムジルバン。予約不要で男女一緒に楽しめる施設も多い。比較的手ごろな価格も魅力。

↑アクアスパゾーンにあるシメールを代表する空間「ウォーター・プラザ」

ラグジュアリースパに身も心も癒される

シメール
●씨메르／Cimer

仁川のリゾート・パラダイスシティ内のヒーリングスパ。ヨーロッパ感性のアクアスパと、韓国のチムジルバン文化を同時に楽しむことができる。チムジルスパゾーンには本格的なサウナを完備！

入場料
W3万
2・3階のチムジルスパゾーン全施設を利用可

仁川 MAP：P3A3
図仁川空港からタクシーで約10分 龠仁川広域市中区永宗海岸南路321番キル186 仁川広域市 中区 영종해안남로321번길 186 ☎032-729-7700 ◎10~21時(夏期は~22時) 闲なし

↑↑アクアスパ券W5万~なら、アクアスパゾーン&チムジルスパゾーンの全施設が利用できてお得！

↓韓屋をイメージしたリラックススペースで、のんびり過ごそう

入場料
W1万2000
アカスリはW3万~、マッサージはW6万~

←グッドモーニングシティの地下にありナイトショッピング後の利用も

日本語案内あり！充実施設で大満足

スパレックス・サウナ
●스파 렉스 사우나／Sparex Sauna

黄土火汗蒸幕や、土ゲルマニウム窯、アイスルームなどのスパ施設はもちろん、ヨモギ蒸しやフェイシャルエステ、ネイルサロンなどビューティーケアも完備されている。要所に日本語の案内があるのも安心。

オススメ！

東大門 MAP：P17B2
図Ⓜ2・4・5号線東大門歴史文化公園駅14番出口から徒歩1分 龠中区奨忠壇路247、地下3階 중구장충단로 247 지하 3 층 ☎02-2273-2777 ◎24時間 闲なし

←施設内にはフィットネスもある

セレブも訪れる女性専用スパ

スパ・レイ

●스파레이／Spa Lei

芸能人や江南セレブも常連の高級系チムジルバン。ハイレベルな施設が揃い、緑茶風呂や海水の露天風呂など浴場もバラエティ豊か。女性専用。

入場料
W2万
アカスリコースはW3万〜

新沙洞 MAP:P20A3

図M3号線、新盆唐線新沙駅5番出口から徒歩5分 瑞草区江南大路107キル5 서초구 강남대로107길 5 ☎02-545-4002 ⏰24時間 ⓦなし

高級感のあるサウナ

プリマ・サウナ

●프리마 사우나／Prima Sauna

入場料
W2万5000
オプションメニューは別料金

以前はホテル併設の女性専用サウナだったが、2022年のリニューアルで男女共用になり、1階が男性、4階が女性サウナに。アロママッサージW19万(90分)なども。

清潭洞 MAP:P21F2

図M7号線清潭駅13番出口から徒歩15分 江南区島山大路102キル10 강남구 도산대로 102길 10 ☎02-6006-9350 ⏰6時〜翌0時 ⓦなし

↑ロッカー室も広々として快適

↑落ち着いたインテリアでリラックスできる休憩ルーム

地元の人に愛される老舗チムジルバン

森の中の漢方ランド

●숲속한방랜드／スプソッハンバンレンドゥ

屋外には自家製の炭窯があり、伝統的な汗蒸幕を体験できる。炭から出る遠赤外線で老廃物を排出し、血行促進や皮膚疾患への効果も期待。

西大門 MAP:P4B2

図M2号線新村駅3番出口から7024番バスで15分、奉元寺キル停留所(13-142)下車すぐ 西大門区奉元寺キル75-7 서대문구 봉원사길75-7 ☎02-365-2700 ⏰6時30分〜22時 ⓦなし

↑屋上の「空の庭園」でリラックス

入場料
炭窯
W1万5000
(銭湯のみW9000)

←炭窯の熱さは低温・中温・高温の3段階

オススメ！

夜遊び後の始発待ちで利用するのも手！

+ Plus!

チムジルバンの楽しみ方♪

入浴やサウナが楽しめる健康ランド的な複合施設、チムジルバン。楽しみ方を知って、有効活用しちゃおう！

知っ得！チムジルバン

チムジルバンとは元来、石や炭などで温めた50〜90℃の低温サウナのこと。入口で入場料を支払ってタオルや館内着を借り、自由にお風呂やサウナを楽しむシステム。アカスリ、マッサージなどのオプションや食事は別料金。24時間営業で宿泊可能な場所が多い。予約も不要。

持ち物

館内着とタオルはレンタル。シャンプー＆リンス、下着などは購入可能なので、手ぶらでOK！化粧直し用のメイク道具は必要なら持参を。

利用のコツ

マッサージやエステは別料金だが、専門店よりも料金が安いところが多いので試してみよう。予約がベター。アカスリを頼みたい人はスタッフに「テミリ」と伝えて。

↑マッサージでリラックス(プリマ・サウナ)

❀ 汗を流して体内からすっきり

汗蒸幕で身もココロもデトックス！
（ハンジュンマク）

→アカスリタオルや石けんのおみやげも

{Read me!}

石窯ドームの中でたっぷり汗をかくデトックス法、汗蒸幕。全身の老廃物を排出して旅の疲れを癒そう！ 観光客向けの店ではマッサージやヨモギ蒸しなどのオプションも。

日本人大歓迎♪ 初心者も安心

美素汗蒸幕
●비스 한증막／ビス ハンジュンマク

日本好きのオーナーが営む汗蒸幕で、初めての観光客でも安心。浴室以外は着衣で、男女一緒に楽しめる。汗蒸幕は70度前後の塩と90度前後の黄土の2種。

ソウル駅 **MAP：P6B2**

図Ｍ２号線忠正路駅3番出口からすぐ 西大門区西小門路45、地下1階(SK RICHEMBLE) 서대문구 서소문로45,지하1층(SK리쳄블) ☎02-312-2521 🕗8時～21時30分 ㊡なし 📶LINEからも予約可能(IDはbisu2521)

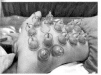

←丁寧なハンドマッサージが気持ちいい

↑血のめぐりをよくする90℃の黄土サウナ

→皮膚がツルツルになるアカスリが基本コースに含まれる

{メニュー}
基本コース
W8万(80分)
汗蒸幕、スチームサウナ、アカスリ、顔パック、シャンプー・リンスなどのコース

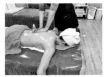

↑カッピングやヨモギ蒸しなどオプションも豊富

日本人女性専用の汗蒸幕スパ

明洞ZIU汗蒸幕
●명동지우한증막／ミョンドンジウハンジュンマク

汗蒸幕や塩サウナ、韓方パックなど、韓国伝統のエステメニューを堪能できる。日本人好みのメニューが充実しており、リピーターの多い人気店だ。

明洞 **MAP：P7E2**

図Ｍ4号線明洞駅3番出口から徒歩4分 中区退渓路20キル32、地下1階 중구 퇴계로20길 32,지하1층 ☎02-777-0087 🕗9～22時 ㊡なし 要予約

←韓国サウナの主要体験が凝縮されたコース

↑パシフィックホテルの裏に位置する

{メニュー}
基本コース
W7万2000(80分)
汗蒸幕→塩サウナ→お風呂→アカスリ→パック→全身オイルマッサージ→シャンプー・リンス→全身マッドペインティングのコース

↑↑浴場や塩釜サウナなどを体験できる充実した設備

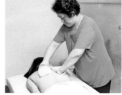

男性もOKの人気汗蒸幕
仁寺洞汗蒸幕
●인사동한증막／インサドン ハンジュンマク

仁寺洞観光のあとに立ち寄るのに便利。男性も利用可能で、汗蒸幕や休憩所は男女共有スペースだ。基本コースのほかに各種マッサージもありくつろげる。

仁寺洞 MAP：P12C2

◫Ⓜ3号線安国駅4番出口から徒歩5分 ⌂鍾路区栗谷路6キル36、地下1階 종로구 율곡로6길 36, 지하1층 ☎02-765-8025 ⓢ24時間 ㋫なし 目衆

↑店は雲峴宮裏手のオフィステル地下に位置

オススメ！

【メニュー】
基本コース W6万（90分）
汗蒸幕、入浴、アカスリ、顔パック、オイルマッサージ、シャンプーなどのコース

←汗蒸幕、黄土、アメジストサウナが体験できる

↑汗蒸幕に入る基本コースがおすすめ

本格汗蒸幕を気軽に体験！
漢南火汗蒸幕
●한남 불 한증막／ハンナムブル ハンジュンマク

松の木を燃やして汗蒸幕の温度を保つ。オプションのマッサージW6万も、すべて資格を持ったスタッフによって行われる。

ソウル駅 MAP：P7D3

◫Ⓜ1、4号線ソウル駅11番出口から徒歩18分 ⌂龍山区トゥトッパウィ路58キル7 용산구 두텁바위로58길 7 ☎02-798-7585 ⓢ9〜22時 ㋫なし 目衆

【メニュー】
基本コース W7万2000（90分）
カード決済はW8万〜。サウナは汗蒸幕のほか紫水晶などもある

←本格的な汗蒸幕を完備

↑石窟のドームの中にも松の木が置かれている

完全予約制の女性専用汗蒸幕
明洞花マッド汗蒸幕
●명동하나머드한증막／
ミョンドンハナマッドハンジュンマク

汗蒸幕はもちろん、サウナやよもぎ蒸し、パックなどが体験できるセットメニューが人気。オプションメニューも豊富なので体調にあわせて選ぼう。

乙支路3街 MAP：P7F1

◫Ⓜ2、3号線乙支路3街駅10番出口から徒歩すぐ ⌂中区乙支路14キル7、B1階 중구 을지로14길7, 지하1층 ☎02-2268-5510 ⓢ9〜22時 ㋫なし 目衆

【メニュー】
基本コース W8万（90分）
入場料、汗蒸幕、サウナ、お風呂、アカスリ、顔パック、オイルトリートメント、全身泥パック

↑女性専用で安心

←コースの最初に100度前後の汗蒸幕に入り毒素を排出

✛Plus!

汗蒸幕の楽しみ方♪ 黄土で作った石釜のドーム型サウナ、汗蒸幕。しっかりと汗を流して内側から美人を目指そう！

知っ得！汗蒸幕

汗蒸幕の中では100℃以上で遠赤外線を発するので、体内の老廃物や毒素がスムーズに排出される。汗蒸幕専門店では、汗蒸幕にアカスリやマッサージ、入浴などがセットになったコース制が多く、ほぼ女性専用。店ごとに内容や料金は異なるが、所要時間は2時間程度。送迎サービス付きの場合は、前日までに予約を。

利用のコツ

指圧、スポーツ、経絡などのマッサージが選べる。さらにフェイシャルエステなど美容メニューも選んでみたい。主に観光客向けなので言葉の心配もなく、一通りの施術が受けられる。

↑アカスリはコースに含まれていることが多いが、なければオプションで追加も

気になる部分を集中ケア！

美を極めるスパいろいろ

Luxury!

Read me!

高級スパをはじめ、体の部分別に悩みを解決してくれる専門サロンまで、おすすめしたいスパをご紹介。美容大国韓国の本場の施術を体験して、キレイになって帰国しよう！

↑世界中のセレブを虜にしてやまない技術を心ゆくまで堪能したい

[高級スパ] オススメ！

熟練セラピストによる
極上のマッサージ

バンヤンツリー・スパ

●반얀 트리 스파／Banyan Tree Spa

アジアで展開する高級リゾートのスパ。11室のスパルームはメニューにより部屋が異なり、なかには贅沢なバスタブ付きも。熟練セラピストによる施術が受けられる。

[東大入口] **MAP：P17A4**

[交]Ⓜ3号線東大入口駅6番出口から車で6分 🏠中区奨忠壇路60 중구 장충단로 60 ☎02-2250-8000 🕘11～21時 [休]なし [予]1日前 [英][英]

➡天然素材のトリートメント＆オールハンドの施術

↑カップルでも楽しめる2人用ルームも完備

メニュー
ロイヤルバンヤン
W52万5000(150分)
バスタブのあるスイートルームで受けられる。ボディマッサージやスクラブ、フラワーバスなど。

↓1階のショップでは雪花秀のアイテムを販売

メニュー
インテンス・ジンセン・ジャーニー
W35万(100分)
高麗人参や翡翠を使って、肌の再生能力を高めるアンチエイジングのシグニチャーメニュー

➡4階にはよりカジュアルに受けられる雪花秀バランススパも併設

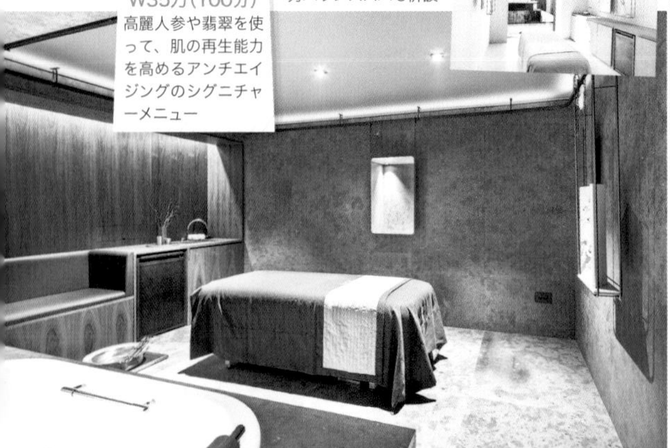

↑アンチエイジングのケアを得意としている

[化粧品ブランドのスパ]

韓方コスメの最高峰をスパで体感！

雪花秀スパ

●설화수스파／Sulwhasoo Spa

韓国を代表する化粧品ブランド・雪花秀のフラッグシップストア内に併設。韓方を取り入れ、自然と肌の調和に着目した極上の施術が受けられる。

[狎鷗亭洞] **MAP：P20C2**

[交]Ⓜ水仁・盆唐線狎鷗亭ロデオ駅5番出口から徒歩13分 🏠江南区島山大路 45キル18、地下1階 강남구 도산대 로 45길 18,지하1층 ☎02-541-9272 🕘10～20時 [休]第1月曜 [予]1カ月前 [英][日][英]

明洞の老舗ヘッドスパ専門店

ヘッドスパ
朴先生ヘッドスパ専門店
●박선생 헤드스파／パクソンセン ヘドゥッスパ

1997年創業。オーナーの朴先生は韓国の第16代大統領夫人の肌の管理を担当した経歴のもち主。韓国や日本の芸能人も多数訪ねる。

明洞 MAP：P9F3

図M4号線明洞駅10番出口から徒歩1分 記中区明洞8カキル48、4階 중구 명동8가길 48,4층 ☎02-752-0306 ⏱11時〜20時30分(最終受付は〜19時30分) 休日曜 予要予約(メール可。pes6944@naver.com)

↑清潔感のある店内でケアしてもらえる

↑頭皮の状態を丁寧に見たうえで施術

↑ヘアパック後、熱で美容成分を閉じ込める

↑仕上げはマッサージで全身をリラックス

メニュー
ヘッドスパ スペシャルコース
W9万(60分)
頭皮測定、頭皮ピーリング、栄養パックなどが楽しめる。

←頭皮の健康や毛髪のダメージケアができる

コスパ最高のお得なフェイシャルスパ

フェイシャルスパ
ダリアスパ
●달리아 스파／Dalia Spa

骨気マッサージで知られるサロン「薬手名家」から誕生した新ブランド。各コースにすべて腕・足・背中のマッサージが含まれているのがうれしい。

建大 MAP：P5E2

図M2、7号線建大入口駅5番出口からすぐ 記広津区東一路20キル109、2階 광진구 동일로 20 길 109, 2층 ☎02-469-3633 ⏱10時〜17時20分(土曜は9時〜17時30分、祝日は〜18時) 休日曜 予3日前

↑骨気ベースのハンドマッサージ。血液循環をスムーズに促す

↑建大入口駅から近くアクセスしやすい

メニュー
小顔コース
W15万(90分)
デコルテ、頭皮マッサージ、輪郭管理(ハンドマッサージ)、パックなど。

コリをほぐして小顔&リフトアップ

全身エステ
ビューティ・ピア
●뷰티피아／Beauty Pia

血の流れなどを刺激して筋肉のコリをほぐし、立体感のある顔立ちに。リフティング効果で肌弾力もアップ。継続することで顔の筋肉が小さくなる。

清潭洞 MAP：P21E2

図M7号線清潭駅8番出口から徒歩10分 記江南区島山大路450 3階 강남구 도산대로 450 3 층 ☎02-548-0964 ⏱10〜20時(月・水・土曜は〜18時)※最終受付は閉店3時間前まで 休日曜 予3〜4日前

メニュー
フェイスキューブプログラム
W35万(90分)
青磁の器具で経絡を刺激、輪郭を引き締め若々しい印象に。

↑10回以上続けると効果は3年持続するとか

←筋肉の大きさとコリ具合により器具を使い分け

+ Plus!

流行りの眉ケアもCHECK!

日本ではあまりなじみのない眉毛ケア専門店。新しいメイクの楽しみが発見できるかも!

韓国女子流眉ケアを体感する

アイブロウ・バー
●아이브로우바／Eyebrow Bar

少女時代のメンバーが眉を変えたのをきっかけに、韓国では眉ケアが注目されるようになった。所要時間は20分ほどで、W2万5000〜。眉カット後は丁寧にメイクしてくれる。

弘大 MAP：P15D1

図M2号線弘大入口駅9番出口からすぐ 記麻浦区楊花路156、LGパレス地下1階 마포구양화로 156、LG 팰리스 지하1층 ☎02-6351-1218 ⏱11〜20時(土曜、祝日は〜18時) 休日曜 予2〜3日前

↑左がケア前、右がケア後。まっすぐ眉が人気だそう

↑眉を整えるだけで顔の印象ががらりと変わる ←専門サロンだから、安心して施術を受けられる

メニュー
眉カット W2万5000〜(20分)
好みの形を伝えて眉を整えてもらえる。

伝統薬剤とプロの技術で悩み解消！

人気韓医院エステで美人に！

韓方薬剤を使った伝統的ケアを施してくれる韓医院。韓国女性の美肌に近づくべく、地元の人も通う名クリニックへ行ってみよう。技術の高さを体感し、体の中から美しく！

↑一山店、水原店、清州店にも韓医院がある

美肌コースは
基本ケアから集中ケアまで

キュリム韓医院

●규림한의원／キュリム ハニウォン

多くの韓流スターを顧客にもつ韓医院。ダイエットや美白など、痩身と美肌のコースが充実。

明洞 MAP：P9E4

図M4号線明洞駅1番出口から徒歩1分㊤中区退渓路134、ケリムビル5階 중구 퇴계로 134、계림빌딩 5층 ☎02-776-5575 ㊐11〜21時（土曜は10時30分〜16時）㊡日曜、祝日 ㊐LINE可。kyurim）

オススメ！

↑シミやくすみが気になる人におすすめ

↑ハ・スンヨン先生

ビタミン美白
W15万（60分）
ピーリング、韓方茶、美容鍼、アロマオイルマッサージ、酸素治療、パックなどが揃うメディカルエステ

↑ゆったりとした空間で施術が受けられる

↑体質や悩みに応じて処方してくれる韓薬がずらり

体質改善でスリムボディになる

廣東韓方病院五行センター

●광동한방병원 오행센터／クァンドンハンバンビョンウォン オヘンセント

韓方製薬会社が運営している病院。体質改善をしながら不調の原因を解消するよう、専門医がカウンセリングを行ってくれるので安心。

奉恩寺 MAP：P19E3

図M9号線奉恩寺駅5番出口から徒歩1分㊤江南区奉恩寺路612 강남구 봉은사로 612 ☎02-2222-4992 ㊐9〜18時（木曜は〜17時30分、土曜は〜15時）㊡日曜、祝日 ㊐2〜3日前

←広い部屋でゆっくり受けられる

ワンデイ
ダイエット
W30万（120分）
医師のカウンセリング後、ヨモギ蒸しもしくはお灸をセレクト。その後、韓方ハーブで体を温める温熱治療を行う

↑別料金でダイエット韓方薬処方も可能　↑厳密な審査をパスしたものを使用

韓方のチカラで頭皮と毛髪を再生
イ・ムンウォン韓方クリニック
●이문원 한방클리닉／イ・ムンウォン ハンバンクリニック

脱毛・頭皮疾患治療の権威として知られるイ・ムンウォン院長が考案した髪専門の韓方系ヘッドスパ。ダメージヘアや薄毛の解消に効果がある。

江南区庁駅 MAP：P21E3

図Ⓜ7号線、水仁・盆唐線江南区庁駅4番出口から徒歩5分 Ⓗ江南区清潭洞37-11 강남구 청담동 37-11 ☎02-511-1079 ㊗10〜18時（金曜は〜21時、土曜は〜16時30分）㊡日・木曜 Ⓟ2〜3日前 JＢＥ

↑著名な韓医学の博士が開業

←↑李先生による頭皮と毛髪の診断後、頭皮の角質をスケーリング。韓方オイルでコリをほぐす経絡セラピーやヘアブロー付き！

ベーシック
ヘアコース
W21万〜（約90分）
頭皮をすっきりさせ、さらさらの毛髪を取り戻すプログラム。集中トリートメントで髪をケア＆リペア

↑艶々の髪へと導く、メディカルヘッドスパも好評

高級韓国コスメを使う贅沢エステ
SEOULエステ
●서울에스테／ソウルエステ

「ザ・ヒストリーオブ・フー」や「スム37°」などの高級韓国コスメを使用した施術をリーズナブルな値段で受けられる。地元の人にも人気。

明洞 MAP：P9D2

図Ⓜ4号線明洞駅6番出口から徒歩5分 Ⓗ中区明洞8キル8-13、3階 중구 명동8길 8-13,3층 ☎02-318-3567 ㊗10〜22時（最終受付は19時）㊡なし Ⓟ JＢＥ♨ＥＢ

↑明洞の中心部に店舗がある

王后の1日
（特殊全身再生管理）
W30万（150分）
足の裏指圧マッサージ＋腹部マッサージ＋上半身マッサージ＋デコルテマッサージ＋フェイシャルケア

↑全身をリフレッシュできる一番人気のコース

韓方薬と鍼（ハリ）で治す専門医院
ハヌルチェ韓医院
●하늘체한의원／ハヌルチェハヌウォン

ニキビ・ニキビ跡、肥満治療が専門。整顔鍼、埋線療法によるシワやたるみの改善、レーザーや鍼によるほくろやしみ除去も。

狎鷗亭洞 MAP：P20B1

図Ⓜ3号線狎鷗亭駅2番出口から徒歩1分 Ⓗ江南区狎鷗亭路30キル9、ノアビル2階 강남구 압구 정로30길 9,2층(노아빌딩) ☎02-517-4331 ㊗11時〜13時30分、14時30分〜21時 ㊡日曜、祝日 Ⓟ3日前 ※日本語対応は翻訳機対応

→厳選した韓方薬を使用するニキビ治療の有名店

↓効果的な美白を目指せる

ミラクル
美白ケア
W20万〜（60分）
通常の美白ケアに純粋なビタミン50％と炭酸ガスを入れることで、さらなる美白効果が期待できる施術

＋Plus! **韓方とは？**
中国から伝わった漢方が韓国で独自の発展を遂げたものが「韓方」。伝統医療を深く学んで、よりきれいに。

知っ得！韓医学

韓医学では人間の体質を4つに分類する。資格を持った専門医は問診や脈診などの方法で、患者の体質を判断し、個人の体質に合った「韓薬」を処方。症状によっては韓方成分が塗布された鍼治療を行うことも。皮ふ治療、血液循環など、症状別に韓医院が存在する。

主な生薬と効能

●高麗人参
五臓の働きと精神の安定を助ける。滋養強壮、免疫力アップ、アンチエイジング。

●高麗人参
解毒作用に優れ、肝炎、アトピー性皮ふ炎に効果的。利尿作用、抗炎症作用も。

●ナツメ
体を温め、消化を助けながら五臓を守る。ストレスを軽減させる効果も。

●菊花
胃腸の働きを整え、めまいや頭痛を抑える役割がある。また、眼精疲労も和らげる。

●クコ
不老長寿の妙薬として昔から使われてきた。体を温め、血液の循環をスムーズに。

●陳皮
ミカンの皮を乾燥させたもの。消化促進や食欲増進、胃もたれ改善が期待できる。

韓方茶カフェで美人をめざす

韓方医やティーセラピストが在籍する韓方茶カフェ。エステできれいになった後にぜひ寄ってみよう！

韓方Q&A

Q 韓方ってなに？

A 中国から伝わった漢方が韓国で独自の発展を遂げたもの。患者の体質から病気の原因を探り正常に戻すなど、予防医学に重きを置く。

Q 韓方茶ってどんな飲み物？

A 韓方薬を飲みやすくお茶にしたもの。薬草から野菜、果物まで種類が豊富なので、体調や体質に合わせてブレンドした韓方茶を選ぼう。

Q ソウルのどんなところで楽しめるの？

A 韓方医やティーセラピストがカウンセリングと処方をしてくれる店や、足湯を併設する店など、韓方茶の専門カフェで楽しめる。

韓方茶によく使われる薬草はコチラ！

ケピ（シナモン）
クスノキ科トンキンニッケイの樹皮を乾燥させたもの。

主な効能
☑ 温熱効果
☑ 生理痛

テジュ（ナツメ）
葉酸や鉄、カルシウム、カリウムなどの栄養成分を多く含む。

主な効能
☑ 鎮痛・鎮静
☑ 貧血

カルグン（葛根）
クズの根は、発汗作用があり、解熱や鎮痛剤によく用いられる薬草。

主な効能
☑ 解熱 ☑ 風邪

インサム（人参）
韓国産のものを「高麗人参」と呼ぶ。五臓の働きと精神の安定を助ける。

主な効能
☑ 冷え性
☑ 低血圧

ウオン（ゴボウ）
繊維質を多く含み、便秘やむくみ、冷え性、美肌などに。

主な効能
☑ 炎症 ☑ 便秘

オミジャ（五味子）
疲労回復や風邪予防、咳止めなどに効果がある。味のよさが特徴。

主な効能 ☑ 疲労回復 ☑ 滋養強壮

おすすめの韓方茶カフェ

本草堂（プレミアム韓国伝統茶カフェ）
●본초당 [프리미엄 수제전통차카페] ／
ポンチョダン プリミオムチョントンチャカペ

30年以上も前から韓方薬や韓方茶を製造販売し、韓方病院にも販売している老舗伝統茶ブランド。伝統茶はダイエットや美容、デトックスなど、なんと40種類以上！

弘大 MAP：P15D2
Ⓜ2号線弘大入口駅
9番出口から徒歩5分
⌂ 麻浦区弘益路2
キル7、2階
마포구홍익로 2길7, 2층
☎0507-1342-2936
⏱12〜21時（金・土曜は〜22時）⊛なし

ナツメ茶セットW1万1000
伝統茶の原液とお湯か水がセット。お好みでナッツ類を入れる

ザ・サンファ
●더 쌍화／The Sanghwa

疲労回復や風邪の予防などに韓国で飲まれている雙和茶（サンファ茶）を独自に開発し、2016年には特許を取得。お茶はもちろん韓方を使ったお粥なども食べられる。

東大門 MAP：P17B1
Ⓜ1、4号線東大門駅9番出口から
徒歩5分 鍾路区鍾路252-3
종로구종로 252-3
☎02-2263-5700
⏱10〜22時
⊛なし

雙和茶セット W5000〜
セットにはお粥や桂皮茶、滋養強壮に作用のある龍眼肉が付く

街歩き

Town Walk

Contents

어머니집
40年 傳統

明洞・南大門

명동 남대문　ミョンドン・ナムデムン

ソウル観光のベースキャンプ

ソウル随一の繁華街・明洞には、韓国を代表するコスメ＆ファッションブランドが集結。ひと足のばせば、大型デパートのロッテ百貨店や庶民的な雰囲気の南大門市場にもアクセスできる。

最寄り駅

明洞駅(6番出口)
4号線

乙支路入口駅(5番出口)
2号線

会賢駅(5番出口)
4号線

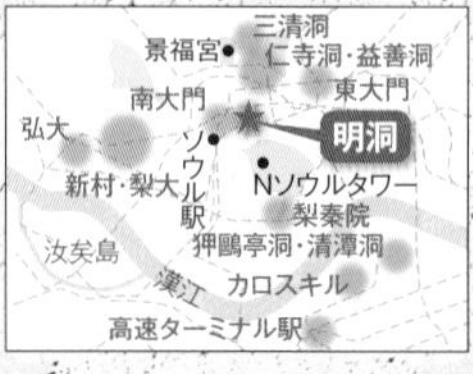
三清洞
景福宮
仁寺洞・益善洞
東大門
南大門
明洞
弘大
ソウル駅
新村・梨大
Nソウルタワー
梨泰院
汝矣島
狎鷗亭洞・清潭洞
漢江
カロスキル
高速ターミナル駅

The HOLIKA HOLIKA

時間がなくてもココだけは

Must Go! 2hコース

Start 明洞駅6番出口

- ●コスメロード
  - ↓ 徒歩10分
- ●明洞キル
  - ↓ 徒歩5分
- ●ロッテ・ヤング・プラザ
  - ↓ 徒歩10分
- ●南大門市場
  - ↓ 徒歩5分
- ●新世界百貨店

Goal 明洞駅6番出口

ETUDE

⬆コスメロードには定番コスメブランドが大集合

おすすめの散歩コース
コスメロードから
南大門市場へ
地下鉄2
[R] 小公粥家
P180
ロッテ・
ホテル・ソウル
市庁駅
世宗大路
18キル
ロッテ百貨店・免
[R] ソウル参鶏湯
P180
地下鉄1号線
南大門路
新世界百貨店
新館
C棟
南大門市場
Ⓐ D棟
退渓
Toegy
会賢駅
5

店頭のケースに並んだ豚足が目印

Ⓐ 中央王チョッパル

●중앙왕족발／チュンアンワンチョッパル

南大門市場のメイン通りにあるチョッパル(豚足)専門店。24時間営業なので、いつでも絶品の煮込み豚足を味わえる。夜はビールや焼酎と一緒に。

[南大門] **MAP: P6A3**

[交] Ⓜ 4号線会賢駅5番出口徒歩3分
[住] 中区 南大門市場4キル 10-1 중구 남대문시장4길 10-1 ☎02-777-4009
🕐8〜21時 [休] なし

⬇チョッパル(中) W2万7000でこのボリューム！

⬇食べ歩きも楽しい南大門市場

STYLENANDA
⬆ホテルのような入口

SMやYGのグッズも買える

[B] ロッテ・ヤング・プラザ

●롯데영플라자／Lotte Young Plaza

地下１階から地上６階まで、７つのフロアに約100店舗が入店する若者向けファッションビル。屋上のスカイガーデンでくつろぐのもおすすめ。

[明洞] **MAP：P8C2**

[交]Ⓜ2号線乙支路入口駅7番出口から徒歩3分　[住]中区南大門路68　중구 남대문로68　☎02-771-2500　🕙10時30分〜20時（金〜日曜は〜20時30分）　[休]月1回不定休[日][英]（店舗により異なる）

⬅アイドルグッズもファッションも揃う、大人気の買い物スポット

絶対立ち寄りたいピンクワールド

[C] スタイルナンダ・ピンクホテル

●스타일난다 핑크호텔／STYLENANDA PINK HOTEL

ピンクの5階建てビルはフォトジェニックスポット満載。3CEのコスメも揃う。

[明洞] **MAP：P9E3**

[交]Ⓜ4号線明洞駅6番出口から徒歩2分　[住]中区明洞8キル37-8、1〜5階　중구 명동8길 37-8, 1~5층　☎02-752-4546　🕙11〜22時　[休]なし[英]

⬆観光客の集まる明洞の中でも神聖な場所。夜のライトアップも雰囲気◎

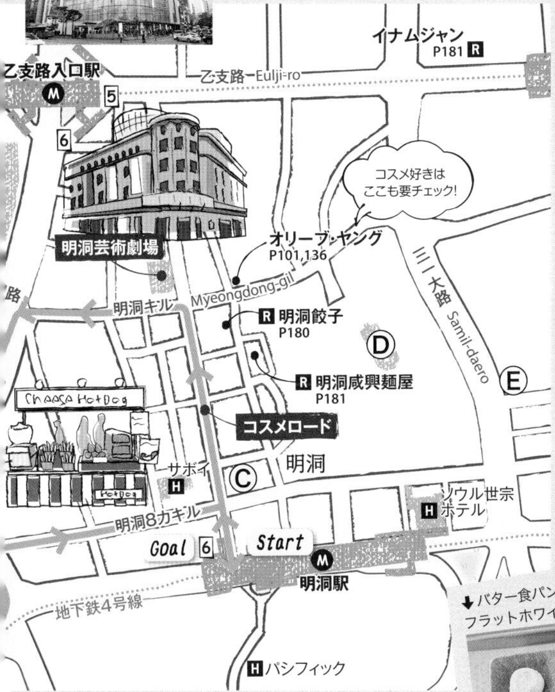
イナムジャン
P181 [R]
乙支路入口駅
乙支路 Eulji-ro
5
6
コスメ好きはここも要チェック！
オリーブ・ヤング
P101,136
明洞芸術劇場
Myeongdong-gil
明洞キル
[R] 明洞餃子
P180
[R] 明洞咸興麺屋
P181
D
三一大路 Samil-daero
E
コスメロード
Cheese HotDog
HotDog
サボイ
[H]
C
明洞
ソウル世宗
[H] ホテル
明洞8カキル
Goal
6
Start
明洞駅
地下鉄4号線
[H] パシフィック

レトロな観光スポット

[D] 明洞聖堂

●명동성당／ミョンドンソンダン

明洞に来たならぜひ訪れたい韓国最古のカトリック教会。地下には、ショップやカフェレストラン、書店、ギャラリーなどが入店している。

[明洞] **MAP：P9F2**

[交]Ⓜ4号線明洞駅10番出口から徒歩10分　[住]中区明洞キル74　중구 명동길 74　☎02-774-1784　🕙7〜21時（施設により異なる）　[休]なし

明洞エリアにおしゃれカフェ発見！

[E] ルフト・コーヒー

●루프트 커피 명동점／LUFT COFFEE

白を基調としたスタイリッシュな空間で、本格的なエスプレッソを楽しめるカフェ。ベーカリーメニューも豊富で、かわいいキューブ食パンW3800〜も。

[明洞] **MAP：P9F3**

[交]Ⓜ4号線明洞駅10番出口徒歩3分　[住]中区 三一大路308　중구 삼일대로 308　☎02-2277-0872　🕙8時〜16時30分（土・日曜、祝日は〜17時）　[休]なし[英]

⬇バター食パンW8500、フラットホワイトW7800

⬆ハワイテイストがコンセプトのおしゃれな店内

セレブ御用達の高級デパート

[F] 新世界百貨店

●신세계백화점／シンセゲペッカジョム

本館と新館の2棟からなる。本館は洋館風の建物で、海外ブランドを扱う名品館やレストラン街がある。新館には「新世界免税店」が入り、みやげ探しにも。

[明洞] **MAP：P8C4**

[交]Ⓜ4号線会賢駅7番出口方面直結　[住]中区小公路63　중구 소공로 63　☎02-1588-1234（本店案内デスク）　🕙10時30分〜20時（金〜日曜、祝日は〜20時30分）　[休]月1回不定休[日][英]

SHINSEGAE
⬆明洞駅からもラクラク徒歩圏内で利用しやすい

明洞老舗グルメ大集合！

観光客が集結するエリアには、地元の人に長年愛される老舗グルメが大集合。朝から開いているお店も多いので、看板メニューを狙って訪れよう。

定番

↑ 昼には行列ができるほど人気だが、回転は早い

言わずと知れた明洞グルメの代表

明洞餃子

●명동교자／ミョンドンギョジャ

とろっとした口当たりの鶏ガラスープに、ニンニクの風味が効いた濃厚仕上げのカルグクスは絶品。具には鶏そぼろと特製ワンタンが入る。

韓国定番！やさしい味わいの麺料理

カルグクス

明洞 MAP：P9E2

図 Ⓜ 2号線乙支路入口駅5番出口、4号線明洞駅8番出口から徒歩5分 住 中区明洞10キル29 중구 명동10길 29
☎02-776-3424 🕐10時30分～21時
休なし 日英

W1万

必食メニュー
カルグクス
鶏ダシの濃厚こってりスープに自家製麺がベストマッチ！

W1万2000

こちらもおすすめ！
マンドゥ
豚肉とニラを入れた蒸し餃子

↓ 大きなアワビと鶏が入り食べ応え抜群

その日作った分だけ提供する濃厚スープ

ソウル参鶏湯

●서울삼계탕／ソウルサムゲタン

45年の歴史を誇る参鶏湯店の、アワビ3個を加えた新メニュー。大鍋で煮込む自慢のスープは、アワビの肝をすりつぶしてコクを加えている。

鶏ともち米、漢方食材入り薬膳スープ

参鶏湯

明洞 MAP：P8A2

図 Ⓜ 1、2号線市庁駅7番出口から徒歩3分
住 中区南大門路1キル57 중구 남대문로1길 57
☎070-7090-0580
🕐9時30分～15時、17時～21時30分（土曜は10～15時、17～21時）
休10～4月の日曜 日英日

W2万6000

必食メニュー
チョンボクサムゲタン
韓国で最も有名な莞島産アワビを贅沢に使用している

→ 一度食べたら濃厚なスープがクセになる

街歩き

明洞・南大門

仁寺洞・益善洞

三清洞

東大門

弘大

梨泰院

カロスキル

まだある

W9500
必食メニュー
プゴクッ
江原道高城のやわらかい干しダラが入ったスープは淡白で深い味わい

おいしすぎる！
隠れた名店の牛スープ
イナムジャン
●이남장

ソルロンタンのスープには牛のうま味が凝縮。卓上の塩、刻みネギ、粉唐辛子で味を調整する。具は肩肉の薄切りが基本で、「特」はバラ肉と牛タンが加わる。

明洞 **MAP：P7E1**
🚇M2、3号線乙支路3街駅1番出口から徒歩1分　🏠中区三一大路12キル16　中区 삼일대로 12길 16　☎02-2267-4081　🕐9時30分〜21時30分(21時LO)　休なし

↑客層は老若男女と幅広い

美容にも効果あり！干しダラのあっさりスープ
プゴクッ

旨みたっぷり！牛肉、牛骨を煮込んだスープ
ソルロンタン

オススメ！

朝ごはんにぴったり！干しダラスープ
武橋洞プゴクチプ
●무교동 북어국집／ムギョドン プゴクチプ

1968年創業のプゴクッ(干しダラスープ)の老舗。24時間煮込んだあっさり味のスープは二日酔いにも効果あり。早朝のオープンから行列ができる。

明洞 **MAP：P7D1**
🚇M2号線乙支路入口駅1-1番出口から徒歩5分　🏠中区乙支路1キル38　中区 을지로1길 38　☎02-777-3891　🕐7〜20時(土・日曜は〜15時)　休なし

↑朝食をとるために来店する客も多い

W2万
必食メニュー
ソルロンタン(特)
ご飯と素麺がスープの中に沈んでいる。普通のソルロンタンはW1万

咸興式冷麺
辛口のコチュジャンスープを混ぜた真っ赤な冷麺

味わい深い咸興式絶品冷麺
明洞咸興麺屋
●명동함흥면옥／ミョンドンハムミョノク

明洞で40年以上続く冷麺専門店。北朝鮮出身の主人の作る冷麺は、さっぱりしながらもコクのあるスープとコシのある麺がマッチ！

明洞 **MAP：P9E3**
🚇M4号線明洞駅8番出口から徒歩5分　🏠中区明洞10キル35-19　中区명동 10길 35-19　☎02-776-8430　🕐11〜20時　休日曜

↑明洞で冷麺といえばココ！

期待を裏切らない
お粥の専門店
小公粥家
●소공죽집／ソゴンチュクチプ

観光客に愛され続けて約30年。アワビやウニ、カニなど高級海産物をたっぷり使って炊き上げた看板メニューの粥は、滋味深い味わい。

明洞 **MAP：P8A2**
🚇M1、2号線市庁駅12番出口からすぐ　🏠中区西小門路139　中区 서소문로 139　☎02-752-6400　🕐8〜20時(土・日曜、祝日は〜15時)LOは各閉店の1時間前　休なし

↑お粥は朝ごはんにも最適

W1万2000
必食メニュー
ビビムネンミョン
牛を1日煮込んだダシがさっぱりとした味の冷麺。朝から食べても重くない

バラエティ豊富！おなかに優しい愛されご飯
粥

オススメ！

W1万7000
必食メニュー
ソンゲアルジュク
ソウルでも珍しいウニ粥。1皿につき20〜30gのウニが入る

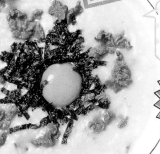

181

南大門市場でおみやげショッピング

卸売店や老舗が多い南大門市場では、安くて高品質なおみやげをゲットできるチャンス大！ 最近はモダンなデザインの民芸品も増えている。

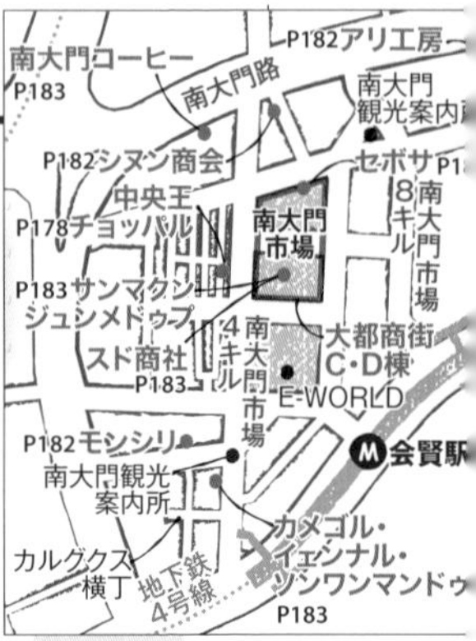

市場の雰囲気を味わいながら
路面店

市場に所狭しと並ぶ路面店。市場の活気を感じたり、気になったお店に入ったり、楽しい時間を過ごそう。

Accessories!

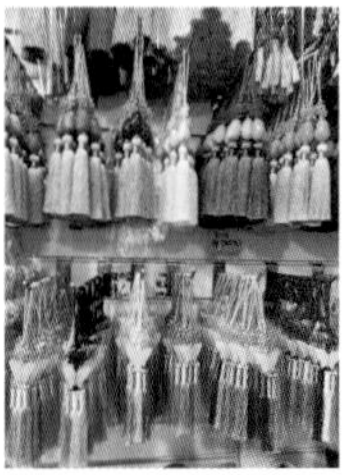

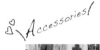

➡カバンにつけるアクセサリーも種類豊富でうれしい

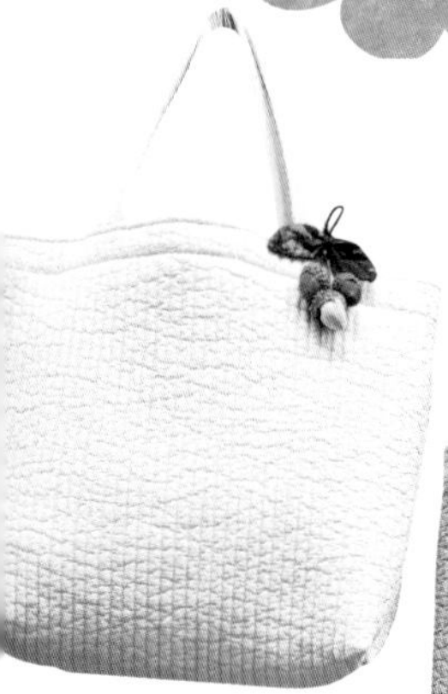

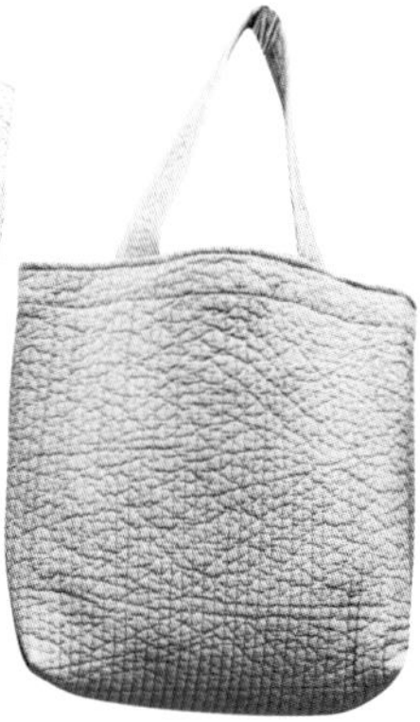

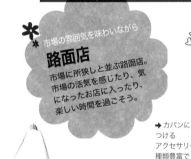

⬆➡色々なカラーが選べるハンドメイドのバッグW6万6000

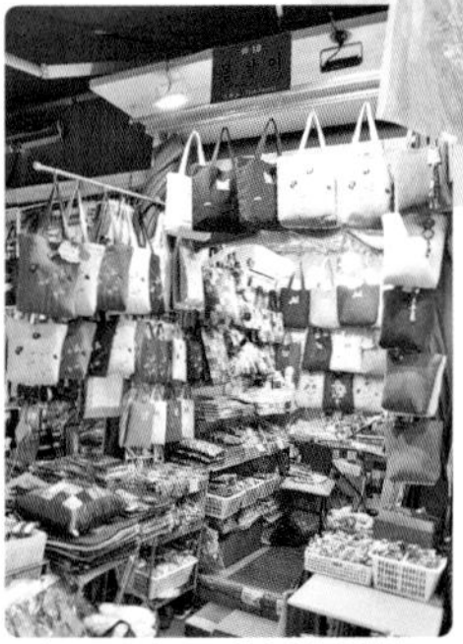

⬆カラフルなバッグや小物が豊富

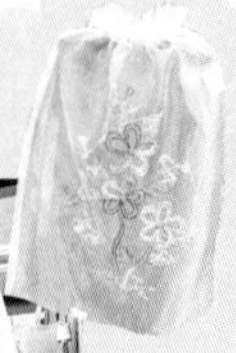

⬅買い物すると、かわいい刺繍の入った袋に入れてくれる

伝統刺繍雑貨をお得にGET

モンシリ

●몽실이

30色以上の糸を使い、立体的に仕上げた刺繍グッズが評判の雑貨店。デザインもモダンなものから伝統的なものまで、豊富に揃っている。

[南大門] **MAP：P6A4**

[図]Ⓜ4号線会賢駅5番出口から徒歩3分 [住]中区南大門市場4キル32、ココビル1階外側18号 중구 남대문시장 4 길 32,코코 빌딩 1층 외향 18호 ☎02-757-8028 🕒9～18時（日曜は～15時） [休]なし [日][英]

歴史ある藤と籠の人気店

シヌン商会

●신흥상회／シヌンサンフェ

老舗の籠専門店。国内外から多種多様な商品を直接買い付けていて、日常使いできるアイテムが多い。ホテルや日本への配送も可能。

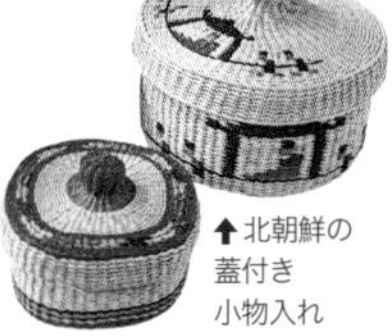

⬆北朝鮮の蓋付き小物入れ

[南大門] **MAP：P6A3**

[図]Ⓜ4号線会賢駅5番出口から徒歩5分 [住]中区南大門市場キル31-9 중구 남대문 시장길 31-9 ☎02-771-9119 🕒9～18時（日曜は13～17時） [休]なし

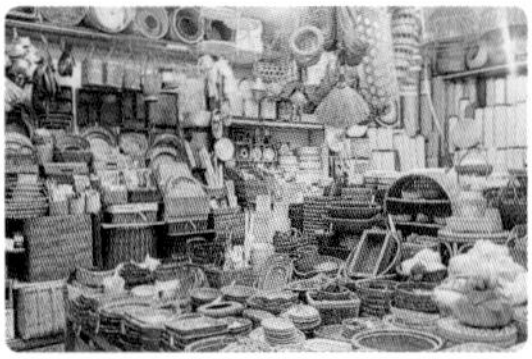

⬆大小の籠がズラリと並ぶ

⬇ミャンマー製のティースタンド

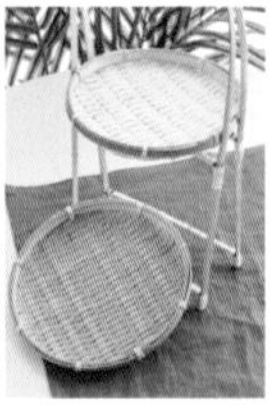

種類豊富な老舗の味

アリエ房

●아리공방／Ari atelier

風水グッズやパワーストーンなどの他、伝統工芸品も取り扱っている。七宝工芸のリングは、時代劇の撮影で使われたこともあるんだそう。

[南大門] **MAP：P6B3**

[図]Ⓜ4号線会賢駅8番出口から徒歩5分 [住]中区南大門路34-1 중구남대문로34-1 ☎010-3174-3201 🕒9～19時 [休]日曜

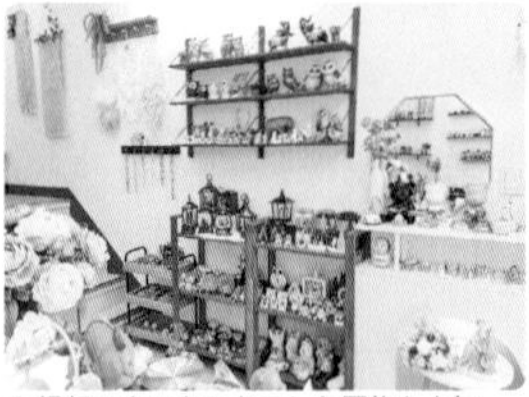

⬆縁起のよいキラキラした置物も人気

➡木彫りの象の置物W5万8000

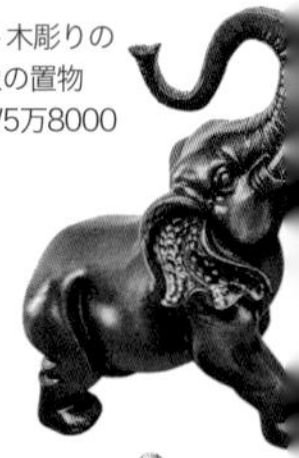

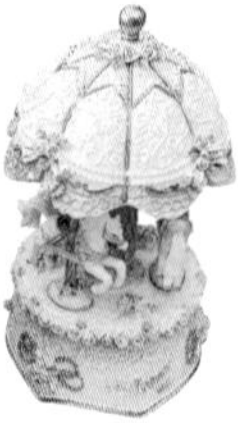

⬆メリーゴーラウンドを模したオルゴールW5万8000

Shopping

おみやげ品をまとめ買いするなら

大都商街C・D棟

生活雑貨を中心に扱う商業ビル。おみやげになりそうな民芸品やおしゃれな小物、食器などを探すならここ！

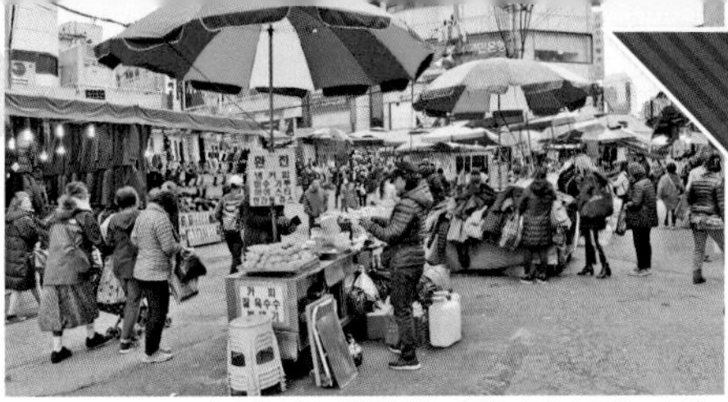

↑市場内は、子ども服、食器、アクセサリーなどエリアごとに大まかにジャンル分けされている

国際配送も可能な食器専門店

スド商社 [D棟]

●수도상사／スドサンサ

和風からモダンな洋食器まで、さまざまな食器が揃う専門店。ハンドメイドの置物も扱う。ホテルへの無料配送や日本への国際郵便配送も可。

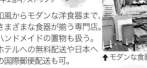

[南大門] MAP：P6B3

[交]Ⓜ4号線会賢駅5番出口から徒歩5分
[住]中区南大門市場4キル9、大都商街D棟3階　중구 남대문시장4길 9,대도상가 D동 3층
☎02-778-5524
⏰8時30分～18時
[休]日曜　[日][英]

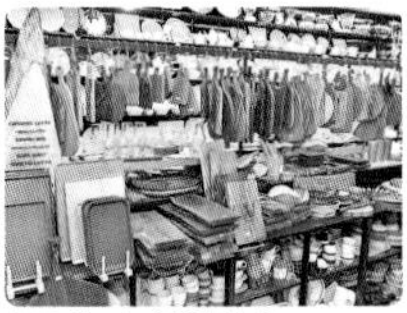

↑モダンな食器が中心

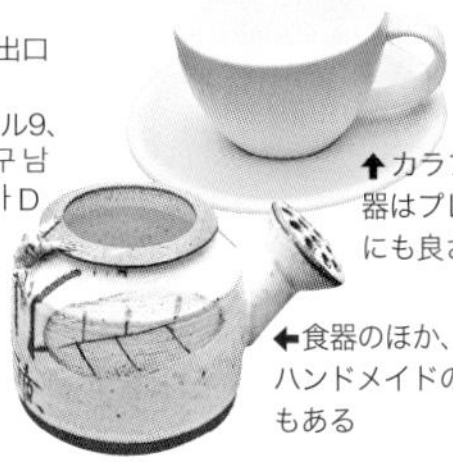

↑カラフルな食器はプレゼントにも良さそう！

←食器のほか、ハンドメイドの置物もある

↓伝統工芸品を格安でゲット！

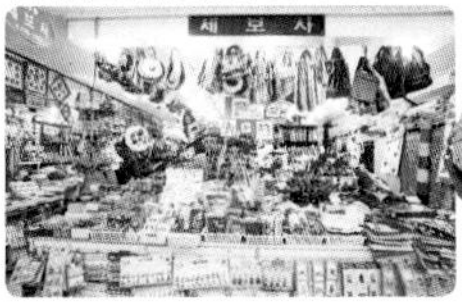

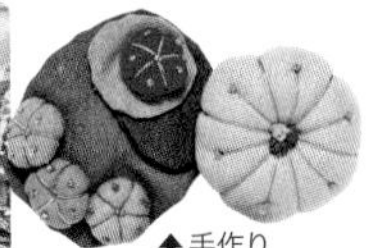

↑手作りアクセサリーもかわいい

おみやげにぴったりな伝統雑貨

セボサ [C棟]

●세보사

伝統工芸雑貨の卸売り店。博物館や美術館内のショップ、百貨店、免税店にも品物を卸す。市価の3～4割で購入可能。W1000前後からの商品が多い。

[南大門] MAP：P6B3

[交]Ⓜ4号線会賢駅5番出口から徒歩5分
[住]中区南大門市場4キル3、C棟2階92号
중구 남대문시장4길 3, C동 2층 92호
☎02-778-5929　⏰8時30分～17時30分　[休]日曜　[日][英]

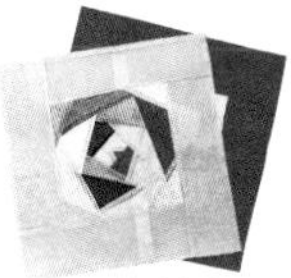

↑華やかな色彩が魅力の伝統雑貨

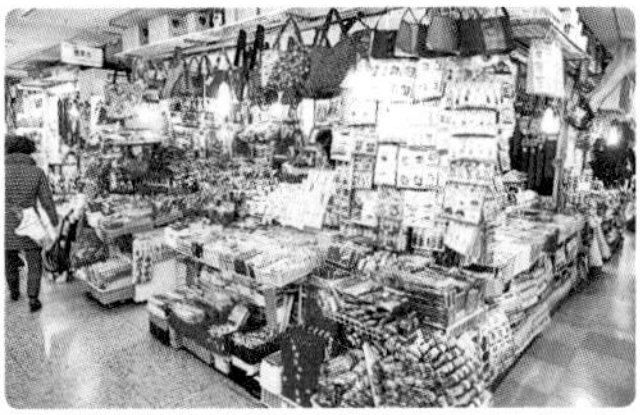

↑韓国の伝統的なデザインが人気

おみやげ小物がいっぱい

サンマクンジュンメドゥプ [D棟]

●쌍마궁중매듭

ポジャギを使ったバッグや財布、ブローチなどのおしゃれ小物を中心に扱う。韓国の民芸品も豊富に揃っているので、お気に入りを見つけよう。

[南大門] MAP：P6B3

[交]Ⓜ4号線会賢駅5番出口から徒歩5分　[住]中区南大門市場4キル9、中央商街D棟2階131-2号　중구 남대문시장4길 9,중앙상가 D동 2층 131-2호　☎02-755-7582　⏰6～17時　[休]日曜

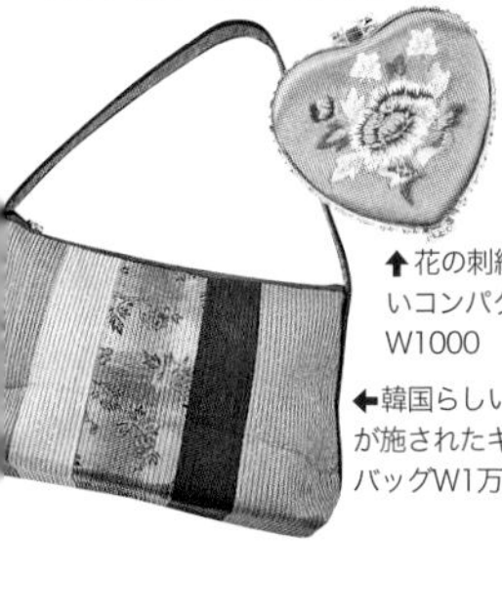

↑花の刺繍がかわいいコンパクトミラーW1000

←韓国らしい絵柄が施されたキルトのバッグW1万3000

[Check]

これも楽しい！

南大門市場食べ歩き

ショッピングの合間にちょっとひと息つくときの、おすすめグルメをご紹介。

↓リアルストロベリーヨーグルトスムージーW4000

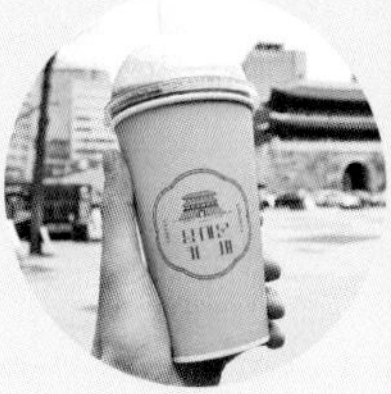

南大門のロゴがかわいい！

南大門コーヒー

●남대문커피／Namdaemun Coffee

南大門の近くにあるテイクアウト専門のドリンクスタンド。日本人観光客にはSNS映えするスムージーやエイドが人気。

[南大門] MAP：P6A3

[交]Ⓜ4号線会賢駅5番出口から徒歩6分　[住]中区南大門路10　중구 남대문로10　☎02-318-1133　⏰7～17時（土曜は9～15時）
[休]日曜　[日][英][英]

モチモチ食感の手作り肉まん

カメゴル・イェンナル・ソンワンマンドゥ

●가메골 옛날 손왕만두

1959年創業のマンドゥ専門店。肉まん、あんまん、キムチまん、エビまんのほか、カルグクスや冷麺などもある。

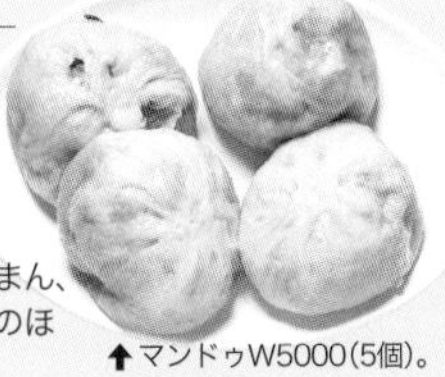

↑マンドゥW5000（5個）。小腹が空いたときに最適！

[南大門] MAP：P6A4

[交]Ⓜ４号線会賢駅５番出口から徒歩1分　[住]中区南大門市場4キル42　중구 남대문시장 4길 42　☎02-755-2569　⏰8～20時　[休]日曜

仁寺洞・益善洞

인사동 · 익선동 インサドン・イクソンドン

レトロでおしゃれな町歩き

朝鮮王朝時代の文化の香り高いエリア。仁寺洞の
メインストリートには伝統工芸品店やモダン雑貨
の店が並び、隣接する益善洞ではおしゃれなカフ
ェなどが注目を集めている。

最寄り駅

安国駅(6番出口)
3号線

鍾路3街駅(6番出口)
1、3、5号線

三清洞
景福宮
東大門
南大門
弘大
明洞
仁寺洞・
益善洞
新村・梨大
ソウル
駅
Nソウルタワー
梨泰院
汝矣島
狎鴎亭洞・清潭洞
カロスキル
高速ターミナル駅

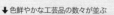

← カフェも多く、街歩きにも最適だ

時間がなくても
ココだけは
Must Go!
2hコース

Start 🚇 安国駅6番出口
↓ 徒歩1分
● アンニョン仁寺洞
↓ 徒歩4分
● サムジキル
↓ 徒歩7分
● 両班宅
↓ 徒歩7分
● トンベッ洋菓店
Goal 🚇 鍾路3街駅6番出口

↓ 色鮮やかな工芸品の数々が並ぶ

1924年にオープンした老舗工芸店

Ⓐ 通仁カゲ
● 통인가게／トンインカゲ

地下1階から地上5階まであり、工芸
品のほか韓国家具や骨董品などを販
売。ギャラリーも併設。配送サービス
が充実し、おみやげにも◎。

仁寺洞 MAP：P12B3

🚇M3号線安国駅6番出口から徒歩8分
🏠鍾路区仁寺洞キル32、通仁ビル 종로구
인사동길 32,통인빌딩 ☎02-733-4867
🕐10時30分〜18時30分(日曜は12〜17時)
㉔なし(ギャラリーは月曜)

美術館敷地内の伝統茶カフェ

Ⓑ 傳統茶院
● 전통다원／チョントンダウォン

耕仁美術館の庭園内にある、朝鮮王朝
時代の家屋を移築して開業したという
カフェ。自家製の伝統茶はフルーツ系
や韓方系まで約13種類。

仁寺洞 MAP：P12B2

🚇M3号線安国駅5番出口から徒歩7分 🏠鍾
路区仁寺洞10キル11-4、耕仁美術館内 종로
구 인사동10길 11-4、경인미술관내
☎02-730-6305 🕐10時〜21時30分(20
時30分LO) ㉔なし

↓ 晴れた日はテラス席がおすすめ

Ⓜ 安国駅

地下鉄3号線

6 **Start**

伝統陶磁器や
骨董品のお店など
並ぶエリア

仁寺洞キル

仁寺洞キル/Insadong gil

Ⓑ

Ⓢ サムジキル
P186

国際刺繍院 Ⓢ
P187

Ⓢ アンニョン仁寺洞
P187

Ⓐ

堅志洞

路上には伝統服を
着た人が立っていることも
あり、写真も撮れる

街歩き

明洞・南大門

仁寺洞・益善洞

三清洞

東大門

弘大

梨泰院

カロスキル

まだある

男性もOKの人気汗蒸幕
C 仁寺洞汗蒸幕
●인사동한증막／インサドン ハンジュンマク

仁寺洞観光のあとに立ち寄るのに便利。汗蒸幕や休憩所は男女共有スペースとなっている。基本コースのほかに各種マッサージも。⇨P171

↑汗蒸幕、黄土、アメジ
ストサウナが体験できる

↑汗蒸幕に入る基本コースを試したい

↓道の両脇から、おいし
そうな香りが漂う

おすすめの散歩コース

仁寺洞キルを通って
話題の益善洞へ

伝統韓家屋を
リノベーションした
おしゃれなカフェが密集する
ホットスポット

益善洞韓屋村

C 楽園駅
P188

C マダンフラワーカフェ
P86,189

C ソウル・コーヒー
P89,189

C ミルトースト P189

トンベツ洋菓店 C
P188

昌華堂 益善洞店 R
P189

Goal
鍾路3街駅

ローカル感あふれる一帯
D カルメギサル通り

カルメギサル（豚の横隔膜）やサムギョプサルを提供する居酒屋を兼ねた焼肉屋が集まり、夕方から深夜にかけて地元客で賑わう。⇨P71

↑カルメギサルやサムギ
ョプサルに舌鼓を打とう

←伝統的な韓国料理
を楽しめる

手頃な価格で味わえる韓定食
E 両班宅
●양반댁／ヤンバンテク

韓定食の老舗。ワタリガニを秘伝の醤油に72時間漬け込んだカンジャンケジャンが味わえる定食がおすすめ。⇨P67

2大ショッピングモールで伝統雑貨をGet!

伝統が残る街並みに、2つの近代的なショッピングモールが立つ。
韓国伝統のモチーフを使ったハンドメイド系雑貨店が数多く並ぶ。

伝統工芸の街ならではのショップが集結
サムジキル
●쌈지길

中庭を囲む地下1階から地上4階までのフロアに伝統工芸品やアクセサリーなど約70の個性的な店が集まる。散策気分でショッピングしたい。

仁寺洞 MAP:P12A3
🚇Ⓜ3号線安国駅6番出口から徒歩4分 🏠鍾路区仁寺洞キル44 종로구 인사동길 44
☎02-736-0088 ⏰10時30分～20時30分(店舗により異なる) 休なし 👁👄(店舗により異なる)

↑階段ではなく、ゆるやかなスロープを歩きながらウインドウショッピングが楽しめる

↑メインストリートにある人気スポットとして定着

人気店はココ！

3F

草花を模したカジュアルなデザインが特徴
HAUT コレクション
●훗컬렉션

19世紀の朝鮮後期のデザインを現代風にアレンジした柄の小物や雑貨が揃う。独特の形の手下げカバンやコースターなど、お気に入りを見つけてみよう。

☎02-464-7665 ⏰10時30分～20時30分 休なし 👁👄

手下げカバン
ポップな色合いの花柄や幾何学模様など、さまざまな種類がある
各W3万5000

コースター W5000
家でも大活躍するコースター。まとめ買いしよう

↑キュートなマグは各W1万6000。種類豊富でかわいい！

ハンドメイド雑貨がズラリ
ソダム商会
●소담상회 / ソダムサンフェ

1・4F、別館

ハンドメイド作家の作品を販売。1年に3回、展示が入れ替わるため、行くたびに新しい作品に出合える。カフェが併設されているので、疲れたときの休憩にも。

☎1668-3652 ⏰10時30分～20時30分 休なし

キーリング W2万2000
韓国の伝統的な装身具を現代風に

↑ライトグリーンの明るい店内

焼酎グラス W9000
飼い猫たちがモチーフの猫雑貨

街歩き

明洞・南大門

仁寺洞・益善洞

三清洞

東大門

弘大

梨泰院

カロスキル

まだある

雑貨店からカフェまで揃う
アンニョン仁寺洞
●안녕인사동／アンニョンインサドン

「時」「空」「感」をキーワードに伝統工芸品や、ファッション、レストラン・カフェなどが集まる。5階以上には人気のホテルも入店している。

仁寺洞 MAP：P12A2

交 M 3号線安国駅6番出口から徒歩3分 住 鍾路区仁寺洞キル49 종로구 인사동길 49 ☎02-6954-2910 時 10～22時(店舗により異なる) 休 なし

↑祝日「ハングルの日」である10月9日にオープン

→6階には写真映えなカラープールミュージアムが

人気店はココ！

繊細なアクセサリー多数
ウンナム仁寺洞店 **1F**
●은나무 인사동점／ウンナム インサンドンジョム

花や木、小鳥などの自然や、韓国の民画に登場するモチーフを落とし込んだアクセサリーが人気。

☎02-6954-2910 時 10時～20時30分 休 なし 日

＊韓国語で「銀の木」という意味を持つ店名

メガネストラップ
マスクストラップにもなる
W4万9000

W25万9000

ネックレス
アメジストが胸元にアクセントをプラス

ピアス
石英の集合体であるカルセドニーを使用
W12万9000

韓国を代表する文具メーカー
モナミストア仁寺洞店 **2F**
●모나미스토어 인사동점／モナミストアインサンドンジョム

韓国の筆記具メーカーが運営する文具店。オリジナルの万年筆用インクを作れるワークショップも（要予約）。

☎02-6954-2880 時 10～21時 休 なし

←所狭しと並べられた商品が目を引く店内
W1万5000

W2万5000

153ブラック&ホワイト
0.7mmのボールペン

→ボールペンの色をカスタムできる。W500

153ネオ
ヴィンテージ
太めで持ちやすい

Check!

まだある
伝統雑貨店

一度ハマるとあれもこれも集めたくなってしまう伝統雑貨。サムジキルとアンニョン仁寺洞以外の注目店も要チェック！

おみやげ探しならここも注目！
仁寺コリア
●인사코리아／インサコリア

ビルの1階に小さなみやげ店が約30店舗ひしめく。定番の雑貨みやげが揃うので、時間がないときにも便利。巾着やコースターなど伝統雑貨もある。

→韓服を着たクマのキーホルダー

W5000～

仁寺洞 MAP：P12B3

交 M 3号線安国駅6番出口から徒歩10分 住 鍾路区仁寺洞キル12 종로구 인사동길 12 ☎02-734-1823 時 10～20時 休 なし

美しい刺繍が施された伝統模様
国際刺繍院
●국제자수원／クッチェジャスウォン

有名人も多く訪れる名店。販売する製品はすべてハンドメイド。品の良い落ち着いたデザインで、個性豊かなアイテムが多く揃う。

W1万5000

↑カラフルな花の刺繍のポーチ

仁寺洞 MAP：P12A3

交 M 3号線安国駅6番出口から徒歩5分 住 鍾路区仁寺洞キル41 종로구 인사동길 41 ☎02-723-0830 時 10～20時 休 なし

益善洞韓屋村でカフェホッピング

仁寺洞に隣接し、韓国伝統家屋をモダンにリノベーションしたカフェや雑貨店などが
100軒ほど集まる。オシャレなカフェも密集しているので、ハシゴして楽しもう！

➜ 迷路のように入り組んだエリアに
話題のカフェやショップが点在

巻頭に折込MAPがあるよ！

プレーンスフレ
パンケーキ
W1万8500

W2万3500

ストロベリースフレパンケーキ
一番人気のイチゴがのったパンケー
キ。見た目も味もGood！

ふわふわ感が
たまらない♡

益善洞でも屈指の人気を誇るカフェ
トンベッ洋菓店
●동백양과점／トンベッヤングァジョム

20～30分かけて焼き上げ
るこだわりのスフレパンケ
ーキが看板メニュー。コー
ヒーや紅茶も豊富に揃い、
パンケーキとの相性も抜群。

益善洞 MAP：P12C3
MM1、3、5号線鍾路3街駅6番出口から徒
歩8分 鍾路区益善洞166-73 종로구 익
선동 166-73 ☎02-3144-0429 ⏰9～
22時 Mなし

駅がモチーフのレトロカフェ
楽園駅
●낙원역／ナグォンニョッ

昔ながらの駅を再現した韓屋カフェ。
緑のなかの線路や到着地と発着時刻
が書いてある案内板などレトロ感性
の店内はフォトジェニック。

益善洞 MAP：P12C3
MM1、3、5号線鍾路3街駅4番出口
から徒歩2分 鍾路区水標路28
キル33-5 종로구 수표로28길
33-5 ☎02-763-1112 ⏰11時
30分～22時30分（22時LO）
Mなし

➜ 中庭にある線路は、またいで撮
影するのがおすすめ

駅にいるみたい

レモンラズベリークグロフ(左)
石炭コーヒー(右)
酸味が効いたケーキは、
メープルクリームのセコ
ヒーと合わせて

W8000

W7200

W1万3500
スフレトースト
あんバター

↑トッピングは、黒胡麻、練乳バター、あんこ

↑トーストの描かれたのれんが目印

W1万8000
スフレトースト
いちご

↑トースト2ピースにいちごのトッピング

こだわりのトーストカフェ

ミルトースト

●밀토스트

小豆や栗が入ったスチーム食パンや、とろけるほどやわらかなスフレトーストなどが人気。ハンドドリップのコーヒーと一緒に。

[益善洞] MAP:P12C3

[図][M]5号線鍾路3街駅4番出口徒歩2分
[住]鍾路区水標路28キル 30-3 종로구 수표로28길 30-3
☎02-766-0627 🕒8～22時(21時LO)
[休]なし [日][英]

行列必須! あつあつ焼き餃子の名店

昌華堂益善洞店

●창화당 익선동점/チャンファダン イクソンドンジョム

オーダーが入ってから焼き始める餃子は、皮はカリッと、中は肉汁たっぷり。牛肉、エビ、トウガラシ、キムチ、炭火焼肉の5種類が揃う。

[益善洞] MAP:P12C3

[図][M]M1、3、5号線鍾路3街駅4番出口から徒歩2分
[住] 鍾路区 水標路28キル 23 종로구 수표로28길 23
☎070-8825-0908
🕒11時30分～14時、15～21時 [休]なし [日][英]

↑5種類の餃子8個入り。テイクアウトも可

W1万2000
餃子盛り合わせ

←小さな店だが、餃子の注文はなんと1日300食にもなる大人気店

韓屋の建築美を残すモダンカフェ

ソウル・コーヒー

●서울커피/Seoul Coffee

オリジナルコーヒーとユニークなスイーツが評判。シンプルなインテリアが配された店内には、個室風の席もある。益善洞に来たら一度は立ち寄りたい。⇨P89

あんバターパン
人気メニューのあんバターパンは定番メニュー
W4500

↑名物のトーストはマストトライ

店頭に飾られたパラソルが目印

マダンフラワーカフェ

●마당플라워카페/Madang Flower Cafe

生花とカラフルなパラソルが飾られたカフェで、軽食メニューもある。アロマディフューザーや、花をモチーフにした小物雑貨も販売する。⇨P86

↑お店の前で写真を撮る人で賑わっている

三清洞

삼청동 サムチョンドン

ノスタルジックなレトロタウン

景福宮の東側、街路樹が並ぶ1km余りの三清洞通りとその周辺は、昔の貴族が暮らした歴史あるエリア。レトロな韓屋を利用した、おしゃれなカフェやレストランが並ぶ。

最寄り駅

安国駅(2番出口)
3号線

おすすめの散歩コース
王宮・景福宮から韓屋村散策へ

三清洞

景福宮　仁寺洞・益善洞
弘大　南大門　　東大門
　　　　　明洞
新村・梨大駅　●Nソウルタワー
ソウル駅　　梨泰院
汝矣島　狎鴎亭洞・清潭洞
　　　梨水　カロスキル
　高速ターミナル駅

こってりとしたスープの黄生家カルグクス(→P192)のカルグクス

時間がなくても
ココだけは
Must Go!
2hコース

Start 🚉 安国駅2番出口
●景福宮
　↓ 徒歩14分
●黄生家カルグクス
　↓ 徒歩10分
●北村韓屋村
　↓ 徒歩1分
●嘉会民画博物館
Goal 🚉 安国駅2番出口

↑今も人々が暮らす北村韓屋村は約900の韓屋が残る

朝鮮王朝最大の王宮
Ⓐ 景福宮
●경복궁/キョンボックン

朝鮮王朝創始者の太祖が1395年に正宮として創建。迫力満点の守門将交代式は一度は見たい。守門将との写真撮影も忘れずに！⇨**P148**

↓国家行事が行われる場だった勤政殿

Ⓐ 景福宮　昭格洞

Ⓡ 黄生家カルグクス
P192

Samcheong-ro 三清路

Ⓓ 国立現代美術館
ソウル館

街歩き

明洞・南大門

仁寺洞・益善洞

三清洞

東大門

弘大

梨泰院

カロスキル

まだある

王朝時代の息吹を感じよう！

Ⓑ 北村韓屋村

●북촌한옥마을／プッチョンハノクマウル

かつては王族や官僚らが暮らす高級住宅地だったエリア。韓屋村内には昔ながらの風景が見られる北村八景という8カ所の写真スポットがある。MAP：P13B2。

←全部歩くと2時間弱かかる。2〜3景でも十分楽しめる。写真は北村八景

北村韓屋村

Ⓑ

嘉会洞

かつて王族や官僚が暮らした高級住宅地。朝鮮時代にタイムスリップしたかのよう

Ⓒ

↑ゆるやかな坂になっており、ソウル市外地を見下ろせる。写真は北村六景

北村路 Bukchon-ro

スポットとしても朝鮮王朝最大の王宮

斉洞小学校

➡カラフルな花柄のバッグも人気

→花をあしらったうちわW1万

Ⓡ利バ P193 へ➡

クンキワチブ Ⓡ P192

北村文化センター

フェテリア、コートなども入るルを代表する美術館

憲法裁判所

北村路 Bukchon-ro

Goal

Start

安国駅 Ⓜ

地下鉄3号線

2

韓国伝統の民画に触れる

Ⓒ 嘉会民画博物館

●가회민화박물관／カフェミヌァバンムルグァン

縁起のいい動物や植物を描いた色彩豊かな民画を展示する博物館。民画モチーフのカバン作り体験なども実施。常設展は1年2回テーマが変わる。

三清洞 MAP：P13B3

Ⓜ号線安国駅2番出口から徒歩7分
鍾路区北村路52 地下1階　종로구 북촌로52지하 1층
☎02-741-0466　時10〜18時（12〜2月は〜17時）※入場は閉館40分前まで　休月曜　料W5000　自表

↓巨大な芸術作品も多く、韓国を代表する現代アートが集まる

現代アートを見に行こう！

Ⓓ 国立現代美術館ソウル館

●국립현대미술관 서울관／クンニプヒョンデミスルグァン ソウルグァン

韓国の現代美術を代表する9000点の作品を鑑賞できる。伝統と現代、日常と芸術が交差する文化空間として期待されている。➡P151

伝統家屋のグルメスポットでまったり

ノスタルジックな伝統家屋が並ぶエリアの路地裏に、
くつろげるカフェや定食屋さんが増加中！

W5万5000

韓屋カフェ情報はコチラもcheck⇨P88

評判のカンジャンケジャンをいただく

クンキワチプ
●큰기와집

生のワタリガニを代々伝わる自家製醤
油で3日間漬け込んだカンジャンケジャ
ンが人気。元は伝統的な手法で作る醤
油の店だったというのも納得の味。

三清洞 MAP：P13B4

図M3号線安国駅2番出口から徒歩
10分 鍾路区北村路20-7 종로
구 북촌로 20-7
☎02-722-9024
⊙11時30分〜15時、17時30分〜
21時(20時LO)
㋡月曜

カンジャンケジャン定食
手の込んだおかずも一緒
に。写真は2人前

←こだわりの
定食が食べら
れると有名

北村の有名カルグクス店

黄生家カルグクス
●황생가칼국수／ファンセンガカルグッス

こってりとしたまろやか
なスープに手打ち麺入り
のカルグクスが定番メ
ニュー。自家製の蒸し餃子
入りのスープW1万1000
も人気。

三清洞 MAP：P13A3

図M3号線安国駅1番出口から
徒歩10分 鍾路区北村路5
キル78 종로구 북촌로5길 78
☎02-739-6334
⊙11時〜21時30分(20時40
分LO)
㋡なし

↑夏限定の冷たいコング
クスW1万3000も

W1万1000

カルグクス
牛骨だしの看板メニュー
ー。コシのある手打ち
麺にスープが絡む

オススメ！

街歩き

明洞・南大門

仁寺洞・益善洞

三清洞

東大門

弘大

梨泰院

カロスキル

まだある

癒しのおむすび定食
利パ
●이밥／イパ

お昼どきには女性客で満席になるほどの、人気のおむすび専門店。サラダやおかず付きのセットメニューのほか、おむすびのテイクアウトも可能。

三清洞　MAP：P13C4

図Ⓜ3号線安国駅3番出口から徒歩5分　🏠鍾路区昌徳宮1キル29　종로구 창덕궁1길 29　☎02-744-2325　🕐11〜21時(水・土曜は〜売り切れまで)　㊡日曜

W1万2000
ヨンニプチュモクパブ
セット
蓮の葉おむすびにサラダやおかずが付いたセット

↑注文は2人前〜人数分頼もう

甘辛の即席トッポッキ鍋
モッシドンナ 三清洞店
●먹쉬돈나 삼청동점／モッシドンナサムチョンドンジョム

屋台定番のトッポッキを鍋で提供。人気トッピングを合わせたセットメニューは、味付けや麺を選べる。シメのチャーハンもぜひ。

三清洞　MAP：P13A2

図Ⓜ3号線安国駅1番出口から車で5分　🏠鍾路区三清洞90-1 종로구 삼청로90-1　☎02-723-8089　🕐10時30分〜20時(19時30分LO)　㊡なし

W1万6000
イェンナルトッポッキ
おでんや麺(4種から選択)、焼き餃子が基本メニュー。2人前〜

行列必至の絶品参鶏湯
土俗村参鶏湯
●토속촌삼계탕／トソッチョンサムゲタン

韓国を代表する健康食・参鶏湯の有名店。2時間かけて煮込む参鶏湯は、身がホロホロ。ランチタイムは行列になるが、客席数が多いので、回転は早め。

景福宮　MAP：P10C2

図Ⓜ3号線景福宮駅2番出口から徒歩5分　🏠鍾路区紫霞門路5キル5 종로구 자하문로5길 5　☎02-737-7444　🕐10〜22時(21時30分LO)　㊡なし

W1万9000
参鶏湯
餅米や高麗人参、ナツメ、松の実など体にいいものたっぷり

↓韓屋造りの店内にはオンドル席もある

東大門

동대문 トンデムン

エネルギッシュな眠らない街

興仁之門、通称・東大門の名で親しまれるこのエリアには、流行アイテムを扱うファッションビルと、昔ながらの問屋街が隣り合う。時間があれば広蔵市場まで足をのばしてみよう。

最寄り駅

東大門駅(8、9番出口)
1、4号線

東大門歴史文化公園駅(12番出口)
2、4、5号線

三清洞
景福宮● ●仁寺洞・益善洞
南大門
弘大　　明洞　　**東大門**
新村・梨大　ソウル　Nソウルタワー
　　　駅　●梨泰院
汝矣島　狎鷗亭・清潭洞
　　　　　カロスキル
高速ターミナル駅

おすすめの散歩コース

ファッションビルと
専門市場をハシゴ

時間がなくても ココだけは Must Go! 1hコース

Start 🚇 東大門駅9番出口
　↓ 徒歩2分
● 東大門総合市場
　↓ 徒歩1分
● ドゥータ・モール
　↓ 徒歩2分
● ミリオレ東大門
　↓ 徒歩2分
● ハローapM
Goal 🚇 東大門歴史文化公園駅12番出口

→チヂミなど定番B級グルメを気軽に楽しめる

大学路

鍾路5街駅
━地下鉄1号線━　　鍾路

ユッケ通り　Ⓑ
　　　　Ⓐ
　　　　　　　　清渓川

広蔵市場

　　　　　　東湖路
━地下鉄2号線━

マルンネ路

五壮洞　　　光熙洞1街

ソウルのおいしいものが大集結!

Ⓐ 広蔵市場
●광장시장／クァンジャンシジャン

一般商店が並ぶ路地の中央に屋台がひしめき、さまざまな屋台グルメが楽しめる。夕方ここで腹ごしらえをしてからナイトショッピングに向かうのもおすすめ。⇨P70

→キムチ餃子を2個入れた名物カルマンドゥW7000

オーダー後に作る
手打ちカルグクス

Ⓑ 江原道元祖カルグクス
●강원도원조칼국수／カンウォンドウォンジョカルグクス

目の前で生地から手打ちする韓国式のうどん、カルグクスの専門店。麺はシコシコとしたコシがあり、スープは海鮮のだしがよく利いている。⇨P60

最大級のテナント数を誇る
Ⓒドゥータ・モール
●두타몰／Doota Mall

↑深夜でも若者が続々と集まってくる

韓国のデザイナーズブランドから海外ブランドまで、およそ500店舗のショップが立ち並ぶ巨大ファッションビル。免税店も入っていて、東大門のランドマーク的存在。⇨P158

鶏肉とご飯の香ばしさが美味
Ⓓケリムウォン
●계림원

深夜まで営業している人気店。もち米を詰め込んだ丸鶏を薪でローストし、香ばしいオコゲとともに味わうヌルンジトンタクが人気。⇨P57

➡チーズコーントンダク W2万4000(手前)

深夜1時まで営業の商業ビル
Ⓔハローapm
●헬로에이피엠／Hello apM

入店数約500軒の中には、レディスファッションの他、メンズやキッズなども揃い地元のファミリーにも人気のファッションビル。⇨P159

↓ライトアップされた夜の外観は存在感大！

元祖ウォンハルメ
ノムンナンタッカンマリ P197
[R] 陳玉華ハルメ元祖タッカンマリ P197
[R] 陳元祖補身タッカンマリ P197
鍾路6街
東大門
総合市場
P196 [S]
Start 9
東大門(興仁之門)
Ⓜ 東大門駅
JWマリオット・[H]
東大門スクエア・
ソウル
8
D
ンマリ横丁
清渓川路 Cheonggyecheon-ro
[S] 東大門平和市場
市場 [S]
C
[S] 南平和市場
[S] 光熙市場 P197
シティアウトレット [S]
[S] 第一平和市場
馬場路
ミリオレ東大門
[S]
奨忠壇路
Jangchungdan-ro
[S]
チーム204
P196
ハロー apM E
P159
東大門
歴史文化公園
グッドモーニング [S]
シティ
F
DDP 東大門デザインプラザ
アブデチゲ&
ョルパンクイ 13
(2F) 12
[R]
G
Goal
Ⓜ 東大門歴史
文化公園駅

↓近未来的な外観が目印

東大門の新しいランドマーク
Ⓕ DDP 東大門デザインプラザ
●동대문디자인플라자／トンデムンデザインプラザ

カルチャー全般をテーマとするイベントや公演、展示を開催。美術館やギャラリーショップのほか、レストランなどの施設も充実。⇨P157

各国グルメのフードトラックも出店
Ⓖソウルパムトッケビナイトマーケット@DDP青春ランウェイマーケット
●서울 밤도깨비 야시장 @DDP 청춘런웨이마켓／ソウルパムトッケビヤシジャン@トンデムンディジャインプルラジャチョンチュンランウェイマケッ

ソウル6カ所で開催される夜市。東大門では「DDP青春ランウェイマーケット」と題し、金・土曜の夜に開催。

[東大門] MAP：P17B2
[交]Ⓜ2、4、5号線東大門歴史文化公園駅 1番出口からすぐ
[住]中区乙支路281、東大門デザインプラザDDP一帯　중구 을지로 281, 동대문디자인플라자 DDP일대　☎02-120(タサンコールセンター)　🕐18～23時
[休]日～木曜　[料]無料　[URL]www.bamdokkaebi.org

↓ライブパフォーマンスも

ファッション専門店でお得にショッピング！

新製品の靴やレザー製品、衣類などが卸売価格に近い相場で買える
専門市場は買い物天国！ 掘り出し物を見つけよう。

↑ かわいい系からシンプル系まで揃う

プチプラアクセの宝庫！

ニューニュー
●뉴뉴／NYUNYU

オススメ！

ピアスやネックレス、ヘアアクセ、バッグなど、流行りのファッション小物がお手頃価格で手に入る。3フロア構成で会計は3階。タックスリファウンドの機械もあるのでその場で免税手続きできる。

`東大門` **MAP：P17C2**

図Ⓜ6号線新堂駅10番出口から徒歩4分
徤中区馬場路34 중구 마장로34
☎02-2235-0921 ⑨11時〜翌5時 ㉻なし

↑ 小ぶりながら存在感大のパステルミントカラーのピアスW4000

↑ ハートのピアスW5000。レッドとゴールドの色違いがかわいい

→ カラフルな組み合わせのブレスレットW2万1000

→ ホワイトのハートとパール付きのネックレスW1万500

→ ピンクのカチューシャW4000はパール付き

ファッション小物

`この店も CHECK！`

旬な小物が豊富に揃う

チーム204
●팀204／ティム イーゴンサ

靴やバッグ、アクセサリーなどファッション小物専門店が集まる卸売専門ビル。小売販売可能な店もあるので確認を。

`東大門` **MAP：P17C2**

図Ⓜ1、4号線東大門駅7番出口から徒歩5分 徤中区馬場路30 중구 마장로30 ☎02-2232-3604
⑨20時〜翌5時 ㉻金曜

↑ 1〜3階はアクセサリーショップ

↑ K-POPアイドル風の個性的なサングラスW7500

↑ 昼間は比較的人が少ない

↑ バッグのラインナップも豊富で、リーズナブル！

布地や手芸用品を豊富に扱う巨大な卸売市場

東大門総合市場
●동대문종합시장／トンデムンチョンハッジャン

4棟のビルに服飾用品やアクセサリーなど、4000あまりもの店舗が並ぶ。国内外の業者が買い付けに訪れ、卸売り中心だが、小売りをしている店舗も多く、一般客や観光客も多く訪れる。

`東大門` **MAP：P17B1**

図Ⓜ1、4号線東大門駅8、9番出口から徒歩1分 徤鍾路区鍾路266 종로구 종로 266 ☎02-2262-0114 ⑨店舗により異なる ㉻第2、4日曜 🅟🅡

↑ 迷路のような店内に小売店が並ぶ

↑ 清渓川に沿って並んで立つA棟とB棟

手工芸品・アクセサリー

↑ フルーツのペンダントトップは数百ウォン。手作り用のパーツが驚くほど安価で豊富

↑ロングコートW28万。
ノーカラーのカラフルな
ロングコート

↑手袋W2万～3万。
長く使えそうな丈夫な
スエード手袋

街歩き

明洞・南大門

仁寺洞・益善洞

三清洞

東大門

弘大

梨泰院

カロスキル

まだある

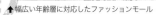
↑幅広い年齢層に対応したファッションモール

ファッション

このお店を
CHECK!

日本人好みの
デザイン
東明社
●동명사／トンミョンサ
35年近く営業を続ける皮革専門
店で日本の流行を取り入れた既
製品からオーダーメイドまで対
応。レディースが中心だが、メ
ンズの扱いもある。
東大門 **MAP：P17C2**
☎010-4738-2602 ⏰20時～翌3
時 ㊡金曜 ◐

↑アイテムは、上質なイタリ
ア製の革を使用している

1000店以上が入店する老舗ファッションビル
光熙市場
●광희시장／クァンヒシジャン

昔ながらの市場だが、3～5階のファッション
モール「クイーンズスクエア」は、一般客が利
用しやすい造りになっている。また、レザー
ショップが集まる6階も人気。

東大門 **MAP：P17C2**
🚇🄼4号線東大門駅①番出口から
徒歩5分 🏠中区馬路2キル21
中区 마장로 2길 21 ☎02-2238-
4352 ⏰20時～翌5時 ㊡土曜
5時～日曜20時 ◐（店舗により
異なる）

↑韓国でも数少ない皮革市
場も入っている

【Check】

東大門路地裏で腹ごしらえ！
タッカンマリ横丁

東大門の近くの路地裏には、「焼き魚横丁」
と並んで、タッカンマリの専門店が集まる横
丁があり、地元の人や観光客で賑わっている。
🚇🄼1、4号線東大門駅⑨
番出口から徒歩5分

→ランチタイムや夕食ど
きはかなり混み合う

↑タッカンマリW2万8800(2人前)。
紅蔘(こうじん)などの韓方を煮込んだだしが決め手

タッカンマリ横丁の老舗
元祖ウォンハルメ
ソムンナンタッカンマリ
●원조 원할매 소문난 닭한마리
ウォンジョウォンハルメソムンナンタッカンマリ

江原道の山村出身のウォンば
あさんの店。伝統を守る秘伝
のスープは、何種類もの韓方
とともに長時間じっくり煮込
んだ薬食同源の白濁スープ。
東大門 **MAP：P17B1**
🚇🄼1号線鍾路5街駅⑤番出口、また
は1、4号線東大門駅⑨番出口から徒
歩5分 🏠鍾路区鍾路40カキル25
종로구 종로40가길 25 ☎02-
2279-2078 ⏰10～23時(22時
LO) ㊡なし ◐

↑タッカンマリW2万8800(2人前)。
味を引き立てる唐辛子を混ぜた酢醤油
とともに味わう

5種類の韓方が味を引き立てる
陳元祖補身タッカンマリ
●진원조보신닭한마리
チンウォンジョボシンタッカンマリ

韓方を使った独自のスープが自
慢で、2007年に特許を取得。韓
方といってもクセはなく、むし
ろスープは芳醇な味わいで、煮
込むほどにうま味が増す。▷P64

鶏をまるごと煮込んだあっさり鍋
陳玉華ハルメ 元祖タッカンマリ
●진옥화 할매 원조 닭한마리
チノックァハルメウォンジョタッカンマリ

多くのリピーターが足を運び、店前には
常に行列が見られるが回転は速い。鶏だ
けでもボリュームたっぷりだが、シメの
うどんを食べる余裕は残しておきたい。
東大門 **MAP：P17B1**
🚇🄼1、4号線東大門駅⑨番出口か
ら徒歩5分 🏠鍾路区鍾路40カキ
ル18 종로구 종로 40가길 18
☎02-2275-9666 ⏰10～23時
(22時LO) ㊡なし ◐

↓タッカンマリW2万8800(2人前)。
新鮮な若鶏を使用。スープは韓方特有のクセがない

197

弘大

弘大 ホンデ

トレンド集まる若者の街

韓国を代表する美術大学、弘益大学があり、アートやサブカル、若者文化の発信地として有名。おしゃれなカフェやショップ、クラブが集まるほか、路上アートやライブなども見られる。

最寄り駅

弘大入口駅(8、9番出口)
2号線

おすすめの散歩コース

サブカル発信地で
人気アパレル巡り

弘大

三清洞
景福宮　仁寺洞・益善洞
南大門　　東大門
明洞
ソウル　Nソウルタワー
駅　梨泰院
新村・梨大駅
押鴎亭洞・清潭洞
汝矣島　カロスキル
漢江
高速ターミナル駅

→韓国風アレンジの焼き菓子W3900〜

↓提供する焼き菓子の種類が豊富で、ディスプレイも美しい

時間がなくても ココだけは Must Go! 1.5hコース

Start 弘大入口駅9番出口

●カカオフレンズ・ストア
↓ 徒歩3分

●駐車場通り
↓ 徒歩10分

●クラブ通り
↓ 徒歩5分

●図食化
↓ 徒歩5分

●ピカソ通り
↓ 徒歩10分

●スタイルナンダ

Goal 弘大入口駅8番出口

ワールドカップ北路 World Cup buk-ro

東橋路 Donggyo

内装もスイーツもアートなカフェ
Ⓐ 図食化
● 도식화/Dosikhwa

芸術作品を展示するギャラリーカフェで、アート作品のようなビジュアルのスイーツが楽しめる。韓国らしい素材を使ったマドレーヌがシグネチャーメニュー。⇨**P93**

↑広々としたイートインスペースが。芸術作品を観賞しながらくつろげる

合井駅 Ⓜ

クラブ

楊花路6キル

↓1階では自社ブランドのコスメ3CEも販売

最旬アイテムがわかる
Ⓑ スタイルナンダ 弘大本店
● 스타일난다 홍대본점/Stylenanda

ネットで人気に火がつき、今では弘大を代表する人気のアパレルショップに。ラインナップが多彩で、自分好みのスタイルを見つけやすい。⇨**P127**

人気キャラクターグッズが勢揃い

Ⓒ カカオフレンズ・ストア
●카카오프렌즈스토어／Kakao Friends Store

カカオフレンズの人気キャラクターの巨大フィギュアを店内にディスプレイ。各キャラクターをモチーフにした文具や生活雑貨などが豊富。⇨P133

←店内随所に人気キャラクターが

←スライドすると鏡が出てくるキーリングW5800

街歩き

明洞・南大門

仁寺洞・益善洞

三清洞

東大門

弘大

梨泰院

カロスキル

まだある

話題のカフェが多い延南洞エリア

東橋洞

弘大入口駅 Ⓜ
Goal
空港鉄道A'REX
弘大入口駅

新村路-Sinchon-ro

空港鉄道A'REX

Start

東橋洞

ラベルのキッチン弘大店 Ⓒ
P201

トーン・アンド・マナー Ⓒ
P200

臥牛山路・Wausan-ro

Hongik-ro

ニー弘大店

駐車場通り

クラブ通り

臥牛山体育公園

ピカソ通り

弘大正門

Ⓐ

Ⓒ サムダコジ
P200

上水駅

鉄6号線 Ⓜ

ピカソ通り

弘大近くの路地はピカソ通りと呼ばれ、壁画アートで有名。ドラマやグラビアに登場することも多い

→「スティチチ」のトートバッグW2万8000

↓2カ月でテーマが変わる展示スペース

韓国作家の作品をラインナップ

Ⓓ オブジェクト 西橋店
●오브젝트서교점／object

200人以上の韓国人作家のアイテムを扱うショップ。生活雑貨や文房具、ファッション小物などラインナップも幅広い。

弘大 MAP：P15F2
🚇Ⓜ2号線弘大入口駅7番出口から徒歩4分 🏠麻浦区臥牛山路35 キル13마포구 와우산로35길13 ☎02-3144-7738 ⏰12〜21時 ㊡なし

女性向けのおしゃれ豚足専門店

Ⓔ ミス・チョッパル
●미쓰족발／Myth Jokbal

オーナーの父親が韓国大手スーパーに豚足を卸す会社を経営。その豚足を、特製ダレやサラダとともに食べる、新感覚料理にアレンジ。

弘大 MAP：P15D1
🚇Ⓜ2号線弘大入口駅9番出口から徒歩2分 🏠麻浦区オウルマダン路123-1마포구어울마당로123-1 ☎02-337-2111 ⏰12時30分〜翌0時 ㊡なし

←オリジナル豚足（Mサイズ、2〜3人前W3万9000）が看板メニュー

199

#SNS映えのカフェ探し

若者文化が根付く弘大には、フォトジェニックなメニューが人気のおしゃれな
カフェがたくさん！"映え"な写真にいいね！殺到間違いなし！

Ⓐ

#トルハルバンヤングW6900
#チェジュベッサルスムージーW7900

Ⓐ

Ⓐ

Ⓑ

#フランボワーズW7800
#イチゴジュースW7000

Ⓑ

#イチゴチョコ生クリームケーキW7500
#WドリップコーヒーW4500

Ⓒ

#ブルーレモネード
W6000

Ⓐ ミネラルウォーターブランドが手がける
サムダコジ
● 삼다코지／Samdakoji

済州島の企業・三多水（サムダス）の
直営カフェ。済州島産のフルーツや
お茶、コーヒーなどを提供し、使用
する水は全て三多水というこだわり。

弘大 MAP：P14C3
🚇 Ⓜ6号線上水駅1番出口から徒歩9分
🏠 麻浦区トンマッ路9キル34 마포구 독막
로9길34 ☎02-336-4666 ⏰11〜23時
（22時LO）❌なし

Ⓑ 出来立てのケーキを味わう
ピオニー弘大店
● 피오니 홍대점／ピオニホンデジョム

江原道・大関嶺産の新鮮なイチゴを
使ったスイーツが人気のデザートカフ
ェ。提供するケーキはどれも日本人好
みのさっぱりとした口当たり。

弘大 MAP：P14C3
🚇 Ⓜ2、6号線合井駅4番出口から徒歩12分
🏠 麻浦区トンマッ路7キル51 마포구 독막
로7길51 ☎02-333-5325 ⏰12〜22時
（21時LO）❌なし

Ⓒ ピンク＆ミントグリーン空間
トーン・アンド・マナー
● 톤앤매너／Tone & Manner

ピンクとミントグリーンの内装がキ
ュートなカフェ。テラス席もあり、
夜になるとライトアップされ、雰囲
気抜群のバーに変身！

弘大 MAP：P15E2
🚇 Ⓜ2号線弘大入口駅9番出口から徒歩9分
🏠 麻浦区臥牛山路20ガキル13、2・4階 마포
구 와우산로29가길 13、2・4F ☎02-332-
8252 ⏰12〜20時 ❌なし

街歩き

明洞・南大門

仁寺洞・益善洞

三清洞

東大門

弘大

梨泰院

カロスキル

まだある

#イチゴスフレパンケーキW1万8000
#ブルーレモネードW6900

#ミントカフェラテW5000
#ミントオレオチーズケーキW7000

オススメ！

Ⓓ 全9種のスフレケーキが魅力

ラヘルのキッチン弘大店
●라헬의부엌 홍대점／Rachel's Kitchen

弘大でスフレケーキを食べるならココ！と言われるほど人気のカフェ。注文を受けてから焼くケーキは20分以上かかるので気をつけて。

弘大 **MAP：P15E1**
🚇Ⓜ2号線弘大入口駅1番出口から徒歩3分 🏠麻浦区ワウサン路29キル47, 1・2階 마포구 와우산로29길47, 1·2층
☎02-332-4325 ⏰11〜21時（20時LO）
㊡なし

Ⓔ チョコミン党にはたまらないカフェ！

ミント・ハイム
●민트하임／MINT HEIM

ミント好きのオーナーによるミント好きのためのカフェ。さまざまな種類のミントシロップを使い分けて作る、オリジナルスイーツが人気。

弘大 **MAP：P14C3**
🚇Ⓜ2号線弘大入口駅9番出口から徒歩9分 🏠麻浦区チャンダリ路6キル28 마포구잔다리로6길28 ☎02-324-1359
⏰11時30分〜21時30分 ㊡なし

		1		2			7	8
				3				9
						10		12
4	5	6				11		

①済州島産の黒ゴマたっぷりのようかん②インテリアは溶岩の黒で統一③地下1階のバーは洞窟をイメージ④口溶けのいいイチゴのムース⑤チョコスポンジにバナナとイチゴをサンド⑥レモンたっぷり⑦フレッシュなイチゴを使ったシグネチャーメニュー⑧好立地なゲストハウス⑨⑪爽やかな店内⑩⑫かわいい色のケーキ

梨泰院

이태원 イテウォン

ソウルの中の国際派スポット

龍山の米軍基地に隣接し、モスクや各国大使館も勢揃い。土地柄欧米人が多く、異文化とともに発展してきたエリア。ソウルで最もインターナショナルな街と言えばココ！

↑60種のビールや190席のスペースを用意

最寄り駅

梨泰院駅（2、3番出口）
6号線

漢江鎮駅（3番出口）
6号線

景福宮 ● 三清洞
仁寺洞・益善洞
南大門 ● 明洞 東大門
弘大 新村・梨大 ソウル駅 ● Nソウルタワー
汝矣島 狎鴎亭洞・清潭洞 梨泰院
漢江 カロスキル
高速ターミナル駅

白を基調としたモダンなカフェ

Ⓐ ワン・イン・ア・ミリオン
●원인어밀리언／One In A Million

サクサクのビスケットにマスカルポーネチーズがのったティラミスが人気。スタッフはイケメン揃いで、モデルを兼業しているというのも納得。▷P205

おすすめの散歩コース
異文化タウンで
ナイトクルーズ！

時間がなくても
ココだけは
Must Go!
2hコース

↑人気メニューはホワイトティラミスW7000

Start 漢江鎮駅3番出口

↓ 徒歩5分

●梨泰院路

↓ 徒歩5分

●漢南洞

↓ 徒歩5分

●タップ・パブリック

↓ 徒歩5分

●アミューズ 漢南ショールーム

Goal 梨泰院駅3番出口

↓ ストライプ柄Tシャツ W4万9000

国内外で熱い支持を受ける

Ⓑ マリテ・フランソワ・ジルボー 漢南店
●마리떼 프랑소와 저버 한남점
MARITHE FRANCOIS GIRBAUD

BLACK PINKや女優のキム・ゴウンなど韓国芸能人の着用が多い、フランス発ブランド。ロゴ入りのトップスや多彩なカラーのキャップが人気。

梨泰院 MAP：P16C4
M6号線漢江鎮駅1番出口から徒歩7分 龍山区梨泰院路55カギル26-4 용산구 이태원로55가길 26-4 ☎02-790-2640 ⏰11時30分～21時 なし

↓アパレルやレストランが多い漢南洞エリアにある

Cute!

↓トップスやジーンズのほか、キャップも豊富

← ヒューガルデン・ロゼW270/
10ml～（左前）とシグネチャーフ
ライドチキンW2万2000

ビール好きにはたまらない専門店！
Ⓒ タップ・パブリック
●탭퍼블릭／Tap Public

世界各国のクラフトビール約60種から
好みのビールを自由に選び、飲んだ量
だけ10mlごとに会計できる話題のビー
ル専門店。⇨**P162**

↑美術館入口。その
奥にチケットブース
やカフェ、ミュージ
アムショップが

↑MUSEUM1の4階まで続く白いらせん階段
とチェ・ジョンファ作『錬金術』

壮観なアートと建築に酔いしれよう
Ⓓ サムスン美術館リウム
●삼성미술관 Leeum／サムソン ミスルグァン リウム

国宝を含む展示品と有名な建築家を起用
した空間設計がみどころ。MUSEUM1は
先史〜朝鮮王朝の韓国美術、MUSEUM2
は1910年代以降の韓国美術と、1945年
以降の外国現代美術を収蔵。⇨**P150**

韓国の家庭の味を味わう
Ⓔ シゴルパプサン
●시골밥상

食の宝庫として有名な全羅道エリア出身オ
モニ（お母さん）が作る日替わりおかずが楽
しめる。オーナー自慢の骨董品コレクショ
ンが並ぶ店内もいい雰囲気。⇨**P67**

↑田舎御膳W1万（1人前）。写真は2人前

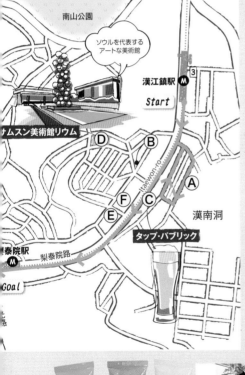

南山公園

ソウルを代表する
アートな美術館

漢江鎮駅 Ⓜ ③

Start

ムスン美術館リウム

Ⓓ　Ⓑ

Ⓕ Ⓒ

Ⓔ　Ⓐ

漢南洞

タップ・パブリック

泰院駅 Ⓜ

梨泰院路

Goal

↓ハンドウォッシ
ュやクリームを自
由に試せる洗面台

写真映え間違いなし！
Ⓕ アミューズ
漢南ショールーム
●어뮤즈 한남 쇼룸／
AMUSE HANNAM
SHOWROOM

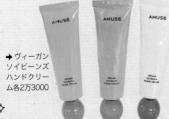

→ヴィーガン
ソイビーンズ
ハンドクリー
ム各2万3000

ヴィーガンコスメブラン
ド「アミューズ」の
フラッグシップストア。
リップやファンデなど
のコスメをはじめ環境
にやさしいウェルネス
商品も。⇨**P121**

街歩き

明洞・南大門

仁寺洞・益善洞

三清洞

東大門

弘大

梨泰院

カロスキル

まだある

漢南洞と解放村で個性派ショップクルーズ

梨泰院の注目スポットといえば漢南洞と解放村。旬なショップのショールームがオープンする漢南洞と、個性的なカフェやショップが多い解放村を散策。

↑買い物しやすい広々とした店内

←ラブトラジェディーキャップW5万4000。ウォッシュ加工によるビンテージ感が魅力

トレンドサーチなら！

漢南洞

各国大使館が集まる漢江鎮駅から漢南駅までのエリア。異国情緒漂うおしゃれな雰囲気。

↑「GANNI」のプリントメッシュロングスリーブロールネックW23万5000

ファッション

トレンディなアイテムが勢揃い **オススメ！**

ビーカー漢南店
●비이커 한남점／BEAKER

韓国や海外の最新ファッションブランドが100以上揃うセレクトショップ。洋服から靴、小物まで幅広く展開しており、全身コーデもOK。

梨泰院 **MAP：P16C4**
交M6号線漢江鎮駅1番出口から徒歩7分
住龍山区梨泰院路241 용산구 이태원로 241
☎070-4118-5216 ⊙11〜20時 休なし

カフェ

オーストラリア風のブランチカフェ

サマーレーン
●써머레인／Summer Lane

定番のブランチ料理からキッズメニュー、ベーカリー系のデザートまで揃い、年齢や国籍を問わず愛される人気店。朝早くからのオープンもうれしい。

梨泰院 **MAP：P16C4**
交M6号線漢江鎮駅1番出口から徒歩8分
住龍山区梨泰院路55カキル49 용산구 이태원로 55가길 49 電02-792-8114
⊙7時30分〜18時(17時LO) 休なし

1ボリューム感＆ビジュアル満点の看板メニュー、ベーコンワッフルエッグベネディクトW1万9000(手前)。サマーレーンサラダW1万8000(奥)、アップル＆キャロットジュースW8000 **23**注文はカウンターで

街歩き

明洞・南大門

仁寺洞・益善洞

三清洞

東大門

弘大

梨泰院

カロスキル

まだある

[フレグランス]

オシャレなフレグランスがいっぱい！

ノンフィクション
●논픽션／NONFICTION

韓国発ライフスタイルビューティーブランドのショールーム。香水からハンドクリーム、キャンドルまで上品な香りのアイテムが評判高い。

[梨泰院] **MAP：P16C4**
図M6号線漢江鎮駅3番出口から徒歩7分 凾龍山区梨泰院路242 龍山区梨泰院242 ☎02-790-4097
◷11時〜20時30分 ㊡なし

↑←シアバターとビタミンE成分のクリームW2万3000と香水W15万8000

[カフェ]

女性に人気のモダンなカフェ

ワン・イン・ア・ミリオン
●인어밀리언／One In A Millio

スタッフは全員モデルを兼業しているイケメン揃いで話題に。フィンガービスケットにマスカルボーネチーズのったティラミスが人気。

[梨泰院] **MAP：P16C4**
図M6号線漢江鎮駅3番出口から徒歩6分 凾龍山区梨泰院路54キル31 龍山区イテ院路54길 31 ☎02-794-2414
◷11〜23時（日曜は〜22時）※LOは閉店1時間前まで ㊡なし

↓ホワイトティラミスW7000。雪のようなビジュアルのティラミス。ふわふわのチーズクリームが上品

[鍋]

カムジャタンとタッカンマリが看板メニュー

24時ビョダギカムジャタンタッカンマリ
●24시뼈다귀감자탕닭한마리／24シヨダギカムジャタンタッカンマリ

国産豚の背骨肉をじっくり煮込んだカムジャタンと濃厚なスープが自慢のタッカンマリ専門店。

[梨泰院] **MAP：P4C2**
図M6号線漢江鎮駅2、3番出口から車で5分 凾龍山区大使館路73-1 龍山区大使館路 73-1 ☎02-790-8309 ◷24時間（月曜は〜翌8時、水曜は7時〜） ㊡火曜

↑カムジャタンW3万1000(小)
↑タッカンマリW2万9000(中)。クセになる味

↑シンプルな店内

[カフェ]

まるで毛糸！なムースケーキ

ル・モンブラン
●르몽블랑／Le montblanc

毛糸をモチーフにしたムースケーキは、元ニット工場を改装したカフェならではの発想！実際に使用していた機械なども置かれている。
⇨P84

↓チョコレートでできたボタンも精巧！

解放村
新旧入りまじるニュートロな街

再開発プロジェクトにより新興市長を中心に若者向けのエリアに。カフェやショップ、アートが点在する。

↑1階のビストロはシック

[レストラン＆バー]

ヨーロッパ感性のレストラン＆バー

アーバン・クリフ
●어반클리프／URBAN CLIFF

1〜3階の3フロア構成で、1階はビストロ、2階はバー、3階がルーフトップ。フロアごとに異なる雰囲気で、利用時間も変わるため確認を。

[梨泰院] **MAP：P7E4**
図M6号線線莎坪駅2番出口から車で5分 凾龍山区新興路20キル43 龍山区新興路20길 43 ☎02-6406-5252 ◷12〜22時（21時30分LO）、2階17時〜翌0時30分（翌0時LO） ㊡なし

↓ルーフトップからは解放村の風景を満喫

205

カロスキル

가로수길

←全5種ある
ハンドクリー
ム各2500

→洗練された
雰囲気の店内

街歩き

明洞・南大門

仁寺洞・益善洞

三清洞

東大門

弘大

梨泰院

カロスキル

まだある

`カロスキル` **MAP：P20A2**
Ⓜ3号線狎鴎亭駅5番出口
から徒歩9分 ⬛江南区論峴
路175キル78 강남구논현로
175길 78 ☎02-3210-5869
🕚11～22時 ⓗなし

↑伸縮性がありフィッ
ト感抜群のトップス

センスのよいアイテムを探すならココ！
Ⓒ エー・ランド カロスキル店
●에이랜드 가로수길점／A Land

カジュアルからキレイめまで揃う若者に人気のセ
レクトショップ。オリジナルブランド「LAND
MUSEUM」のコスメアイテムにも注目！

フェミニンアイテムが目白押し
Ⓓ イズナナ
●이즈나나／Isnana

カロスキルの有名店。ベージュ系
やモノトーンなど落ち着いたカラ
ーとデザインが揃っている。ジャ
ケットはW9万前後～。

`カロスキル` **MAP：P20A2**
Ⓜ3号線狎鴎亭駅5番出口から徒歩10
分 ⬛江南区狎鴎亭路12キル11 강남
구 압구정로12길 11 ☎02-516-3989
🕚11～21時 ⓗなし

↑オーナー自らデザイ
ンした商品が並ぶ

Ⓜ3号線狎鴎亭駅
狎鴎亭路 Apgujeong-ro
Goal
Ⓑ Ⓒ Ⓕ
Ⓓ
Ⓐ
ム・ローズ Ⓡ
P208
Ⓖ
Ⓔ
カロスキル
カロスキル入口
島山大路 Dosan-daero
地下鉄3号線

↑BLACK PINKの
ジェニーがアンバ
サダーを務める

→パフュ
ームバー
ム W4万
6000

BERGA SANDAL

↑人気のハン
ドクリームW
3万2000

←カモミールとハーブ
の香りW13万9000

おしゃれな香りをまとう
Ⓔ タンバリンズ
●탬버린즈／TAMBURINS

「ジェントルモンスター」
（→P126）が手掛けるコス
メブランド。ハイセンスで
上質なアイテムが話題。

`カロスキル` **MAP：P20A2**
Ⓜ3号線、新盆唐線新沙駅8番
出口から徒歩7分 ⬛江南区狎
鴎亭路10キル44 강남구 압구
정로10길44 ☎02-511-1246
🕚12～21時 ⓗなし

←夏限定販売
の薬菓ジェラ
ートW7000

ブームの伝統菓子・薬菓の老舗
Ⓕ マンナダン
●만나당／MANNADANG

伝統ある職人のみ受けられる「百年小工
人」認定の薬菓の老舗。韓国大手企業
一家の行事にも使われる。おみやげに
ぴったりな宮中薬菓W1万2900なども。

`カロスキル` **MAP：P20A2**
Ⓜ3号線狎鴎亭駅4番出口から徒歩6分
⬛江南区論峴路175キル61 강남구 논현로
175길61 ☎02-515-8338 🕚10～18時
ⓗ日曜

食べるのがもったいない！
Ⓖ ソナ
●소나／Sona

一流レストランで腕をふるっていたオーナーシェ
フが手がけるアートのようなデザートが味わえる。
見た目も味も華やか！⇨P84

←一番人気
のシャンパ
ン・シュガ
ーボール

207

大人のおしゃれブランチ

夜更かしした次の日は、ゆっくり起きておしゃれブランチはいかが？
各店こだわりのヘルシーメニューで1日を始めよう！

⬇ローズアーリオオーリオW1万4900。コショウとニンニクのスパイスが利いたパスタにも食べられるバラが！

乙女心をくすぐるバラモチーフのレストラン

オーサム・ローズ

オススメ！

●어썸로즈／Awesome Rose

ローズとゴールドをコンセプトにした、おしゃれで高級感あふれるインテリアが女性に大人気。リーズナブルながら味も評判が高い。

[カロスキル] MAP：P20A2

[図]Ⓜ3号線、新盆唐線新沙駅8番出口から徒歩9分 [住]江南区狎鷗亭路10キル40、地下1階 강남구 압구정로 10길 40, 지하1층 ☎02-518-0619 🕐11～22時(21時LO) [休]なし [英][英]

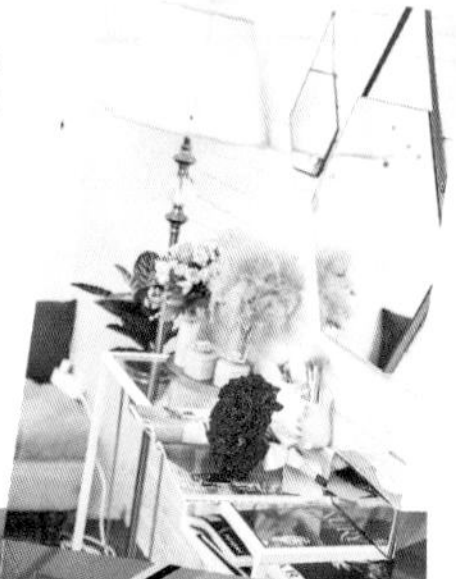

⬇➡店のあちこちにバラが飾ってありフォトジェニックなシーンがいっぱい

定番

モダンな店内でいただく健康ごはん

全州現代屋

●전주현대옥／チョンジュヒョンデオッ

豆もやしのスープごはん（コンナムルクッパプ）は、ソウルっ子の定番朝ごはん。半熟卵が別添えの市場式と、落とし卵で煮立てるクリヌン式が選べる。

[カロスキル] MAP：P20A3

[図]Ⓜ3号線、新盆唐線新沙駅8番出口から徒歩5分 [住]江南区江南大路156キル16 강남구 강남대로156길16 ☎02-515-9321 🕐8～23時 [休]なし

⬇コンナムルクッパプW8000。茹でイカW2000

➡駅からも近く散策前の腹ごなしにぴったり

↑ロメインアジアビーフピザW2
万8000。甘めの肉との相性抜群

→ワカモレエビサラダW2
万6000。バター風味のエ
ビに食欲をそそられる

おしゃれホテル隣接の素敵なカフェ

カサミール
●까사 밀／Casa Meal

インテリアブランド「カサミア」がプロデュース。洗
練された上品な店内は、1人でもブランチを楽しめる
ゆったりとした空間。

→丸ごとイ
カ墨クリー
ムリゾット
W2万9000

`カロスキル` MAP：P20A2

図Ⓜ3号線、新盆唐線新沙駅6番出口から徒歩15分 㑹江
南区島山大路1キル83 강남구 도산대로1길83
☎02-543-0079 ⏱11時30分～15時30分、17～22時（21
時LO）※土・日曜は11時30分～22時 Ⓚなし

カロスキルで楽しむオールデイブランチ

ル・ブランチック
●르 브런쉭／Le Brunchic

日本やフランスで修行し、イギリスの有名レストラン
で経歴を積んだシェフが厨房を担当。種類豊富なメニ
ューはどれもが絶品で地元の人に長年愛されている。

`カロスキル` MAP：P20A2

図Ⓜ3号線、新盆唐線新沙駅8番出口から徒歩10分 㑹江
南区江南大路162キル41-22 강남구 강남대로162길41-22
☎02-542-1985 ⏱10～21時（19時30分LO）Ⓚ火曜

→フルーツがたっぷり入
ったグレープフルーツエ
イドW8000

←エッグベネディクトW1
万8500（下）、ガーリック
バターシュリンプパスタ
W2万2000（上）→ソファ
席もありゆったりできる

街歩き

明洞・南大門

仁寺洞・益善洞

三清洞

東大門

弘大

梨泰院

カロスキル

まだある

まだある 注目エリア

新村・梨大

パワーあふれる学生街！

新村・梨大

신촌・이대 シンチョン・イデ

新村と梨大にはそれぞれ、名門私立大学として有名な延世大学と梨花女子大学がある。学生が多く賑やかで、手ごろな値段のアパレルショップやレストランも多い。

最寄り駅

新村駅(2番出口)	2号線
梨大駅(2番出口)	2号線

景福宮
三清洞
仁寺洞・益善洞
南大門　明洞　東大門
弘大　ソウル駅
●Nソウルタワー
梨泰院
汝矣島　狎鴎亭洞・清潭洞
新村・梨大　カロスキル
高速ターミナル駅

おすすめの散歩コース

梨大から新村へ
学生街を歩く

延世大学正門

京義線

城山路

● 滄川教会

↑新村の駅前は、学生向けの安い飲食店や居酒屋がいっぱい

Ⓑ

レストラン＆カフェ

滄川洞

Ⓐ

現代百貨店

1 2 3 4

Goal

Ⓜ 新村駅

時間がなくても ココだけは
Must Go!
1.5hコース

Start 🚇 梨大駅2番出口

● アートボックス 梨大店
　↓ 徒歩7分
● ボックスクエア
　↓ 徒歩3分
● レストラン＆カフェ通り
　↓ 徒歩5分
● 春川家タッカルビマックックス
　↓ 徒歩1分
● 現代百貨店

Goal 🚇 新村駅1番出口

↓ チーズタッカルビW1万4000はお手頃価格！

学生街の
タッカルビ人気店

Ⓐ 春川家タッカルビ マックックス

춘천집닭갈비 막국수
チュンチョンチッタッカルビ
マックックス

江原道春川の名物料理である本格的なタッカルビを味わえる。スタッフがテーブルで調理してくれるので安心。日本人に人気のチーズタッカルビも！

新村 **MAP: P16A1**

🚇 2号線新村駅2番出口から徒歩5分　🏠西大門区 延世路5ガキル1 서대문구 연세로5가길 1　☎02-325-2361　🕐11時～22時30分(21時LO)　休なし

自分のためだけに作られる特別な一杯

Ⓑ バー・ティルト

바틸트／Bar Tilt

オリジナルカクテルや、珍しいカクテルも揃える人気のバー。その日の気分に合わせバーテンダーが作る、おすすめのカクテルを選ぶ客が多いそう。

街歩き

明洞・南大門

仁寺洞・益善洞

三清洞

東大門

弘大

梨泰院

カロスキル

まだある

コンテナを積み上げた
話題の文化スポット

Ⓒ ボックスクエア

●박스퀘어／Boxquare

京義線新村駅前にある注目のエリア。三角形のスペースにコンテナを積み上げ、その中に飲食店やショップ、ギャラリーなど約50店舗がひしめく施設で、学生も多い。

← 新村駅周辺にあった屋台が集結した1階屋台フロア

梨大 MAP：P16B1

🚇Ⓜ2号線梨大駅から徒歩7分
🏠西大門区新村路22-5　서대문구 신촌역로 22-5
📞02-3140-8371
🕐11〜22時※店舗により異なる
㊡店舗により異なる

← 幸運満タンなどが描かれたカード

→ ヨーグルトの形をした修正テープW8900

← 重要や確認などのステッカーW3900

→ 梨花女子大学が近く学生の利用客も多い

プチプラK雑貨が揃う

Ⓓ アートボックス 梨大店

●아트박스 이대점／アトゥバァス イデジョム

雑貨や文房具はもちろん、パーティーグッズなどユニークなアイテムがお手頃価格で手に入る。ハングルが書いてあるグッズはおみやげにも！

梨大 MAP：P16C1

🚇Ⓜ2号線梨大駅2番出口から徒歩1分
🏠西大門区梨花女大キル7,地下1〜1階　서대문구 이화여대길 7,B1〜1층
📞02-393-3789 🕐10時30分〜22時
㊡なし

新村駅
シンチョン

大峴洞

ボックスクエア

Ⓒ

Ⓔ

BOXQUARE

Ⓓ 2 3 Start

1 4

地下鉄2号線

新村路 Sinchon-ro

Ⓜ 梨大駅

大興路 Daeheung-ro

↓ 女子大としては世界最大規模を誇る名門、梨大のキャンパス

もちもちベーグルと自家焙煎コーヒー

Ⓔ マザー・イン・ロー・ベーグルズ

●마더린러베이글／Mother In Law Bagels

自家製ベーグルを使用したサンドイッチが人気。野菜やお肉などの惣菜サンドのほか、定番のクリームチーズベーグルもある。

梨大 MAP：P16C1

🚇Ⓜ2号線梨大駅2番出口から徒歩3分 🏠西大門区梨花女大5キル5 서대문구 이화여대 5길 5
📞070-7758-3030
🕐8時30分〜19時30分（土曜は10時〜）㊡日曜

← おいしいカクテルをゆっくり味わおう

新村 MAP：P16A1

🚇Ⓜ2号線新村駅2番出口から徒歩10分 🏠西大門区延世路11キル27,2階　서대문구 연세로11길 27, 2F
📞02-322-8279 🕐18時30分〜翌2時 ㊡なし

← 日本語ができるバーテンダーにおすすめを聞いてみよう

→ スモークサーモン＆クリームチーズのNOVAサンドイッチW8900

→ ブルックリンをイメージしたおしゃれな店内

211

押鴎亭洞・清潭洞

押鴎亭洞 청담동
アプクジョンドン・チョンダムドン

セレブ気分でお買い物♪

ギャラリア百貨店とロデオ通りを中心とする押鴎亭洞と、世界の一流ブランドブティックが立ち並ぶ清潭洞。江南を代表するセレブな街として名を馳せる高級エリア。

最寄り駅

押鴎亭駅(1、2番出口)
3号線

押鴎亭ロデオ駅(1番出口)
水仁・盆唐線

↓100% 国内産エゴマ油なども販売

→パンはもちろんケーキやドリンクも販売

生まれ変わった食品館に注目！

Ⓑ ギャラリア百貨店
●갤러리아백화점

韓国屈指の高級デパート。ゴメイ494と称した地下食品館にはプレミアムな商品を揃える。生産地にまでこだわったプライベートブランド商品が好評。

清潭洞 MAP: P21D1
Ⓜ水仁・盆唐線押鴎亭ロデオ駅7番出口直結 ⌂江南区押鴎亭路343、407 강남구 압구정로 343,407 ☎02-3449-4114 ⏰10時30分〜20時(金〜日曜は〜20時30分) ㊡月1回不定休 Ⓙ

珍しいグルメみやげを探すなら

Ⓐ 現代百貨店
●현대백화점／ヒョンデペックァジョム

押鴎亭駅直結の高級デパート。地下食品街は、レア商品の多い穴場スポット。韓国全土の味噌を集めたコーナーや、生の五味子なども販売。

押鴎亭洞 MAP: P20B1
Ⓜ3号線押鴎亭駅6番出口直結 ⌂江南区押鴎亭路165 강남구 압구정로 165 ☎02-547-2233 ⏰10時30分〜20時(金・土曜は〜20時30分) ㊡月1回不定休 Ⓙ

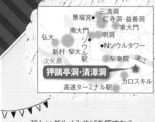
↑地下食品街にはスイーツもある

→独立運動家の安昌浩ゆかりの島山公園

ロデオ通り経由で押鴎亭洞から清潭洞へ
おすすめの散歩コース

↓Kスターロードには人気アイドルをモチーフにした人形が並ぶ

韓方薬と鍼(ハリ)で治すニキビ専門医院

Ⓒ ハヌルチェ韓医院
●하늘체한의원／ハヌルチェハニウォン

ニキビ・ニキビ跡、肥満の治療が専門。整顔鍼、埋線療法によるシワやたるみの改善、レーザーや鍼によるほくろやしみ除去なども行う。
⇨P175

↓ミラクル美白ケア W20万〜(60分)

↓野菜やキムチ、テンジャンチゲ付き

K-POPアイドルも訪れる人気店

Ⓓ 押鴎亭カルサムギョプサル
●압구정압살갈 ／アプクジョンカルサムギョプサル

"包丁サムギョプサル"という意味のカルサムギョプサルが看板メニュー。⇨P54

高速ターミナル駅

고속터미널역

景福宮 ● 三清洞
● 仁寺洞・益善洞
南大門 ● 東門
弘大 明洞
ソウル ● Nソウルタワー
新村・梨大駅 梨泰院 漢江
汝矣島 狎鴎亭洞・清潭洞
高速ターミナル駅 カロスキル

便利さピカイチ！
心置きなくショッピングも

高速ターミナル駅は駅直結で楽しめるスポットが満載。ショッピングモール、映画館、ホテル、レストランなどが充実し、江南エリアの新定番スポットに。

最寄り駅

高速ターミナル駅(3番出口)
3、7、9号

↓迷わないため店番などを
チェック

江南最大の地下モール

Ⓐ ゴー・トゥー・モール
● 고투몰／Go to Mall

江南最大の地下モールとあって、かなりのスケール。新世界百貨店に直結しており、ファッションや雑貨店のほかフードコートも併設。

↓夕方から
夜は激混み
なので注意

↑ヨーロピアン調のおしゃれなパミエ・ストリート

高速ターミナル駅 MAP：P18A3
Ⓜ3、7、9号線高速ターミナル駅直結 瑞草区新盤浦路地下200 서초구 신반포로 지하 200
☎02-535-8182 ⓣ10～22時 ⓗなし

おすすめの散歩コース

2つの地下モールを
ハシゴしよう！

地下鉄7号線

地下鉄9号線

Start

Ⓐ
Ⓢ 新世界百貨店
Ⓢ セントラルシティ
Ⓑ
ソウル高速
バスターミナル
Ⓒ
Ⓜ 高速ターミナル駅
Goal
③
Ⓗ JWマリオットホテル・
ソウル
地下鉄3号線

↓話題のショップが
入るほか、世界各国
料理も味わえる

芸能人も常連のレストラン

Ⓒ デビルズドア
● 데블스도어／Devil's Door

廃工場をイメージしたビアレストラン。ドイツの設備を取り入れ、5種のビールを提供している。料理にもこだわりあり。

高速ターミナル駅 MAP：P18A3
Ⓜ3、7、9号線高速ターミナル駅3番出口から徒歩5分 瑞草区砂坪大路205 서초구 사평대로 205 ☎02-6282-4466 ⓣ16時～翌1時(土・日曜は12時～翌0時)各閉店1時間前LO ⓗなし

↑左からペールエール、
IPA、スタウト

他店と一線を画す高級感

Ⓑ パミエ・ストリート
● 파미에스트리트／Famille Street

高速ターミナル駅直結の地下にある若者向けトレンド街。ファッション、美容、フード、エンタメまで網羅している。

高速ターミナル駅 MAP：P18A3
Ⓜ3、7、9号線高速ターミナル駅直結 瑞草区新盤浦路176、セントラルシティ地下1階 서초구 신반포로 176 센트럴시티빌딩 지하 1층 ⓣ10～22時 ⓗなし

→ビールの醸造設備
が客席から見られる

街歩き

明洞・南大門

仁寺洞・益善洞

三清洞

東大門

弘大

梨泰院

カロスキル

まだある

213

西村 ★
延南洞 ★ 景福宮 ★ 三清洞 ★ 仁寺洞・益善洞
南大門 ★ ★ 東大門
弘 新村 明洞
大 ソウル Nソウルタワー
梨大 駅 梨泰院 聖水洞 ★
望遠洞 ★ ★ 押鴎亭洞・清潭洞
汝矣島 ★ カロスキル
高速ターミナル駅

延南洞では、カフェ巡りを楽しもう

立ち寄るならココ！

デザイン系出版社が
営むカフェ
ベア・カフェ
●베어카페／Bear Café

↑中庭、個室、広間
どこに座ってもく
つろげる

ライフスタイルマガジンを発行する出版
社が経営する、築70年以上の韓屋を利
用したカフェ。ギャラリーも兼ね、展示
会なども開催。

延南洞 **MAP：P10C1**
🚇Ⓜ3号線景福宮駅3番出
口から徒歩15分 鍾路区
紫霞門路24キル24 종로
구 자하문로 24길 24
☎070-7775-6743 ⏰11
～19時 ⏸月・火曜

→白いインテリアで統
一されたおしゃれ空間

伝統家屋をモダンに。
風情感じるレトロ街
西村
●서촌 ソチョン

1 異国情緒たっぷりの裏通りは、韓服を着て歩きたくなる
2 昔の面影が残る街並みが、どこか親しみを感じさせる
3 落ち着いた雰囲気の店が並ぶ通仁一場

伝統家屋の韓屋が点在し、細い路地が走るレトロタ
ウン。韓屋を改装したセンスのよいカフェや雑貨店、
ギャラリーが増えている。活気あふれる市場では、
ローカルな雰囲気も楽しめる。

最寄り駅
景福宮駅
（3番出口）
3号線

立ち寄るならココ！

←バジルクリ
ームと新鮮な
トマトの組み
合わせが抜群
のバジルトマ
トW8500

新新なパイを求めて行列ができる
パロル・アンド・ラング
●파롤앤랑그／Parole&Langue

トウモロコシや栗など季節の食材をのせ
た異色のパイが人気。テイクアウト利用
も多く、16時ごろには売り切れの場合も。

延南洞 **MAP：P14A1**
🚇Ⓜ2号線弘大入口駅3番出口から徒歩12分
麻浦区ソンミサン路29アンキル8 마포구
성미산로29안길 8 ☎02-332-2527
⏰13～21時（パイは売り切れ次第終了、ドリ
ンクは～20時30分LO）⏸月曜

←アンティーク調の
小さな改造住宅で、
イートイン席は少なめ

閑静な住宅街に
カフェやショップが点在
延南洞
●연남동 ヨンナムドン

1 細い路地におしゃれな店が立ち並ぶ 2 カフェ散策
が好きなら必ず訪れたい 3 線路跡を公園にした京
義線スッキル公園

学生の街・弘大に隣接する、閑静な住宅街。近年、
話題のショップ、ゲストハウスなどが続々オープ
ン。緑あふれる京義線スッキル公園とリトルチャ
イナタウンと合わせて、独特な文化圏を形成中。

最寄り駅
弘大入口駅
（3番出口）
2号線

街歩き

明洞・南大門

仁寺洞・益善洞

三清洞

東大門

弘大

梨泰院

カロスキル

まだある

1 韓国ドラマ『トッケビ』に登場した壁画。人気の聖地巡りスポット　2 まるでNYブルックリンにありそうなアートが描かれているところも　3 もともとは靴の工場が多い地域

立ち寄るならココ！

倉庫街がアートタウンに

聖水洞
●성수동 ソンスドン

古い赤レンガ倉庫や工場をリノベした、スタイリッシュなカフェやショップが集まる。アーティストたちが描いた個性的な絵が並ぶ壁画通りは、人気のフォトスポット。

最寄り駅

聖水駅
（6番出口）
2号線

韓国初のコンテナショッピングモール
コモン・グラウンド
●커먼그라운드／Common Ground

約200個もの大型コンテナにはソウルの街で評判の小規模店が数多く集まる。個性的で注目のショップが集まるトレンドの宝庫。

聖水洞 MAP：P5E2
🚇Ⓜ2、7号線建大入口駅6番出口から徒歩3分　🏠広津区峨嵯山路200　광진구 아차산로200　☎02-467-2747

↑1600坪の施設
面積は世界最大級

1 赤レンガのレトロな住宅街があり、路地裏散歩も楽しい
2 賑やかな弘大にも近いが、閑静なエリア
3 南北約250mに精肉店や魚屋などが並ぶ望遠市場

立ち寄るならココ！

新旧の魅力がバランスよく調和

望遠洞
●망원동 マンウォンドン

南北約250mに広がる庶民的な望遠市場を中心に、新旧の魅力あふれるエリア。望遠市場の一本西側にある通称「望遠団通り」には、個性的なカフェやショップが点在。

最寄り駅

望遠駅
（2番出口）
6号線

地元に根付いたカジュアルな飲み屋
タッナルダ
●닭날다

弘大近くにあった店舗から2019年、現在の場所に移転。弘大から数え20年以上になる飲み屋。ピリ辛チキンがビールに合うと評判。

望遠洞 MAP：P4A2
🚇Ⓜ6号線望遠駅2番出口から徒歩4分　🏠麻浦区ワールドカップ路45-1　마포구 월드컵로45-1　☎02-322-4520　🕐16時～翌2時（翌1時LO）　㊡なし　📅🍴

↑チーズとサツマイモ入りのピリ辛チキン、ニュー鉄板 W2万8000（半羽）

←ミリタリーな雰囲気の外観

ソウルのホテルを検索！

旅の拠点、どこにする？

ゴージャスなシティホテルからカジュアルなバジェット派まで多彩。
旅の目的に合わせてエリアやランクなどをお好みで。

★★★＝ラグジュアリー（W30万前後〜）　★★＝スタンダード（W10万〜）

○＝あり　×＝なし　△＝一部あり

最寄り駅	▼ ホテル名	▼ MAP	▼ DATA	プール	冷蔵庫	ドライヤー	バスタブ	セーフティボックス	ポット	日本語スタッフ	Wi-Fi
明洞駅	ロッテ・ホテル・ソウル ★★★ ●Lotte Hotel Seoul ●롯데 호텔 서울	P8B1	地下鉄駅直結＆ロッテ百貨店と免税店隣接という最高の立地。中区乙支路30 중구 을지로30 02-771-1000 客室数1015室 URL www.lottehotel.com/seoul	○	○	○	○	○	○	○	○
明洞駅	ソラリア西鉄ホテルソウル明洞 ★★ ●Solaria Nishitetsu Hotel Seoul Myeongdong ●솔라리아 니시테츠 호텔 서울 명동	P9E3	24時間日本語可能なスタッフ常駐で安心。中区明洞8キル27 중구 명동8길27 02-773-1555 客室数312室 URL jp.solariaseoul.com/	×	○	○	○	○	○	○	○
明洞駅	ホテル・スカイパーク・明洞3 ★★ ●HOTEL SKYPARK Myeongdong 3 ●호텔 스카이파크 명동 3	P9F3	ソウル初心者におすすめの、観光に最適な立地。中区退渓路139 중구퇴계로139 02-756-9700 客室数136室 URL www.skyparkhotel.com	×	○	○	△	○	○	○	○
明洞駅	サボイホテル ★★ ●SAVOY HOTEL ●사보이호텔	P9D3	ビジネスマンにはうれしいネット環境＆プリンターを配備。中区忠武路1街23-1 중구충무로1가23-1 02-772-7700 客室数105室 URL www.savoyhotel.co.kr/	×	○	○	○	○	○	○	○
乙支路入口駅	ウェスティンチョースン・ソウル ★★★ ●The Westin Josun Seoul ●웨스틴 조선 호텔 서울	P8B2	100年を超える朝鮮半島最古の洋式ホテル。中区小公路106 중구소공로106 02-771-0500 客室数462室 URL josunhotel.com	○	○	○	○	○	○	○	○
乙支路入口駅	イビスアンバサダーソウル明洞 ●IBIS AMBASSADOR SEOUL MYEONGDONG ●이비스 앰배서더 서울 명동	P9D2	全室電源が110Vと220Vの両方揃い、使い勝手の良いホテル。中区明洞1街59-5 중구명동1가59-5 02-6361-8888 客室数279室 URL m.ambatel.com/ibis/myeongdong/ko/index.do	×	○	○	×	○	○	○	○
乙支路3街駅	ロッテシティホテル明洞 ●LOTTE City Hotel Myeongdong ●롯데시티호텔명동	P7E1	人気のロッテ系列のプレミアムビジネスホテル。中区三一大路362 중구 삼일대로362 02-6112-1000 客室数430室 URL lottehotel.com/myeongdong-city/ja.html	×	○	○	△	○	○	○	○
会賢駅	コートヤード・バイ・マリオット・ソウル南大門 ★★ ●Courtyard by Marriot Seoul Namdaemun ●코트야드 바이 메리어트 서울 남대문	P8A3	南大門市場が近く観光の拠点として便利。中区南大門路9 중구남대문로9 02-2211-8000 客室数409室 URL courtyardnamdaemun.com	×	○	○	△	○	○	○	○
市庁駅	ホテルグレイスリーソウル ★★ ●Hotel Gracery Seoul ●호텔그레이스리 서울	P8A3	日本語対応スタッフによる丁寧な接客。中区南大門路4街17-19、11階 중구남대문로4가17-19,11F 02-6936-0100 客室数336室 URL gracery.com/seoul/	×	○	○	○	○	○	○	○
光化門駅	フォーシーズンズ・ホテル・ソウル ★★★ ●Four Seasons Hotel Seoul ●포시즌스호텔 서울	P10C3	伝統とモダンを兼ね揃えた客室が魅力。鍾路区セムナン路97 종로구새문안로97 02-6388-5000 客室数317室 URL www.fourseasons.com/jp/seoul	○	○	○	△	○	○	×	○
東大門駅	JWマリオット・東大門スクエア・ソウル ●JW Marriott Dongdaemun Square Seoul ●JW 메리어트 동대문 스퀘어 서울	P17B1	東大門が目の前。東大門市場も徒歩圏内。鍾路区清渓川路279 종로구청계천로279 02-2276-3000 客室数170室 URL www.jwmarriottddm.com/	○	○	○	○	○	○	○	○

ホテル選びのポイント

❶ 行きたいエリアで探そう
百貨店や屋台に行きたいのであれば明洞。夜遅くまで買い物がしたいなら東大門。K-POP中心の旅行なら江南へ。

❷ ホテルの等級で探す！
韓国のホテルは、韓国観光ホテル業協会が決定する特1級から3級までの等級制度があるので参考にしたい。

❸ 熟練者はゲストハウスへ
格安の宿泊を求めるリピーターには、ゲストハウスという選択肢もある。最近はおしゃれな施設も多い。

最寄り駅 ▼ ホテル名	MAP	DATA	プール	冷蔵庫	ドライヤー	バスタブ	セーフティボックス	ポット	日本語スタッフ	Wi-Fi
東大門歴史文化公園駅 **相鉄ホテルズ ザ・スプラジール ソウル東大門** ●SOTETSU HOTELS THE SPLAISIR SEOUL DONGDAEMUN ●소테츠 호텔즈 더 스프라지르 서울 동대문	P17B2	ソウルで初めて国際ホテル級基準の4ツ星を獲得。🏨中区奨忠壇路226 중구 장충단로 226 ☎02-2198-1212 客室数 215室 sotetsu-hotels.com/splaisir/dongdaemun/	×	○	○	△	○	○	○	○
東大入口駅 **バンヤンツリークラブ＆スパ・ソウル** ●Banyan Tree Club & Spa Seoul ●반얀 트리 클럽 앤 스파 서울	P17A4	ほぼ全室にプライベートプールを備える。🏨中区奨忠壇路60 중구 장충단로60 ☎02-2250-8000 客室数 50室 URL banyantree.com/south-korea/club-and-spa-seoul	○	○	○	○	○	○	○	○
東大入口駅 **ソウル新羅ホテル ★★★** ●THE SHILLA SEOUL ●서울신라호텔	P17B4	最上級ランクのホテルでサービスが評判。🏨中区東湖路249 중구동호로249 ☎02-2233-3131 客室数 463室 www.shilla.net/seoul	○	○	○	○	○	○	○	○
安国駅 **楽古齋／ラッコジェ** ●Rakkojae Hanok Hotel ●락고재	P13C3	築130年の歴史があり、韓屋ホテルではミシュランに唯一掲載されている。🏨鍾路区嘉会洞218 종로구 가회동 218 ☎02-742-3410 客室数 5室 URL rkj.co.kr	×	○	○	△	○	○	×	○
孔徳駅 **ロイネットホテル ソウル麻浦 ★★** ●Roynet Hotel Seoul Mapo ●로이넷 호텔 서울 마포	P4B2	言語や設備にストレスなく快適に過ごせる日系ホテル。🏨麻浦区麻浦大路67 마포구 마포대로 67 ☎02-3702-0300 客室数 341室 URL daiwaroynet.jp/seoulmapo/	×	○	○	○	○	○	○	○
梨泰院駅 **グランド・ハイアット・ソウル ★★★** ●Grand Hyatt Seoul ●그랜드 하얏트 서울	P16B3	南山の中腹に位置。ソウル市街が一望できる。🏨龍山区素月路322 용산구소월로322 ☎02-797-1234 客室数 615室 URL seoul.grand.hyatt.com	○	○	○	○	○	○	○	○
新沙駅 **ホワイト・リネン・ハウス** ●White Linen House ●화이트 린넨 하우스	P20B3	共有キッチンやテーブルもあり暮らすように宿泊できる。🏨江南区論峴路 149キル40 강남구 논현로149길 40 ☎010-8500-9069 客室数 7室 URL whitelinen.house/	×	○	○	△	○	○	△	○
泰恩寺駅 **インターコンチネンタル・ソウル・コエックス ★★★** ●InterContinental Seoul COEX ●인터컨티넨탈 서울 코엑스	P19E3	江南のコエックス・モールに直結。買い物に便利。🏨江南区奉恩寺路524 강남구봉은사로524 ☎02-3452-2500 客室数 656室 URL seoul.intercontinental.com/iccoex/jpn/	○	○	○	○	○	○	○	○
南部ターミナル駅 **小雪ホテル ★★** ●Hotel Sohsul ●소설호텔	P5D4	客室はデザイン性が高く、非日常感あふれる。🏨瑞草区盤浦大路14キル53 서초구반포대로14길53 ☎02-507-0505 客室数 56室 URL www.snowhotel.co.kr/en	×	○	○	○	○	○	○	○
蚕室駅 **ロッテ・ホテルワールド ★★** ●LOTTE HOTEL WORLD ●롯데호텔월드	P5F3	ロッテワールドモールに近く、レジャー施設も充実。🏨松坡区オリンピック路240 송파구 올 림 픽 로 240 ☎ 02-419-7000 客室数 477室 URL www.lottehotel.com/world/	○	○	○	○	○	○	○	○
仁川国際空港 **パラダイスシティ ★★★** ●PARADISE CITY ●파라다이스시티	P3A3	5つ星のホテルで日本人スタッフも在籍。🏨仁川広域市中区永宗海岸南路321番キル186 인천광역시중구영종해안남로321번길 186 ☎02-1833-8855 客室数 711室 URL p-city.com	○	○	○	○	○	○	○	○

とにかく便利！ しかもスタイリッシュ！

明洞のおすすめホテル3軒

ショッピング基地・明洞にスタイリッシュなホテルが増加中。
友達と、恋人と、特別な時間を過ごすためのおすすめの3軒をピックアップ！

上質なデザインホテル
ホテル28
●호텔28 / Hotel 28 ★★

コンセプトは映画の世界。モダンで洗練された部屋が7タイプ。ライブラリーやギャラリーなどにも注目。

乙支路入口駅 **MAP：P9D2**
中区明洞7キル13 중구명동7길13
☎02-774-2828 客室数83室
URL www.hotel28.co.kr

プール	冷蔵庫	ドライヤー	バスタブ
×	○	○	△
セーフティボックス	ポット	日本語スタッフ	Wi-Fi
○	○	○	○

オススメPoint!
・映画の撮影現場をモチーフにしたレトロなインテリア
・ロッテ百貨店や明洞メインストリート至近でショッピングに最適

↑コーヒーマシンなど設備も充実し、快適に過ごせる

➡明洞のメインストリートに位置する

←国内外のデザインチーム・企業がコラボして作り上げた

ロッテ系列のおしゃれホテル
L7明洞
●L7강남 / L7 Hotel Myeongdong ★★

ロッテ百貨店、景福宮、南山など観光スポットが近くにあり、スタイリッシュさと快適な雰囲気が調和したホテル。

明洞 **MAP：P9F4**
中区退渓路 137 중구퇴계로137
☎02-6310-1000
客室数251室
URL www.lottehotel.com/myeongdong-l7/ja.html

プール	冷蔵庫	ドライヤー	バスタブ
×	○	○	△
セーフティボックス	ポット	日本語スタッフ	Wi-Fi
○	○	○	○

↓南山タワーが見える客室も

オススメPoint!
・ソウルのトレンドを体感できるコンセプチュアルなデザイン
・開放的なルーフトップバー(→P164)から見るNソウルタワーの夜景は感動もの！

↓最上階にはルーフトップバーが

↓高級感あるインテリア

明洞周辺の特別感あふれるホテル
ナインツリープレミアホテル明洞II
●나인트리 호텔 명동Ⅱ / Nine Tree Premier Hotel MyeongdongII ★★

地下鉄は2線利用でき、明洞のメインストリートへも徒歩圏内の好立地。日本人にはうれしい洗浄機付きトイレ完備。

明洞 **MAP：P7F1**
中区草洞72-10 중구초동72-10
☎02-6967-0999
客室数408室
URL ninetreehotels.com

↑会議室も完備

オススメPoint!
・フィットネスルームやミーティングルームを完備した都市型ホテル
・館内設備、客室インテリアのグレードを考えるとお手頃価格

プール	冷蔵庫	ドライヤー	バスタブ
×	○	○	△
セーフティボックス	ポット	日本語スタッフ	Wi-Fi
○	○	○	○

Travel Information

旅のきほん

Contents

ビザなし2時間前後でらくらく

日本から韓国へ

楽しい旅の始まりは、ソウルの玄関口となる仁川国際空港や金浦国際空港から。
入国手続きを事前に把握しておけば、旅をスムーズにスタートできる。

韓国への入国条件 短期の観光旅行であればビザなしで渡航できる。

パスポートの残存有効期間
韓国入国時に3カ月以上あるのが望ましい。

ビザ
90日以内の観光目的での滞在はビザ不要。
渡航前にK-ETA（電子旅行許可制度）を申請・取得する必要があるが、2024年12月31日までは免除されている。

重要
出発前にチェック！

機内持ち込みと預け入れ荷物 航空会社ごとにルールは異なるので事前確認が必須。

航空会社で違いあり！

機内持ち込み手荷物のサイズと重量制限
機内に持ち込めるのは、ハンドバッグなどの身の回り品1個と3辺の和が115cm以内の手荷物1個、両者の合計10kg以下の場合が多いが、LCCなど航空会社によって条件が違うので事前の確認が必要。

無料の重さも違いあり

預け入れ荷物のサイズと重量制限
無料になる預け入れ手荷物は、1人23kgまで、サイズは3辺の和が203cm以内が多いが、航空会社によって違いがある。

主な航空会社のサイズ・重量は一覧を見てね

機内持ち込みNG
- **綿なしのオイルライター**
- **ハサミ、ナイフ、カッター などの刃物**
- **100ml以上の液体物**

液体物を入れた容器をジッパーの付いた1L以下の透明プラスチック製袋に入れ、手荷物検査時にチェックを受ければ、持ち込みOK。詳細は国土交通省のWebサイト参照。
URL www.mlit.go.jp/koku/koku_fr2_000007.html

袋は1L以下　1人1袋のみ
容器は100ml以下

- プラスチック製袋は縦横合計40cm以内が目安
- 液体物は100ml以下の個々の容器に入っていること
- 1人1袋のみ。手荷物検査の際に検査員に提示する

100ml以下

手荷物制限（ソウル線・主な航空会社）

航空会社	略号	機内持ち込み手荷物			預け入れ荷物（エコノミークラス）		
		サイズ	個数	重量	サイズ	個数	重量
日本航空	JL	3辺の和が115cm以内 H55cm×W40cm×D25cm以内	1個	10kgまで	3辺の和が203cm以内 キャスターと持ち手も含む	2個	23kgまで
全日本空輸	NH	3辺の和が115cm以内 H55cm×W40cm×D25cm以内	1個	10kgまで	3辺の和が158cm以内 キャスターと持ち手も含む	2個	23kgまで
大韓航空	KE	3辺の和が115cm以内 H55cm×W40cm×D20cm以内	1個	10kgまで	3辺の和が158cm以内 キャスターと持ち手も含む	1個	23kgまで
アシアナ航空	OZ	3辺の和が115cm以内 H55cm×W40cm×D20cm以内	1個	10kgまで	3辺の和が158cm以内 キャスターと持ち手も含む	1個	23kgまで
デルタ航空	DL	3辺の和が114cm以内 H56cm×W35cm×D23cm以内	1個	制限なし	3辺の和が157cm以内 キャスターと持ち手も含む	2個	23kgまで
ユナイテッド航空	UA	3辺が 各H56cm×W35cm×D23cm以内	1個	制限なし	3辺の和が157cm以内 キャスターと持ち手も含む	2個	23kgまで
ピーチアビエーション	MM	3辺の和が115cm以内 H55cm×W40cm×D25cm以内	1個	7kgまで	3辺の和が203cm以内 キャスターと持ち手も含む	予約クラスによる	20kgまで
チェジュ航空	7C	3辺の和が115cm以内 H55cm×W40cm×D20cm以内	1個	10kgまで	3辺の和が203cm以内 キャスターと持ち手も含む	1個	15kgまで
ジンエアー	LJ	3辺の和が115cm以内 H55cm×W40cm×D20cm以内	1個	10kgまで	3辺の和が203cm以内 キャスターと持ち手も含む	1個	15kgまで
エアソウル	RS	3辺の和が115cm以内 H55cm×W40cm×D20cm以内	1個	10kgまで	3辺の和が203cm以内 キャスターと持ち手も含む	1個	15kgまで
ティーウェイ航空	TW	3辺の和が115cm以内 H55cm×W40cm×D20cm以内	1個	10kgまで	3辺の和が203cm未満 キャスターと持ち手も含む	1個	15kgまで
イースター航空	ZE	3辺の和が115cm以内 H55cm×W40cm×D20cm以内	1個	10kgまで	3辺の和が203cm以内 キャスターと持ち手も含む	1個	15kgまで

LCC

LCCの場合、預け入れ荷物は有料になることが多い。各社ホームページで確認を。

韓国入国の流れ

1 機内で入国申告書を記入 ON BOARD
機内で入国申告書と旅行者携帯品申告書が配布されるので、記入しておこう。

↓

2 韓国到着 ARRIVAL
検疫でサーマルカメラによる検査のあと、案内板の指示に従って外国人専用カウンターに並び、入国審査を待つ。

↓

3 入国審査 IMMIGRATION
パスポートと記入済みの入国カードを係員に提示する。17歳以上の外国人は指紋登録と顔写真の撮影が義務付けられている。

↓

4 荷物受取 BAGGAGE CLAIM
搭乗した便名が表示されているターンテーブルで預け入れ荷物を受け取る。破損や紛失があれば専用窓口に申告する。

↓

5 税関 CUSTOMS DECLARATION
申告する物品があれば旅行者携帯品申告書を作成し、申告ありの通路で検査を受ける。申告する物品がなければ、申告なしの通路へ進む。

↓

6 到着ロビー ARRIVAL LOBBY
税関審査を進むと到着ロビー。両替所や観光案内所が並んでいる。

↓

7 両替 FOREIGN EXCHANGE
両替所で日本円をウォンに替えられる。レートはあまりよくないので、空港での両替は必要分に留めるのも一案。

ソウル市内への交通は P226

これをもらう →

入国申告書の書き方

入国審査に必須の入国申告書は、未成年者も1人1枚作成。搭乗して間もなく配られるので、機内で記入を済ませておこう。滞在先の情報やパスポート番号はすぐにわかるように手元に置いておくと便利。

❶ 氏　❷ 名　❸ 性別（男性はMale、女性はFemale）
❹ 国名（JAPANなど）　❺ 生年月日
❻ 職業（会社員office worker、学生student、主婦housewifeなど）
❼ 韓国で滞在する予定のホテル名、電話番号
❽ 入国目的（観光の場合はTour）　❾ パスポートと同じ署名

旅行者携帯品申告書の書き方

韓国に入国する際、申告する物品があれば旅行者携帯品申告書に記入して提出しなければいけない。記入は日本語でよい。家族同伴の場合は、代表者1名が記入して申告する。オンラインでも作成可能。申告する物品がなければ申告書は不要。

韓国入国時の免税範囲

品名	数量または価格
酒類	19歳以上、2L以下でUS$400以下のアルコール2本以内
タバコ	19歳以上、紙巻タバコ200本、または電子タバコでニコチンリキッド20ml（ニコチン含有量1%未満）
外貨	US$1万相当以内
香水	60ml以下
物品	海外（免税店含む）で購入した物品購入額US$800以下（自己使用、おみやげ用に限定）。ただし、農林畜産物（要検疫）および漢方薬は総量40kg以内、W10万以内となっており、その他数量（重量）の制限あり

入出国

空港ガイド

空港から市内への交通

ソウル市内での交通

お金のこと

旅のアドバイス

旅のきほん②

免税手続きもお忘れなく！

韓国から日本へ

仁川国際空港のターミナルには第1と第2があるので、どちらを利用するのか確認を。
スムーズに手続きを済ませたら、食事や買い物を最後まで楽しもう！

免税手続きについて

韓国では商品やサービスに10%の付加価値税が含まれる。外国人旅行者の場合、Tax Free Shop加盟店で買い物をし、未開封、未使用の商品を購入日から3カ月以内に国外へ持ち出す場合、手続きすれば手数料を引いた金額の還付が受けられる。

> 買い物金額の
> 最大9%が
> 払い戻しに！

付加価値税の還付が受けられる条件

①韓国以外のパスポートと入国申告書で入国していること②入国時から韓国での滞在期間が6カ月に満たない外国人旅行者③市内のリファンド各社で払い戻しの場合は、1店舗での1回の会計金額がW1万5000以上、W600万以下④空港のリファンド各社で払い戻しの場合は、1店舗での1回の会計金額がW3万以上、1個の商品金額の制約はなし。

還付の手順

●お店で　商品購入時にパスポートを提示し、免税書類(タックスリファンド専用レシート)を受け取る。
●空港の税関で　免税書類と免税商品、パスポートなどを提示し、書類に確認のスタンプをもらう。また、払い戻し金額がW7万5000未満の場合は、KIOSKと呼ばれる自動払い戻し機を利用でき、税関の確認を省略できる。
●払い戻し　カウンターで還付金を受け取る。現金のほか、クレジットカード会社経由などを選べる場合もある。搭乗前にグローバルブルー専用ポストに投函するか、成田、羽田、関西、中部の日本の空港にある専用メールボックスに書類を投函して払い戻しを受ける。
●即時還付制度　これまでは空港などでの税金払い戻し手続きが必要だったが、外国人観光客を対象に免税額で即時購入できる制度が2016年より導入され、施行する店舗が増えてきている。一度に税込W3万以上～W100万未満の買い物で、一度の韓国訪問につき総額W500万以下の適用となる。また、買い物する際はパスポートを忘れずに。
詳細は、韓国観光公社公式サイト [URL] japanese.visitkorea.or.kr/を参照。

自動払い戻し機が
あるのはココ！

●仁川国際空港
第1旅客ターミナル3F 出国フロア
第2旅客ターミナル3F 搭乗フロア
●金浦国際空港
旅客ターミナル2F 出国フロア
●ソウル市内
ロッテ免税店明洞本店
スターフィールド・コエックスモール
ロッテアウトレット・ソウル駅店
ロッテ百貨店蚕室店
現代百貨店新村店　ほか

再両替はどうする？

韓国で使い切れなかったウォンは、日本よりも韓国で再両替するほうがレートはいい。そのときは両替時に渡された外貨交換証明書が必要になる場合もある。

TAX REFUND 退税

自動払い戻し機KIOSK

韓国出国の流れ

1 搭乗手続き CHECK IN
出発2時間前までには空港へ。利用航空会社のカウンターでパスポートと航空券を提示し、荷物を預け、搭乗券と手荷物引換証を受け取る。

2 税関
CUSTOMS DECLARATION
付加価値税の払い戻し(→左記)を申請する場合は、購入品を提示して免税書類に確認印を押してもらい、払い戻しカウンターで還付金を受け取る。その他、税関で申告するものがあれば、申告書、申告する該当品、パスポートと搭乗券を提示する。古美術品や骨董品持ち出しには文化財管理局の許可が必要なので、購入時に店で手続きをしておく必要がある。高麗人参などの植物の持ち出しにも制限があるので注意。

3 手荷物検査
SECURITY CHECK
機内持込み手荷物の検査とボディチェックを受ける。

4 出国審査 IMMIGRATION
手荷物検査後、出国審査を受ける。外国人専用窓口に並び、係員にパスポート、搭乗券を提示して出国手続きが完了。

5 免税品引き換え
REPLACEMENT
市内の免税店で免税品を購入していた場合には、免税品引き換えカウンターで品物を受け取る。

6 搭乗ゲート BOARDING GATE
搭乗時間に余裕をもってゲートに向かおう。搭乗時にパスポートの提示を求められることもある。

7 機内で ON BOARD
VJWで手続きしていない場合、携帯品・別送品申告書をもらう。

8 帰国 ARRIVAL

旅のきほん

入出国

空港ガイド

空港から市内への交通

ソウル市内での交通

お金のこと

旅のアドバイス

携帯品・別送品申告書の提出

Visit Japan Web(VJW)に登録しておくと、税関検査場での手続きがスムーズに。

Visit Japan Web (VJW)サービスの情報登録

日本入国・帰国手続き「入国審査」「税関申告」をWeb上で行うことができるサービス。メールアドレスでアカウントを作成し、パスポートを読み取って利用者情報や入国・帰国のスケジュールを登録しておくと、帰国時の手続きがスムーズになる。税関申告の登録は、「日本入国・帰国の手続き画面」の「携帯品・別送品申告」をクリックして、必要な情報を入力する。手続きを済ませると、「携帯品・別送品申告」の情報を含んだ二次元コードが発行される。空港到着後、税関検査場で電子申告端末に二次元コードとパスポートをかざせばOK。二次元コードを未発行の場合は、従来通り申告書を書いて税関カウンターへ進む。申告書は帰国の際に機内や空港で入手できるほか、税関の公式サイトから印刷して利用することもできる。

Visit Japan Web サービス
URL vjw-lp.digital.go.jp/ja/

日本帰国時の免税範囲(成人1人当たり)

未成年の場合は酒、タバコが免税範囲外となるので注意が必要。

品名	数量または価格
酒類	3本(1本760mlのもの)
タバコ	タバコ1種類の場合、紙巻タバコ200本、または葉巻50本、または加熱式タバコ個装等10個、またはその他250g
香水	2オンス(1オンスは約28ml)。オーデコロン、オードトワレは含まない
その他	1品目ごとの海外市価の合計額が1万円以下のもの全量。その他は海外市価の合計額20万円まで (1個で20万円を超える物品は全額課税)

日本への持ち込み禁止と規制品

規制品には身近な肉類や植物も含まれるので事前に把握しておこう。

禁 止	麻薬、大麻、覚せい剤、鉄砲類、爆発物や火薬、通貨または有価証券の偽造・変造・模造品、わいせつ物、偽ブランド品など。
規制品	ワシントン条約に該当する物品。対象物を原料とした漢方薬、毛皮・敷物などの加工品も同様。ワニ、ヘビなどの皮革製品、象牙、はく製、ラン、サボテンなどは特に注意。土付きの植物、果実、切花、野菜、ソーセージといった肉類などは要検疫。医薬品・化粧品などは、個人が自ら使用するものでも数量制限がある。医薬品及び医薬部外品は2カ月分以内(外用薬は1品目24個以内)。化粧品は1品目24個以内。

機内持ち込みNG
・キムチ
・コチュジャン
・シートマスク(商品による)

※詳細は税関 URL www.customs.go.jp/を参照

韓国の玄関口を徹底解剖!
ソウルの空港は2つあります

ソウルの玄関口となるのは、仁川国際空港と金浦国際空港の2カ所。
日本全国の各空港から所要約1時間20分〜3時間20分ほどでアクセスできる。

複数路線が発着する巨大ハブ空港。LCCはこちら

仁 川 国 際 空 港
インチョンクッチェコンハン　인천국제공항

2001年開業の国際的な評価も高いアジア最大級のハブ空港。24時間稼働しているので、いつ到着しても快適な施設が充実。第1、第2と2つのターミナルがあり、ターミナル間は無料シャトルバスで移動できる。

☎1577-2600（韓国国内からかける場合）
URL www.airport.kr/ap/ja/index.do

仁川国際空港に発着する航空会社

●第1ターミナル
アシアナ航空、ユナイテッド航空、ピーチアビエーション、済州（チェジュ）航空、ティーウェイ航空、エアソウル、イースター航空など

●第2ターミナル
大韓航空、デルタ航空、ジンエアーなど

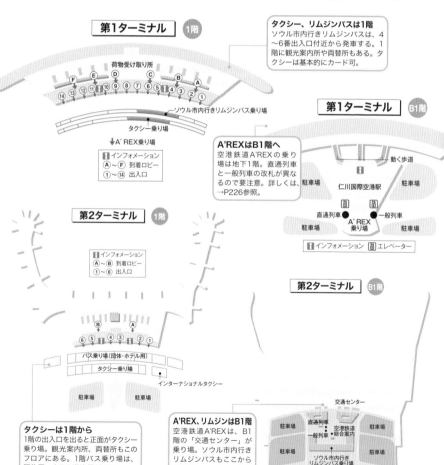

第1ターミナル 1階

荷物受け取り所

F E D C B A

14 13 12 11 10 9 8 7 6 5 4 3 2 1

ソウル市内行きリムジンバス乗り場
タクシー乗り場
↓A'REX乗り場

ℹ️ インフォメーション
Ⓐ〜Ⓕ 到着ロビー
①〜⑭ 出入口

タクシー、リムジンバスは1階
ソウル市内行きリムジンバスは、4〜6番出入口付近から発車する。1階に観光案内所や両替所もある。タクシーは基本的にカード可。

第1ターミナル B1階

動く歩道

仁川国際空港駅
駐車場　駐車場
直通列車　一般列車
駐車場　　駐車場
A'REX乗り場

ℹ️ インフォメーション　🛗 エレベーター

A'REXはB1階へ
空港鉄道A'REXの乗り場は地下1階。直通列車と一般列車の改札が異なるので要注意。詳しくは、→P226参照。

第2ターミナル 1階

B A

6 5 4 3 2 1

ℹ️ インフォメーション
Ⓐ〜Ⓑ 到着ロビー
①〜⑥ 出入口

バス乗り場（団体・ホテル用）
タクシー乗り場
インターナショナルタクシー

駐車場　駐車場

第2ターミナル B1階

交通センター

駐車場　直通列車　空港鉄道　駐車場
　　　　一般列車　総合案内
駐車場　ソウル市内行き　駐車場
　　　リムジンバス乗り場

タクシーは1階から
1階の出入口を出ると正面がタクシー乗り場。観光案内所、両替所もこのフロアにある。1階バス乗り場は、団体用、ホテル送迎用がメイン。

A'REX、リムジンはB1階
空港鉄道A'REXは、B1階の「交通センター」が乗り場。ソウル市内行きリムジンバスもここから発着する。

ソウル中心部まで23分でアクセス可能

金浦国際空港

キンポクッチェコンハン　김포국제공항

1971年に本格的な国際空港として就航が始まった小規模な空港。ソウル市内から空港鉄道A'REXで約20分というアクセスのよさが魅力。日本から羽田線、関空線が就航している。

☎1661-2626(韓国国内からかける場合)
URL www.airport.co.kr/gimpojpn/index.do

金浦国際空港に発着する航空会社
●国際線ターミナル
日本航空、
全日本空輸、
大韓航空、
アシアナ航空、
チェジュ航空など

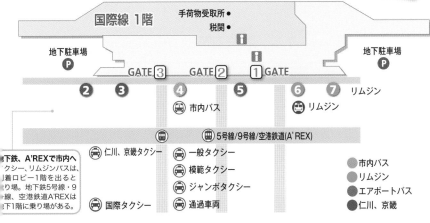

国際線 1階

手荷物受取所●
税関●

地下駐車場 P

GATE 3 　 GATE 2 　 1 GATE

地下駐車場 P

2 　 3 　 4 　 5 　 6 　 7 リムジン

🚌 市内バス　　🚐 リムジン

🚆 5号線/9号線/空港鉄道(A'REX)

下鉄、A'REXで市内へ
クシー、リムジンバスは、
着ロビー1階を出ると
り場ができる。地下鉄5号線・9
線、空港鉄道A'REXは
下1階に乗り場がある。

🚕 仁川、京畿タクシー　　🚕 一般タクシー

🚕 模範タクシー

🚕 ジャンボタクシー

🚗 国際タクシー　　🚗 通過車両

● 市内バス
● リムジン
● エアポートバス
● 仁川、京畿

市内チェックインも利用できる

都心空港ターミナルが便利!

仁川国際空港を利用する場合は、航空会社によってはソウル駅にある都心空港ターミナルで搭乗手続きと出国審査ができる。大きな荷物を持って空港まで行く必要はなく、そのまま観光にも行ける。空港でも専用出国通路を利用でき、スムーズに移動できる。ただし、手続きは第1ターミナル利用で飛行機出発時間の3時間(第2ターミナルの場合は3時間20分)前までに終えること。ソウル駅のターミナルを利用する場合は、仁川国際空港までの直通列車乗車券を先に購入する必要がある。

ソウル駅 都心空港ターミナル
MAP：P6C3
搭乗手続き：5時20分〜19時
出国審査：7〜19時
[利用可能な航空会社]
大韓航空、アシアナ航空など。事前に必ず確認を
URL www.arex.or.kr/

便利な交通カード

T-moneyカード

地下鉄、バス、タクシーなどの交通機関を利用できる便利なチャージ式の交通系ICカード。コンビニや、地下鉄駅の窓口、駅構内の自動販売機などでW3000〜購入できる。乗り換えの際は乗り換え割引が適用されてお得。チャージはW1000から可能。

払い戻し方法
残高がW2万(一部W3万)以下の場合はコンビニで、W5万以下は地下鉄のT-moneyサービスデスクで払い戻しができる。W10万を超える場合は韓国国内での銀行口座が必要となる。ただし、ソウル駅直結のT-moneyタウン(ソウルシティタワー1階)に行くとW5万〜W10万未満でも身分証明書を提示すれば払い戻しが可能。いずれの場合も手数料W500が必要。カード代のW3000は払い戻しできない。

T-money M-passカード

ソウルの地下鉄1〜9号線、空港鉄道の一般列車や市内バスなどを1日最大20回まで利用できる外国人専用の定額チケット。仁川国際空港 第1旅客ターミナル1階5番出口、10番出口の前にある観光案内センター、ソウル駅直結のT-moneyカスタマーセンターなどで購入できる。

2つの国際空港からアクセス
空港から市内への交通

仁川国際空港、金浦国際空港からのアクセスを事前にチェック！ ソウルは日本語アナウンスや日本語の案内板もあり心強い。路線網が発達している地下鉄も活用したい。

（ 仁川国際空港から市内へ ）

3つの交通手段を用途によって使い分けよう

仁川国際空港は市内から西へ約50kmに位置する。空港から市内へは、主に空港鉄道A'REX、各種リムジンバス、タクシーでの行き方がある。どれも所要1時間～1時間30分くらい。A'REXは渋滞の心配がないので、時間が読みやすい。荷物が多い場合はリムジンバスやタクシーが便利。

空港からソウル市内へ

所要時間や予算を確認して、最適な手段を選ぼう。

	料金（片道）	運行時間		所要時間
タクシー	一般：W5万5000～　模範、ジャンボ：W8万～ インターナショナル（中型）：W7万～	60～80分		
空港鉄道A'REX	第1ターミナル			
	直通：W1万1000 一般：W4550	5時23分～22時48分 10～40分間隔		ソウル駅まで 直通：43分 一般：59分
	第2ターミナル			
	直通：W1万1000 一般：W5150	5時15分～22時40分 10～40分間隔		ソウル駅まで 直通：51分 一般：66分
Kリムジンバス	W1万8000	5時55分～22時5分ごろ 25～35分間隔		70～90分
高級リムジンバス	W1万7000	5時20分～22時40分ごろ、10～30分間隔		60～80分

空港鉄道A'REX

仁川国際空港駅～ソウル駅を結ぶ高速鉄道。直通列車と各駅停車の一般列車がある。

A'REXの乗り方

❶ 案内板に従って進む
1階到着ロビーから、地下1階に下りて進む。

❷ 直通列車か一般列車かを選ぶ
直通列車（1時間に1～2本）は仁川国際空港両ターミナルからソウル駅までノンストップ。一般列車（1時間に2～8本）は、金浦空港や弘大入口、孔徳などにも停まる。

❸ チケットを買う
直通列車は券売機から窓口で専用チケットを購入。到着駅や出発時間などを指定し、カード式の乗車券と座席番号を記載した領収書を受け取る。一般列車は1回用交通カードを購入するか、T-moneyカードも使用できる。

↑直通列車の カード式乗車券

❹ 改札
直通列車の改札はオレンジ、一般列車の改札はブルーのイメージカラーで分かれている。カード式乗車券をタッチして入場。

❺ 乗車
直通列車は座席指定。領収書で自分の乗る号車、座席を確認しよう。一般列車は自由席。直通列車では無料Wi-Fiサービス（AREX Free Wi-Fi）もある。

❻ 到着
空港鉄道のソウル駅は地下7階に到着。改札のある地下2階まで上がる。カード式乗車券を投入口に入れて改札を出る（一般列車の1回用交通カードはデポジットW500を払い戻す）。

タクシー

➡大人数ならばタクシーに乗っても割安になる

第1、第2ターミナルともに1階の空港ターミナル前のタクシー乗り場に種類・方面別に待機している。一般タクシーや模範タクシー、ジャンボタクシーなどの種類があり、高速道路を使う場合は通行料が別途必要。外国人専用タクシーならHPから事前予約も可能。到着ロビーのデスクで申し込みもできる。

リムジンバス

リムジンバスは市内の主要駅や主要ホテルまで運んでくれるので、宿泊ホテルが停留所の場合は便利。ほとんどのリムジンバスが第1ターミナルを経由して、第2ターミナルまで発着する。種類はKリムジンと一般と高級があり、値段や停車回数が異なる。チケットはカウンターで購入するほか、乗り場でスタッフから直接買う方法も。乗車は第1ターミナルは1階の到着ロビー出口外に、第2ターミナルは地下1階の交通センターから乗車する。

Kリムジン　W1万8000

3列シートで全26席のリムジンバス。市内の各主要ホテルを結ぶ。宿泊ホテルがルート上にある場合は一番簡単な方法。

高級リムジン　W1万7000

3列シートでゆったり座ることができるリムジンバス。宿泊するホテルがルート上にある場合はおすすめ。事前にチェックしたい。

一般リムジン　運休中

4列シートのリムジンバス。停車地が多いので、高級リムジンバスよりも時間がかかる。

仁川国際空港からの主なリムジンバス路線

行き先	路線番号	種類	主な経由地
明洞方面	6015	高級リムジン	南大門市場、イビス・アンバサダー明洞、明洞駅など
東大門方面	6001	高級リムジン	ソウル駅、明洞駅、忠武路駅、東大門歴史文化公園駅、スカイパーク東大門など
ソウル市庁舎方面	6701	Kリムジン	コリアナ、プラザ、ウェスティン朝鮮、ロッテ・ホテルソウル、など
東大門・南山方面	6702	Kリムジン	グランド・ハイアット、JWマリオット、アンバサダーソウル プルマンなど
江南・COEX方面	6703	Kリムジン	ノボテル・アンバサダー江南、グランド・インターコンチネンタル、朝鮮パレスソウル江南など
蚕室・東ソウル方面	6705	Kリムジン	ロッテ・ホテル・ワールド、東ソウル総合バスターミナル、グランドウォーカーヒルなど

深夜バスを活用しよう

第1ターミナル6A乗り場	N6001	ソウル駅行き 0時15分～4時40分に計6本
	N6000	江南高速バスターミナル行き 23時50分～4時10分に計6本
第2ターミナル25番乗り場	N6002	ソウル駅行き 1時20分の1本

金浦国際空港から市内へ

市内に近く地下鉄での移動も可能

金浦国際空港から中心部までは空港鉄道A'REX、地下鉄、リムジン、タクシーが運行している。地下鉄は2路線が走っており、5号線に乗れば約30分で光化門駅まで行くことができ、安くて時間も正確なので使い勝手がいい。

空港鉄道A'REX

金浦国際空港には直通列車は停車しないので、各停の一般列車を利用する。地下鉄2号線の弘大入口駅から乗り換えもできるので便利。一般列車は荷物ストッカーがないので注意。

地下鉄

到着フロアは地下鉄金浦空港駅に直結している。5号線と9号線が走っており、江南方面へ向かうには9号線が便利。

空港からソウル市内へ　運行時間や所要時間を頭に入れておこう。

	料金（片道）	運行時間	所要時間
タクシー	一般：W1万5000～3万　模範、ジャンボ：W2万7700～5万 インターナショナル（中型）：W2万 8000～4万		40～70分
空港鉄道A'REX	W1700	5時43分～24時34分、約5～20分間隔	ソウル駅まで23分
地下鉄	W1700 光化門駅まで	5時30分ごろ～24時ごろ、約5～15分間隔	光化門駅まで約30分
Kリムジンバス	運休中	8時30分～23時10分、20～30分間隔	約60分
高級リムジンバス	W8000～9000	6時22分～23時42分、20～30分間隔	約60分
一般リムジンバス	運休中	5時40分～23時40分、12～50分間隔	約60分

リムジンバス

明洞駅、ソウル駅、ロッテワールドなどにアクセス！

金浦国際空港からの主なリムジンバス路線

行き先	路線番号	種類	主な経由地
明洞駅、東大門駅方面 ※	6021	高級リムジン	ソウル駅、イビス・アンバサダー明洞、東大門歴史文化公園駅、明洞駅など
ソウル大学校	6003	高級リムジン	麻谷駅、九老駅、ソウル大学校など
倉洞・蘆原	6101	高級リムジン	蘆原駅、倉洞駅など

※運休中（2024年1月現在）

地下鉄とタクシーを使いこなそう
ソウル市内での交通

地下鉄は最も利用しやすい交通手段。駅名などの表記には漢字も併記されている。
タクシーは日本より料金が安いので利用しやすいが、市内バスは上級者向き。

地下鉄

ソウル市内では地下鉄が網の目のように走っており、ラインごとに色分けされているので観光客でも利用しやすい。

路線の種類

1号線	2号線
3号線	4号線
5号線	6号線
7号線	8号線
9号線	仁川1号線
仁川2号線	水仁・盆唐線
京義・中央線	空港鉄道
京春線	新盆唐線

料金 初乗りはW1500(T-money利用時W1400)。初乗りから10kmを超えると5kmごとにW100、50kmを超えると8kmごとにW100が追加される。
運行時間 5時30分〜24時30分ごろ(路線により異なる)
注意&ポイント
●改札は上下線によって分かれていることがあるので注意。●1回用交通カードの保証金払い戻しは、改札外の払い戻し機の操作が必要なので忘れずに。●地下鉄車内のドア付近に立つのはマナー違反。優先席には色やマークがついている。韓国では、一般席を含め、お年寄りには積極的に席を譲る人が多い。

きっぷの買い方

❶ 言語、購入切符を選ぶ
画面下から日本語表示に切り替え、左から2番目の「目的地の選択」をプッシュ

↓

❷ 降車駅を選ぶ
画面から降車駅を選択

↓

❸ 乗車人数を選ぶ
複数人数を同時に購入できる。購入枚数の数字を押すと、保証金のW500が加算された金額が自動的に表示される

↓

❹ 料金を支払う
必要な金額を確認し料金を投入する

↓

❺ カードを受け取る
料金を投入するとカードが出てくる

地下鉄の乗り方

❶ 改札を探す
案内表示に従って通路を進んでいく

↓

❷ 改札を通る
1回用交通カードか、T-moneyを自動改札にタッチする

↓

❸ ホームに出る
駅構内やホームの案内板で進行方向を確認

↓

❹ 乗換駅を確認
路線図で乗換駅を確認。駅名だけでなく、乗り換えに便利な降車位置も示されている

↓

❺ 乗り換え
乗り換えは路線ごとの色と番号を頼りに進む

↓

❻ 改札を出る
改札手前でT-moneyの精算、チャージができる。残高不足のときは利用しよう

↓

❼ 保証金を払い戻す
改札を出たところに1回用交通カードの保証金払い戻し機がある。カードを入れるとW500が戻ってくる

ソウルの地下鉄は再利用可能なプラスチック製のカード式切符を使用している。あらかじめ保証金W500を上乗せした金額で目的地まで切符を購入し、目的地でW500が返金される。

タクシー

ソウル市内の主要エリアはタクシーも多く走っている。日本よりも料金が安く利用しやすい。模範タクシー、インターナショナルタクシーなどを利用すると安心だ。

料金	メーター制で、一般タクシーが初乗りW4800（1.6kmまで）、以降は131mか、30秒ごとにW100ずつ加算される。

運行時間 24時間

注意&ポイント／●乗車したら運転手の身分証明書とメーターがあるかをチェック。なければ違法タクシーの可能性があるのですぐに下車しよう。●渋滞する時間帯のタクシー利用は避けた方が無難。ピークは朝7〜10時ごろと夕方17〜19時ごろ。深夜は割増料金あり。

タクシーの乗り方

❶ 空車を見つける
街なかのタクシー乗り場を探すか、流しのタクシーを手を挙げて止める

❷ タクシーに乗る
自動ドアではないので自分で開けて乗車。降車時も同様に自分で閉めて降りよう

❸ 目的地を伝える
ソウルはカーナビ搭載のタクシーも多い。事前に目的地の名前と住所をハングルで書いたメモを用意しておくと確実。地図は見せても伝わらないことが多い

❹ メーターを確認
車が動き出したら必ずメーターを確認すること。ついていない場合はぼったくりの被害に遭う可能性もある

❺ 料金を支払う
現金のほかT-moneyやクレジットカードが使えるタクシーが多い。おつりは必ずその場でチェックすること。チップは不要

タクシーの種類

一般タクシー
いちばんポピュラーで台数の多いタクシー。ドライバーのマナーはだいぶよくなったが、終電のなくなった深夜は注意が必要。近距離だと乗車拒否を受けることもある。初乗りW4800。

模範タクシー
一般タクシーよりも値段は高いが、優良ドライバーが多くトラブルが少ない。黒い車体とゴールドのラインが目印。台数が少ないので流しを狙ってつかまえるのは難しいが、乗客の多い場所には専用の乗り場もある。初乗りW7000。

ジャンボタクシー
最大で8人まで乗車できる大型タクシー。人数が多いときや荷物がたくさんあるときに便利。料金は模範タクシーと同じ。これに似せた違法ぼったくりタクシーが多いので、利用時はホテルなどで手配してもらおう。初乗りW7000。

インターナショナルタクシー
英語や日本語などができるドライバーのタクシー。中型はオレンジ色の車体に、「International TAXI」と書かれた黒いラインが目印。色だけだとソウル市の運営するタクシーと間違えやすいので注意。初乗り中型W4800、大型W7000。

市バス

いたるところをバス路線が網羅している。有効に活用できれば、移動時間の短縮になることも多い。バス番号をきちんと確認してから乗車しよう。

料金	W1500〜

運行時間 路線により異なるが5時台〜23時ごろ。深夜バスも運行している。

注意&ポイント
●表示や案内のほとんどがハングルであるため、慣れないと乗りこなすのは難しく上級者向け。●車内でW5万、W10万札の両替はできない。T-moneyカードで支払うのがスマート。

バスの乗り方

❶ バス停で待つ
バス停で到着するバスの番号と方向を確認。到着時間を表示する案内板があることも。大通りでは道路の真ん中に島状のバス停があるので注意して渡ろう

❷ 料金を支払う
ソウルのバスは前乗りで先払い。現金の場合は運転席脇のボックスに入れ、T-moneyの場合は機械にタッチする。乗車時に降りたいバス停の名前を運転手に伝え、正しいバスかどうか確認しておくとより確実だ

❸ 降車する
降りたいバス停が近づいたらボタンを押す。韓国語のアナウンスのみの場合も多い。T-money利用の場合は、乗り換え時の割引サービスがあるので、降車時にもタッチする癖をつけておきたい

旅のきほん

入出国

空港ガイド

空港から市内への交通

ソウル市内での交通

お金のこと

旅のアドバイス

両替はどうする？ 物価は安い？
ソウルのお金のこと

ショッピング天国・ソウルだけに物価や両替の基礎知識は気になるところ。
お得な両替術や知っておくべきお金事情、旅の予算などを詳しくご紹介！

韓国の通貨とレート

通貨単位はウォン（W）

硬貨・紙幣は新旧両方が流通しており、どちらも使用可能。韓国はクレジットカードの利用率が高く、市場や屋台などの例外を除き、デパートやスーパー、コンビニ、町の個人商店やタクシーに至るまで多くの場所でクレジットカードが使える。近年、居酒屋やバーなどでは、現金払いが断られることもあり、クレジットカードの携帯は必須。

W100 ＝ 約11円

（2024年1月現在）

紙幣はW5万、W1万、W5000、W1000の4種類。硬貨はW500、W100、W50、W10、W5、W1の6種類ある。ただし、W5、W1のコインは現在ではほとんど流通していない。日本のコインと大きさや色がよく似ているので注意。

紙幣

W5万 ／ W1万 ／ W5000 ／ W1000

硬貨

W500　W100　W50　W10

両替はどうする？

日本国内で事前に準備するよりも、韓国で両替するほうが断然レートがいい。

空港	銀行	ホテル	一般両替	ATM
安全＆便利	営業所数が多い	営業時間が長い	レートは最強	見つけやすい
入国直後や帰国直前に利用することができる。レートはあまりよくないが、空港⇔市内間の交通費など、とりあえず必要な分の現金を両替するのには便利。	数が多いので観光中にも見つけやすい。同じ銀行でも、空港より街なかの店舗のほうがレートがいい場合も。夜間、週末には利用不可（一部店舗を除く）。	宿泊客であれば基本的に24時間利用でき、日本語対応可能な場合も。2024年1月現在、明洞や東大門の一部ホテルなどに自動両替機が設置されている。	営業時間が比較的長く（21時前後まで、週末営業など）便利。明洞など繁華街には多いが、エリアによっては探しづらいことも。場所を事前に把握しておこう。	国際キャッシュカードや海外専用トラベルプリペイドカードがあれば、銀行、地下鉄駅、コンビニなどに設置されているATMから、必要な分だけ現金を引き出せる。

両替のオキテ

! 空港やホテルは両替手数料がかかり、繰り返すたびに費用がかさむ。公認両替所だと手数料なしの場合も多い。

! レートは両替場所によって大きく異なる。一般的には、街なかの両替所、銀行や空港、ホテルの順にレートがよい。

! 両替をするときには、外国人旅行者だとパスポートの提示を求められることがある。忘れずに携帯しておこう。

! 両替をすると外国為替買入証明書が渡される。現地で日本円に再両替する際に必要なので、捨ててしまわないように。

→ ATMでお金をおろす

銀行のほか、地下鉄やコンビニにもATMが設置されている。CirrusやPLUSのマークの付いた国際キャッシュカードなら日本の自分の口座からウォンが引き出せる。VisaやMastercardなどクレジットカードのキャッシングも可能。

1 カードを挿入
読み取るとすぐにカードが出てくる機種もあるので注意。

2 「日本語」「INTERNATIONAL」を選択
海外取引に進む。日本語が選べる場合はそちらに。

3 「海外カード」「FOREIGN CARD」を選択
韓国以外で発行したカードからの取引を選択する。

4 「キャッシング」の項目を選択
「キャッシュサービス」、「WITHDRAWAL(引き出し)」などの項目を選ぶ。

5 暗証番号(PIN CODE)を入力
日本の決済時と同じ4桁番号を入力。英語の場合「ENTER PIN」の画面へ。

6 金額を入力し、現地通貨を受け取る
希望金額を選ぶか、直接金額を入力。現金を受け取る。

※操作方法は機種によって異なる場合も

〈主要な銀行〉

新韓銀行

KEBハナ銀行

KB国民銀行

ウリ銀行

知っておくべき韓国のお金事情

● 韓国は**クレジットカードの利用率が世界でもトップクラス**といわれるほど非常に高く、多くの場所で使用できる。
● 市場や屋台は現金払いが多いので**小銭を用意**しておこう。
● タクシーは、クレジットカードやT-moneyカードで支払える場合も多い。現金の持ち合わせがない場合は、乗る前にカード利用可能か確認を。
● 韓国に**チップの習慣はない**。ただし、タクシーで重い荷物を運んでもらったりした場合はW1000〜2000を目安にチップを渡そう。

旅の予算

食費・交通費・観光費について、現地の主な物価の目安をチェックしておこう。これに可変部分にあたるショッピングの予算を足せば、1日当たりの旅の予算が立てやすくなる。

■ 食事代の目安

朝食&ランチは、ローカル系メニューならW1万以下。ディナーをやや奮発してもひとりW5万程度と考えていい。1日W10万あれば贅沢ができそう。

朝ごはん	お粥W6000〜、ソルロンタンW1万〜
昼ごはん	ビビムパブ W1万〜、スンドゥブチゲ定食W9000〜
おやつ	ホットク W1000〜、トッポッギW2000〜
お茶	韓国伝統茶W8000〜、コーヒーW5000〜
夜ごはん	焼肉(1人前)飲み物込みでW3万〜

■ 交通費の目安

地下鉄5〜6区間、タクシーに2回程度乗ったとして、予算はW2万程度。T-moneyカードにチャージして利用するのが便利。

タクシー	初乗りW4800
地下鉄	初乗り W1500

■ 観光費の目安

施設入場料等の価格は、日本とほぼ変わらない。W3〜4万程度と考えていいだろう。事前に調べて予算を立てよう。

景福宮	W3000
漢江遊覧船	W1万6900〜
Nソウルタワー展望台	W2万7100

■ + ■ + ■ = **1日あたり約1万円**
+ショッピング代

物価の目安

食品は品目によって、日本の物価とほぼ変わらないものもあれば、安いものも。交通費は日本よりやや低め。

ミネラルウォーター(500ml)
W500〜

スターバックスコーヒー
W4500
(アメリカーノ/トールサイズ)

ビール (355ml缶)
W3000〜

タクシー初乗り
W4800〜
(2023年11月現在)

出発前にも、現地でも
知っておきたい旅のあれこれ

飲料水やトイレ事情、Wi-Fi事情、飲酒・喫煙のマナーなど、韓国旅行中に気になるあれこれをまとめて解決。けが・病気、盗難などトラブル対処法もこちらで。

基本のローカルルール

しっかりチェックしておきたいのは喫煙・飲酒・交通など法律に関するルール。日本と異なる場合もある。

電圧・電源

220V、60Hzが主流だが、110Vのところもある。日本の100Vの電化製品は変圧式を用意したほうがよい。差し込みプラグの形はA、C、SEの3種類がある。

Aタイプ

喫煙

2015年から飲食店は全面禁煙。2016年には、地下鉄の出入口10m以内が禁煙区域に設定された。公共の施設や公園などでは禁煙区域も多い。主要駅近くには、日本のような「喫煙ブース」がある。

交通マナー

自動車は右側通行。地下鉄では混んでいても優先席は空けておく。座席が必要な人が乗ってきたらどの席でも譲るのが一般的。その他、ソウルの路線バスの車内では、飲食物の持ち込みが禁止されているので注意。

飲酒

飲酒は満19歳から。韓国では、酒の席は大切なコミュニケーションの場。目上の人からお酒を注がれる場合は、グラスを両手で持って。女性が家族や親戚以外の男性にお酌するのはよくないという常識も知っておこう。

暦

基本的に西暦だが、一部の祝祭日は年によって日付が変わる旧暦を採用している。特に旧正月や秋夕（お盆）は休業する店が多いので、旅行する前に確認しておこう。

営業時間

コンビニは24時間営業が基本。飲食店は21時ごろには閉店するところが多い。官公庁は9〜18時、銀行は9〜16時が一般的。いずれも土・日曜は休み。旧正月と秋夕（お盆）はほとんどの店が休みとなるので、旅行の計画時には注意。

トイレ

ホテル、デパートなどには一般的に清潔な水洗トイレがある。小さな飲食店や街なかの公衆トイレは、ペーパーがない場合も。ペーパーを流せないトイレは、日本語・英語でも表記されているので、使用前に確認しておこう。

飲料水

韓国の水道水は飲むこともできるが、飲用に適しているとはいえない。コンビニなどでミネラルウォーターを購入しよう。韓国産のものなら、500mlのペットボトルでW500〜1000程度。

治安

韓国の治安は問題ないが、人通りの少ない道を一人で歩いたり、荷物から目を離したりしないなど最低限の注意は必要。日本語で話しかけてくる人も多いが、用心は忘れずに。明洞や南大門市場、東大門周辺などの混雑する場所ではスリにご用心。

インターネット接続

ソウルにはいたるところに無料Wi-Fiスポットがある。空港などの公共施設などでは無料でWi-Fi接続ができ、ほとんどのホテル、ショップ、カフェ、タクシーでも無料Wi-Fiを提供している。接続するためにパスワードやログインが必要な場合は、店の人にパスワードを尋ねよう。常時Wi-Fiを接続したい場合は、日本の空港や現地空港で海外用Wi-Fiルーターをレンタルすれば安心。

「韓国旅行KONEST」

韓国旅行情報の専門サイト。ホテルやエステの格安予約から、グルメや観光スポットのおすすめ情報まで充実。お得なクーポンの掲載もある。地下鉄路線図のスマホ用アプリも配信。

URL www.konest.com

お役立ちアプリ

NAVER Map, Navigation
韓国旅行に便利な地図アプリ

Papago - AI通訳・翻訳
NAVERのAI翻訳サービス

Google翻訳
看板やメニューの写真を翻訳できる

Subway Korea
ソウルの地下鉄アプリ。日本語で表示可

Foodie フーディー
食べ物の写真がおしゃれに撮れるアプリ

郵便・宅配便の出し方

郵便物は郵便局の窓口かポストへ出すほか、ホテルのフロントに頼んで投函してもらうこともできる。日本への航空便は普通はがきがW430、封書は10gまでW570。通常は5〜10日で届く。赤字で「JAPAN」「AIR MAIL」と明記すれば、宛名は日本語でも問題ない。郵便局の営業時間は通常9〜18時。土・日曜、祝日は休み。明洞、南大門市場、東大門エリアなどには、日本への宅配便発送を代行してくれるお土産店、デパートもある。

けが・病気

ツアー参加者は、すぐに添乗員に連絡を。個人旅行の場合は、ホテルのフロントから医者を呼んでもらうか、海外旅行傷害保険証に記載されている緊急時の病院一覧を見て連絡を。海外旅行傷害保険に加入していれば帰国後に医療費を請求できるので、現地の病院で診断書や領収書をもらっておくこと。

海外旅行保険は必須

万が一のけがや病気に備えて、海外旅行保険には入っておきたい。多数の保険会社がインターネットで受付を行っているので、ホームページを確認しよう。また、空港のカウンターや自動販売機でも加入は可能。
・ジェイアイ傷害火災　[URL] tabiho.jp/tb/
・東京海上日動　[URL] www.tabikore.jp
・三井住友海上　[URL] ms-travel-ins.com
・AIG損保　[URL] travel.aig.co.jp

電話のかけ方

ホテルからかける場合は、外線番号を押し、相手の電話番号をダイヤルする。手数料がかかる場合もある。ソウルの市外局番は02。公衆電話は数が少ない。

韓国から日本への国際電話

直通ダイヤルの場合			
001、002 ほか005、008、00700など 国際電話識別番号	▶ **81** 日本の国番号	▶ 市外局番 最初の0はとる	▶ 相手先の電話番号

日本の03-1234-5678にかける場合**001-81-3-1234-5678**となる

日本から韓国への国際電話

010 国際電話識別番号	▶ **82** 韓国の国番号	▶ 市外局番 最初の0はとる	▶ 相手先の電話番号

韓国の02-1234-5678にかける場合**010-82-2-1234-5678**となる

アプリを利用して無料通話！

各携帯キャリアの海外パケット定額プランへの申込み、もしくはWi-Fiを経由すれば無料通話が可能

LINE：自分と相手がどちらもインストールしてあれば、国内同様無料通話ができる。日本にいるときと変わらないトークと写真のやり取りもできる。

Messenger：お互いにインストールしてあれば利用可能。メッセージはもちろん、通話も無料。さらにビデオ通話も楽しめる。

盗難・紛失

多額の現金は持ち歩かず、ホテルのセーフティボックスなどを活用したい。万が一盗難や紛失が起きた場合でも、落ち着いて下記の手続きを。

クレジットカード

現地または日本にあるカード会社のサービスデスクにすぐに連絡し、カード無効化の手続きを。カード会社によっては、現地で再発行が受けられる場合も。

問合先
・Visaグローバル・カスタマー・アシスタンス・サービス
　[URL] visa.co.jp
・MasterCard グローバル・サービス
　[URL] mastercard.co.jp
・JCBカード
　紛失盗難受付デスク
　[URL] jcb.jp
・アメリカン・エキスプレス
　グローバル・ホットライン
　[URL] americanexpress.com

現金・貴重品

警察に届け、紛失・盗難証明書を発行してもらう。ホテル内で盗難にあった場合は、フロントを通じて警察に連絡する。貴重品については、帰国後に保険会社に連絡し保険金の請求を行う。現金は基本的に保険対象外。

パスポート

まず最寄りの警察署に行き、紛失・盗難証明書を発行してもらう。そして在大韓民国日本国大使館領事部に行き、紛失届を提出し、帰国のための渡航書を申請する。必要なものは、韓国警察署の紛失届出の証明書1部、写真（縦45mm×横35mm）2枚、戸籍謄本など日本国籍を証明できる書類、帰国する飛行機などの便名、手数料。通常、申請から当日もしくは翌日ともに受け取れる。パスポートの新規発給には、別途戸籍謄本などが必要になり、5日（休館日を除く）程度かかる。

緊急時には！

緊急時・現地情報（ソウル）

在大韓民国日本国大使館
鍾路区栗谷路6
ツインツリータワーA棟
☎02-2170-5200

観光通訳案内電話
☎1330（以下、局番なし）

警察　☎112

消防・救急車　☎119

日本語が通じる病院

**カトリック大学ソウル
聖母病院 国際診療センター**
☎02-2258-5747
（平日8〜17時）

セブランス病院
☎02-2228-5801
（平日8時30分〜17時30分）

見たい、食べたい、行きたい場所がすぐわかる♪

せかたび的 ソウル まとめ。

「せかたびソウル」に掲載の物件を
ジャンルごとに一覧できる
便利なインデックス。
レストランにショップ、観光スポットまで
行きたいところをチェック！

明洞……エリア名
肉……ジャンル名
MAP P00A0……MAP掲載ページ
P000……本誌掲載ページ
★★★……ソウルの魅力あふれる、絶対に行きたい場所
★★……滞在中、時間に余裕があれば行ってみたい場所
★……「知りたい」「やってみたい」と興味があれば楽しめる場所
[定番]……ソウルを代表する超有名店。一度は足を運んでみよう
[オススメ!]……編集部のオススメ店。ぜひチェックしてみて

エリア名 店・スポット名 / 評価 / ジャンル名 / ひと言コメント / MAP掲載ページ

🍴おいしいもの

[あ]

狎鷗亭洞 狎鷗亭カルサムギョプサル（アプクジョンカルサムギョプサル）
[肉] 包丁目を300回入れることでやわらかくなった豚バラ肉は何個でも食べられそう。🕒11時30分～14時、17～23時(22時40分LO) [休]日曜

MAP P21D1 / P54•212

明洞 [オススメ!] イナムジャン
[スープ] コク深い牛スープ、ソルロンタンの専門店。卓上の塩、刻みネギ、粉唐辛子で味を調整する。🕒9時30分～21時30分(21時LO) [休]なし
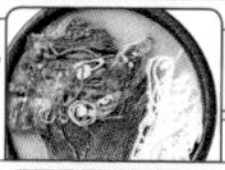
MAP P7E1 / P181

三清洞 利パ（イパ）
[定食] お昼どきは女性客で満席になるほど人気のおむすび専門店。テイクアウトも可。🕒11～21時(水・土曜は～売り切れまで) [休]日曜

MAP P13C4 / P193

東大門 元祖ウォンハルメソムンナンタッカンマリ（ウォンジョ ウォンハルメ ソムンナンタッカンマリ）
[鍋] 江原道の山村出身のウォンばあさんが切り盛りするタッカンマリ横丁の老舗。🕒10～23時（22時LO）[休]なし

MAP P17B1 / P197

江南 ウルミルデコップネンミョン
[麺] 麻浦に本店があり、約50年の歴史がある平壌式冷麺店。韓牛にこだわったスープと麺の相性◎。🕒11～22時(21時30分LO) [休]なし

MAP P18C4 / P61

冷たいシンプルなスープの平壌式冷麺

東大門 [オススメ!] ウンジュジョン
[鍋] 昼はキムチチゲ、夜はキムチチゲ＋サムギョプサルとメニュー2品で勝負するキムチチゲの名店。🕒11時30分～22時(21時LO) [休]日曜

MAP P17A2 / P65

江南 エッグドロップ
[テイクアウト] SNSで話題の卵サンド専門店。メニューは6種類で、ボリュームも◎。🕒7～22時(21時30分LO) [休]なし

MAP P18B4 / P74

カロスキル [オススメ!] オーサム・ローズ
[ヘルシー] 乙女心をくすぐるバラモチーフのレストラン。高級感あふれるインテリアがおしゃれ女子の間で大人気。🕒11～22時(21時LO) [休]なし

MAP P20A2 / P208

東大門 [オススメ!] 五壮洞興南家（オジャンドンフンナムチブ）
[麺] 1953年創業で、現在は3代目が切り盛りする咸興冷麺の老舗。咸興式ならこちらへ。🕒11時～20時30分(20時LO) [休]水曜

MAP P17A2 / P61

コシのある麺を辛口ソースで和える咸興式冷麺

明洞 オッパダック
[肉] すべてのチキンメニューを専用オーブンで焼き上げるヘルシーチキン専門店。カロリー控えめでお酒のお供にも！🕒14時～翌2時 [休]なし

MAP P9D2 / P57

三清洞 オンマウル	スープ	野菜だしにたっぷりのアサリを加えたコンスンドゥブチゲ、おからを煮込んだコンビジチゲが人気。⏰11〜21時(20時30分LO) 🗓なし	MAP P13A1 P63
か **カロスキル** 定番 カサミール	ヘルシー	インテリアブランド「カサミア」がプロデュースするおしゃれカフェ。⏰11時30分〜15時30分、17〜22時(21時LO)※土・日曜は11時30分〜22時 🗓なし	MAP P20A2 P206・209
南大門 カメゴル・イェンナル・ソン ワンマンドゥ	屋台・テイクアウト	1959年創業のマンドゥ専門店。肉まん、あんまん、キムチまん、エビまんのほか、カルグクスや冷麺などもある。⏰8〜20時 🗓日曜	MAP P6A4 P183
鍾路 カルメギサル通り	肉	カルメギサル(豚の横隔膜)やサムギョプサルを提供する焼肉店が集まり、夕方から深夜にかけて地元客で賑わう。⏰🗓店舗により異なる	MAP P11F3 P71
東大門 江原道元祖カルグクス カンウォンドウォンジョカルグクス	麺	生地から手打ちするカルグクス(韓国式うどん)専門店。キムチ餃子入りカルマンドゥが人気。⏰9時30分〜19時30分(18時30分LO) 🗓火曜	MAP P17A1 P60・194
東大門 定番 広蔵市場 クァンジャンシジャン	屋台	市場の路地に屋台がひしめき、さまざまな韓国B級グルメを楽しめる。観光客に人気で、外国語メニューがある屋台も多い。⏰店により異なる	MAP P17A1 P70
光化門 光化門クッパ クァンファムンクッパ	スープ	赤身肉のみでだしをとる豚クッパが看板。⏰11時〜14時30分、17時30分〜21時40分(土曜は12時〜14時30分、17時30分〜21時) 🗓日曜	MAP P10C4 P63
市庁 オススメ! クジョンオッ本店 クジョンオッポンジョム	肉	北倉洞うまいもの横丁の韓牛専門店。店のシグネチャーメニューである、牛を象ったユッケをぜひ。⏰11〜14時、17〜22時(20時50分LO) 🗓日曜	MAP P8A3 P52
三清洞 クンキワチプ	海鮮	代々伝わる自家製醤油に3日間漬け込み作るカンジャンケジャンが人気の店。⏰11時30分〜15時、17時30分〜21時(20時LO) 🗓月曜	MAP P13B4 P192
東大門 ケリムウォン	肉	もち米を詰め込んだロースト鶏肉ヌルンジトンダックが食べられる。東大門ショッピングの帰りに。⏰16時〜翌0時(22時LO) 🗓なし	MAP P17C1 P57・195
忠武路 コリアハウス	定食	韓国の伝統文化を体験できる施設内のレストラン。⏰11時30分〜15時(14時30分LO)、17〜22時(20時30分LO)※行事により異なる 🗓月曜	MAP P7F2 P66
市庁 定番 高麗参鶏湯 コリョサムゲタン	スープ	参鶏湯を人気料理に押し上げた店。若鶏のだしが効いた塩味のスープはコクがあり、マイルドな味わい。⏰8時30分〜21時(20時30分LO) 🗓なし	MAP P6C1 P63
さ **カロスキル** サノ	ご飯	地方食材や郷土料理を幅広く提供。ユッケビビンパプの牛肉は地方から仕入れる韓牛を使用。⏰11時30分〜23時 🗓日曜	MAP P20A2 P58
梨泰院 シゴルパプサン	定食	食の宝庫・全羅道エリア出身のオモニが手作りする日替わりのおかずが味わえる。⏰10時〜20時30分(19時30分LO) 🗓なし	MAP P16C4 P67・203
江南 シゴルヤチェテンジャン	ご飯	江南で30年以上営業を続ける庶民的な食堂。自家製味噌を使ったテンジャンビビンパプが看板料理。⏰9〜15時、17〜22時 🗓なし	MAP P18B4 P59
明洞 秀味家 スミガ	肉	ロース、ハラミ、味付けカルビなどが選べる焼肉食べ放題店。肉の種類によって3段階の料金設定。⏰10〜23時(22時LO) 🗓なし	MAP P8C2 P76
梨泰院 24時ピョダギカムジャタンタッカンマリ 24シピョダギカムジャタンタッカンマリ	鍋	国産豚の背骨肉をじっくり煮込んだカムジャタンと濃厚なスープが自慢のタッカンマリ専門店。⏰24時間(月曜は〜翌8時、水曜は7時〜) 🗓火曜	MAP P4C2 P205

餃子2個
ルマン
000

が
トな
ッケ

ソウルで焼肉
食べ放題に
挑戦!

	エリア名 店・スポット名	評価	ジャンル名	ひと言コメント	MAP 掲載ページ

おいしいもの

明洞
ソウル参鶏湯
ソウルサムゲタン
スープ
創業45年の参鶏湯店。アワビの肝をすりつぶしてコクを加えたスープが自慢。⏱9時30分～15時（土曜は10時～）、17時～21時30分（土曜は～21時）㊡10～4月の日曜
MAP P8A2 / P180

明洞 オススメ！
小公粥家
ソゴンチュクチプ
ご飯
アワビやウニ、カニなど高級海産物をたっぷり使った粥の専門店。⏱8～20時（土・日曜、祝日は～15時）LOは各閉店の1時間前 ㊡なし
MAP P8A2 / P181

景福宮周辺 定番
石坡廊
ソッパラン
定食
朝鮮王朝最後の王の別荘「石坡亭」の別棟を移築、復元した宮廷韓国料理店。⏱12～15時（14時LO）、18～22時（20時LO）㊡なし
MAP P4B1 / P66

カロスキル
松炭プデチゲ
ソンタンプデチゲ
鍋
ハムやソーセージが入ったプデチゲ（部隊鍋）が人気のメディア露出多数の店。特プデチゲ1人前W1万4000。⏱24時間 ㊡なし
MAP P20B3 / P65

三清洞
ダウンタウンナー
テイクアウト
気軽においしいハンバーガーを食べてほしいとオープン。小箱入りなので手を汚さず食べられる。⏱11～21時（20時LO）㊡なし
MAP P13C4 / P75

東大門
陳玉華ハルメ元祖タッカンマリ
チノックァ ハルメ ウォンジョ タッカンマリ
鍋
多くのリピーターが足を運ぶタッカンマリの人気店。あっさりしたスープで、〆のうどんも◎。⏱10～23時（22時LO）㊡なし
MAP P17B1 / P197

仁寺洞
チャニャンチプ
麺
メニューは、カルグクス、肉餃子、キムチ餃子の3品のみ。あさり、ムール貝が入ったヘムルカルグクスが人気。⏱10～21時 ㊡日曜
MAP P12C3 / P60

江南 定番
チャンインタッカルビ
肉
看板メニューは、豚肉とキャベツが入った甘辛いタッカルビにチーズ（W4000）をトッピングしたチーズタッカルビ。⏱11時～22時50分（22時LO）㊡なし
MAP P18B4 / P56

益善洞
昌華堂益善洞店
チャンファダン イクソンドンジョム
肉
行列の餃子専門店。オーダー後に焼き始める餃子は、皮はカリッと、中は肉汁たっぷり。⏱11時30分～14時、15～21時 ㊡なし
MAP P12C3 / P189

南大門
中央王チョッパル
チュンアンワンチョッパル
肉
南大門市場のメイン通りにあるチョッパル（豚足）専門店。夜はビールや焼酎と一緒に。⏱8～21時 ㊡なし
MAP P6A3 / P178

新村
春川家タッカルビ・マックス
チュンチョンチッ タッカルビ マックッス
肉
江原道春川の名物料理である本格的なタッカルビを味わえる。スタッフがテーブルで調理してくれる。⏱11時～22時30分（21時LO）㊡なし
MAP P16A1 / P210

孔徳
チョッパル横丁＆チヂミ横丁
屋台
昔ながらの在来市場である孔徳市場内にある横丁。B級グルメスポットとして、観光客にも人気。⏱店舗により異なる
MAP P4B2 / P51

市庁 オススメ！
チョンウォンスンドゥブ チョッパル
スープ
ピリ辛豆腐鍋スンドゥブ専門店。ご飯とスンドゥブを混ぜると味がマイルドに。⏱10～15時、17～22時（土曜は10時30分～15時）㊡日曜
MAP P6C1 / P62

カロスキル 定番
全州現代屋
チョンジュヒョンデオッ
スープ
ソウルっ子の定番朝ごはん、豆もやしのスープごはん（コンナムルクッパプ）が名物の店。⏱8～23時 ㊡なし
MAP P20A3 / P208

東大門 定番
陳元祖補身タッカンマリ
チンウォンジョボシンタッカンマリ
鍋
ひな鶏をまるごと煮込んだ滋味鍋タッカンマリの専門店。韓方を使った独自のスープが自慢。⏱10～23時（22時LO）※鶏がなくなり次第終了 ㊡なし
MAP P17B1 / P64・197

市庁 定番
晋州会館
チンジュフェグァン
麺
韓国産の豆を挽いて作った香ばしい冷製スープにこしのある麺が入ったコングクスが看板。⏱10時30分～21時（土曜は～20時）㊡日曜
MAP P6C1 / P60

麻浦 オススメ！
眞味食堂
チンミシクタン
海鮮
忠清南道瑞山から取り寄せたワタリガニのカンジャンケジャンが人気。⏱12時～15時30分（14時30分LO）、17～20時 ㊡日曜、祝日
MAP P4B2 / P68

トローリとろけるチーズタッカルビ！

ポタージュのようなコングクス W1万5000

エリア名 店・スポット名	評価	ジャンル名	ひと言コメント	MAP 掲載ページ
鐘路 テンジャンイェスルグァスル		ご飯	テンジャン定食が人気。黒米入りご飯にカンテンジャンという熟成味噌をのせ、ニラやナムルと混ぜて食べる。⏰11〜15時、16時30分〜22時※LO各30分前 ㊡日曜	MAP P12B4 P58
明洞 トゥッキ		トッポッギ	トッポッギ食べ放題の店。豊富な種類の餅や麺類、野菜、ソースが並び、おでんなどのサイドメニューも充実。⏰11時〜21時20分(20時20分LO) ㊡なし	MAP P9E3 P76
忠正路 トゥトゥム		肉	豚熟成肉のサムギョプサルが人気。木炭を使用するため焼き上がりは香ばしい。⏰15時30分〜22時(21時20分LO)、土・日曜は13時〜 ㊡なし	MAP P6B2 P55
景福宮 土俗村参鶏湯 トッチョンサムゲタン		スープ	ランチタイムは行列になる参鶏湯の有名店。2時間かけて煮込むため身はホロホロ。⏰10〜22時(21時30分LO) ㊡なし	MAP P10C2 P193
新村 オススメ! トントンデジ		肉	看板メニューは厚切りサムギョプサルとモクサル。秘伝の醤油ダレにきな粉を足していただこう。⏰16時30分〜翌1時(翌0時LO) ㊡なし	MAP P16A1 P54
市庁 南山フグチプ ナムサンポクチプ		鍋	30年以上続くフグ料理専門店。フグ鍋は、やわらかいフグの食感がたまらない。⏰11時30分〜21時30分 ㊡土・日曜	MAP P8A2 P65
南大門 南大門市場うまいもん横丁 ナンデムンシジャン		屋台	明洞の南側に隣接し、1万軒以上の店が集まる南大門市場のグルメ横丁。カルグクス店が並ぶ横丁、太刀魚料理店の横丁などがある。⏰店舗により異なる	MAP P6B3 P71
新村 オススメ! ネガチマンタク		肉	最高級の鶏肉を使ったチムタク(蒸し鶏)の専門店。ボリューム満点のチーズチムタクならこちらへ。⏰10〜22時 ㊡なし	MAP P16A1 P57
東大門 BBQチキン&ビール		テイクアウト	オリーブオイルで揚げるヘルシーなオリジナルのフライドチキン専門店。ヤンニョムチキンや激辛マラ・ホット・チキンなども。⏰16時〜翌1時 ㊡なし	MAP P17B2 P75
狎鷗亭洞 ハヌリ韓定食 ハヌリハンジョンシク		定食	伝統的な韓定食を提供する高級老舗店。厳選食材使用の料理は上品な味付け。⏰11時30分〜15時(14時LO)、17時30分〜22時(21時LO) ㊡なし	MAP P20C2 P66
明洞 ハムチョカンジャンケジャン		海鮮	ハムチョという植物エキスが入った醤油ダレに漬け込んだカンジャンケジャンが看板。カニ本来の風味が広がる。⏰11〜23時(22時LO) ㊡なし	MAP P9E3 P68
狎鷗亭洞 オススメ! パラッ		ご飯	韓国全土から旬の魚介を取り寄せる海鮮料理専門店。ウニやカニたっぷりのビビムパプが人気。⏰11時30分〜15時、17時30分〜22時 ㊡なし	MAP P20C2 P59
汝矣島 韓美屋汝矣島店 ハンミオッヨイドジョム		肉	チャドルバギ(ともばら肉)を宮廷料理・クジョルパン風にアレンジ。⏰11時〜14時30分、17〜22時(土・日曜は12〜15時、17〜22時) ㊡なし	MAP P4B3 P53
東大門 平壌麺屋 ビョンヤンミョノク		麺	北朝鮮の平壌で冷麺店を営んでいた初代の味を引き継ぐ本場の冷麺を提供。⏰11時〜20時20分(20時LO)※冷麺は除く ㊡なし	MAP P17B2 P61
市庁 火砲食堂 ファポシクタン		肉	低温熟成させたプレミアム肉のサムギョプサルは肉汁たっぷり。⏰11〜15時、17時〜翌0時(土曜は11時30分〜15時30分、17時〜翌0時) ㊡日曜	MAP P8A3 P55
三清洞 黄生家カルグクス ファンセンガカルグクス		麺	牛骨ダシのスープにコシのある手打ち麺が絡むカルグクスの名店。自家製の蒸し餃子入りスープも人気。⏰11時〜21時30分(20時40分LO) ㊡なし	MAP P13A3 P192
東大門 プチョンユッケ		肉	国産牛肉を秘伝のソースで味付けしたユッケは絶品。⏰10〜15時、16時〜21時30分(土・日曜は10時〜21時30分) ㊡第2・4日曜	MAP P17A1 P53

おいしいもの

プルコギや
ペパロニを
トッピング　ま

新沙　定番　プロカンジャンケジャン	海鮮 カンジャンケジャン通りの元祖。国産ワタリガニを秘伝の醤油ダレに3〜4日漬け込んで提供。🕐10〜23時 ㊡なし	MAP P20A4 / P68
延南洞　ペク・ボーイ・ピザ	テイクアウト 料理家のペク・ジョンウォン先生プロデュースのピザ専門店。注文は配達かテイクアウトのみ。🕐11時30分〜23時30分 ㊡なし	MAP P14B2 / P74
狎鷗亭洞　オススメ！　ペッコドン	海鮮 弾力ある生ダコ(サンナクチ)とイカをコチュジャンソースで炒めたピリ辛鍋を堪能。🕐11時30分〜22時(日曜、祝日は12時〜)※21時15分LO ㊡なし	MAP P21D1 / P69
梨大　ボックスクエア	屋台・テイクアウト コンテナを積み上げたスペースに飲食店やショップ約50店舗が集まる注目エリア。🕐11〜22時※店舗により異なる ㊡店舗により異なる	MAP P16B1 / P211
弘大　弘益ケジャン ホンイクケジャン	海鮮 ワタリガニの醤油漬けカンジャンケジャンをメインとした食べ放題店。コースにより唐辛子味噌漬けや鍋なども食べられる。🕐11〜15時、17〜22時 ㊡なし	MAP P4A2 / P76
明洞　定番　明洞餃子 ミョンドンギョジャ	麺 明洞老舗グルメの代表格。鶏ガラスープに、ニンニクの風味が効いた濃厚仕上げのカルグクスは絶品。🕐10時30分〜21時 ㊡なし	MAP P9E2 / P180
明洞　明洞咸興麺屋 ミョンドンハムンミョノク	麺 明洞で40年以上続く冷麺専門店。北朝鮮出身の主人の作る咸興式の冷麺は絶品。🕐11〜20時 ㊡日曜	MAP P9E3 / P181
明洞　ミョンファダン	テイクアウト キムパブが一番人気の老舗軽食店。おすすめのネンビククス(鍋焼きうどん)と一緒に味わおう。🕐9〜22時(21時30分LO) ㊡なし	MAP P9D3 / P74
弘大　ミス・チョッパル	肉 女性向けのおしゃれな豚足専門店。特製ダレやサラダとともに食べる新感覚豚足にトライ！🕐12時30分〜翌0時 ㊡なし	MAP P15D1 / P199
梨大　オススメ！　ミリネヘムルタン	海鮮 ワタリガニやエビ、イカ、トコブシ、アサリ、ムール貝などの豊富な海鮮が魅力の海鮮鍋専門店。🕐11〜23時 ㊡なし	MAP P16C1 / P69
明洞　武橋洞プゴクチプ ムギョドン プゴクチプ	スープ 1968年創業のプゴクッ(干しダラスープ)の老舗。早朝のオープン時から行列ができる。🕐7〜20時(土・日曜は〜15時) ㊡なし	MAP P7D1 / P181
江南　無米有米キンパプ ムミユミキンパプ	テイクアウト 健康や美容意識の高い人から支持される野菜を巻く新感覚キムパブの店。🕐11時30分〜21時(日曜11時30分〜15時、17〜21時) ㊡なし	MAP P21D4 / P74
三清洞　モッシドンナ 三清洞店 モッシドンナサムチョンドンジョム	鍋 屋台定番のトッポッキを焼き餃子やおでん、麺などをセットにして鍋で提供。🕐10時30分〜20時(19時30分LO) ㊡なし	MAP P13A2 / P193
南山　定番　木覓山房 モンミョッサンバン	ご飯 素材を生かしたビビンバブをはじめ韓国料理を提供。昼時は混雑必至なので気をつけよう。🕐11〜15時、16〜20時(19時20分LO) ㊡なし	MAP P7E2 / P58
仁寺洞　オススメ！　両班宅 ヤンバンテク	定食 仁寺洞の路地裏にある韓定食の老舗。基本メニューは2人前以上から注文できる定食。🕐11時30分〜15時、17〜21時(20時LO) ㊡なし	MAP P12B3 / P67・185
東大門　ユッケ通り	肉 広蔵市場の一角にユッケとレバ刺しの専門店が連なる。生きテナガダコとユッケのコラボなど本場ならではの味を楽しめる。㊡店舗により異なる	MAP P17A1 / P51
東大門　定番　肉典食堂 ユッチョンシクタン	肉 大きく分厚いサムギョプサルと脂身が少ないモクサルが絶品と評判の豚肉料理専門店。🕐11〜15時、17〜22時(21時LO) ㊡なし	MAP P5D2 / P55

素材の味を
生かしたビ
ビンバプ　や

葉にプル
噌、ご飯
食べる

カフェタイム

エリア名 店・スポット名	評価	ジャンル名	ひと言コメント		MAP 掲載ページ
孔徳 駅前会館 ヨッチョンフェグァン		肉	人気は全羅南道に由来するパサップルコギ。🕐11～15時、17時～21時50分(土曜は11～15時、16時30分～21時20分)各閉店30分前LO [休]月曜		MAP P4B2 P53
[る] カロスキル ル・ブランチック		ヘルシー	いつでもブランチメニューが楽しめる店。イギリスの有名レストランで経歴を積んだシェフによるメニューは種類豊富。🕐10～21時(19時30分LO) [休]火曜		MAP P20A2 P209
[あ] 合井 アーバンプラント合井		ボタニカル	緑いっぱいの空間が気持ちいいカフェ。ヴィンテージ調の家具も素敵で、のんびりくつろげる。🕐10～22時 [休]なし		MAP P14B4 P87
仁寺洞 アルムダウン茶博物館 アルムダウンチャパンムルグァン		ピンス	伝統茶や紅茶などさまざまな種類のお茶を楽しめる韓屋カフェ。建物、展示品、茶器、メニューとすべてが美しい。🕐11時30分～20時(19時30分LO) [休]なし		MAP P12B3 P79
狎鷗亭洞 アワー・ベーカリー		ベーカリー	センスあふれるベーカリーカフェ。焼き立てパンを求め、多くの人が訪れる。カロスキルなどに支店も。🕐9～21時(土・日曜は10時～) [休]なし		MAP P21D2 P91
延南洞 ヴォルス・ガーデン		ボタニカル	住宅をリノベーションしたカフェ。空間ごとに異なる雰囲気が楽しめるのも◎。🕐11～22時 [休]なし		MAP P14A1 P87
[か] 安国 カフェ・オニオン安国店	オススメ!	韓屋	人気ベーカリーの3号店。約200年前もの韓屋を利用した趣あふれるカフェで、雰囲気抜群。🕐7～21時(土・日曜、祝日は9時～) [休]なし		MAP P12B1 P88
聖水洞 カフェ・オニオン聖水店	定番	ベーカリー	空き工場をリノベしたスタイリッシュなベーカリーカフェ。コンクリートやレンガの質感がおもしろい。🕐8～22時(土・日曜は10時～、21時30分LO) [休]なし		MAP P5E2 P91
梨泰院 カフェ・テープ		フォト映え	アーティスト、デザイナー、ミュージシャンらが企画したアーティスティックなカフェ。銀河モチーフのケーキが話題。🕐12～22時(金～日曜は～23時、LOは閉店1時間前) [休]なし		MAP P16A4 P85
聖水洞 カフェ ハラボジ工場 カペ ハラボジコンジャン		最旬カフェ	工場をリノベーションしたカフェ。3階建てで天井も高く広々開放感たっぷり。テラス席があるのも魅力。🕐11～22時(21時LO) [休]なし		MAP P5E2 P94
聖水洞 カント	オススメ!	スタイリッシュ	白黒ベースのインテリアやメニューがスタイリッシュ。長いベンチの座席もあり、ひとりでも居心地の良い空間がうれしい。🕐11～21時(20時30分LO) [休]なし		MAP P5D2 P83
二村 キョートマーブル		ベーカリー	1日平均1000本売れるデニッシュ食パンが話題のベーカリーカフェ。🕐8時～16時30分 [休]第2月曜		MAP P4C3 P91
延南洞 クァペ	定番	Kスイーツ	韓国の伝統的なおやつクァベギを現代的にアレンジ。ジューシーでもちもちとした生地は絶品。🕐10時30分～21時30分 [休]なし		MAP P14B2 P93
明洞 貢茶 明洞駅店 ゴンチャ ミョンドンエキテン		最旬カフェ	日本でも大人気の台湾茶専門店。ソウルでの期間限定メニューを狙いたい。🕐10～22時 [休]不定休		MAP P9D2 P94
[さ] 東大門 ザ・サンファ		韓方茶カフェ	風邪の予防などに韓国で飲まれる雙和茶(サンファ茶)を独自に開発し特許を取得。お茶のほか韓方を使ったお粥も。🕐10～22時 [休]なし		MAP P17B1 P176
東大門 ザ・ピオラ	オススメ!	ボタニカル	店内の生花や、プリザーブドフラワーと相性抜群のドリンクが人気のカフェ。🕐9時～21時30分(土・日曜、祝日は10～20時) [休]なし		MAP P17B2 P86
梨泰院 ザ・ベイカーズ・テーブル		ベーカリー	高級ホテルでパティシエを務めていたドイツ人シェフが焼く、30～40種類のパンをいただけるダイニング。🕐8～21時(日曜は～20時) [休]なし		MAP P16A3 P91

りべ
ーが
!

ジネジがキュ
トな昔ながら
揚げドーナツ

☕ カフェタイム

エリア名／店・スポット名	評価	ジャンル名	ひと言コメント	MAP／掲載ページ
梨泰院 サマーレーン		スタイリッシュ	ブランチ料理からベーカリー系のデザートまで揃う。年齢や国籍を問わず愛されるブランチカフェ。🕐7時30分～18時(17時LO) 🅟なし	MAP P16C4 P204
弘大 サムダコジ		スタイリッシュ	済州島の企業・三多水(サムダス)の直営カフェ。済州島産のフルーツやお茶、コーヒーなどを提供する。🕐11～23時(22時LO) 🅟なし	MAP P14C3 P200
新龍山 3チュン ロビー		フォト映え	建築家の仲間3人がプロデュース。アジトのような隠れ家的カフェで、おしゃれな空間が人気。🕐12時～22時30分(火・水曜～20時、LOは閉店の各30分前) 🅟水曜	MAP P4B3 P81
東大門 ジェイヒドゥンハウス		韓屋	築100年を超える韓屋を利用したカフェ。クロッフルアイスクリームのせなどの厳選メニューを用意。🕐12～18時 🅟不定休(インスタグラムで告知)	MAP P17B1 P89
延南洞 ジャムジャム	オススメ!	スタイリッシュ	テレビ局の有名生活情報番組の作家がプロデュース。グルメ取材から得た経験をベースにユニークなスイーツを提供。🕐10～22時(ブランチメニューは～17時LO) 🅟なし	MAP P14A1 P82
祭基洞 スターバックスコーヒー 京東1960店		最旬カフェ	在来市場「京東市場」内にあった劇場をリノベーション。劇場空間を生かし天井が高く開放的。🕐9時～21時30分(金～日曜、祝日は～22時) 🅟なし	MAP P5D1 P94
漢江公園 スターバックス ソウル・ウェーブ・アートセンター店		スタイリッシュ	ソウルウェーブアートセンター内にある「水の上に浮かぶ最も美しいスタバ」。船の中にいるような感覚に。🕐8～23時(土・日曜は7時30分～21時) 🅟なし	MAP P18A2 P83
漢城大入口 寿硯山房 スヨンサンバン		ピンス	1930年の建築当時のままの姿をほぼ残す貴重な韓屋で、韓国伝統茶を味わって。🕐11時30分～18時(17時LO)、土・日曜11時30分～18時、19時～22時(21時LO) 🅟月曜	MAP P4C1 P79
聖水洞 ソウル・オウム		フォト映え	オウムを象徴としたカラフルなインテリアやスイーツを展開する。評判のベーカリーメニューも要チェック！🕐8～23時 🅟なし	MAP P5D2 P81
益善洞 ソウル・コーヒー	定番	韓屋	「益善洞韓屋村」にある人気の韓屋カフェ。人気は、あんバターパンW4500。新旧が入り混ざったこだわりのインテリアにも注目。🕐11～22時 🅟なし	MAP P12C3 P89・189
カロスキル ソナ		フォト映え	一流レストランで腕を振るっていたオーナーシェフが作る見た目も味も華やかなデザートが評判。🕐12時30分～21時(20時30分LO) 🅟火曜	MAP P20A2 P84・207
明洞 ソルビン	定番	ピンス	韓国全土で大ブレイクし、日本にも上陸したプサン発のピンス専門店。🕐10～23時(22時40分LO) 🅟なし	MAP P9D2 P78
上水 団子屋 ダンゴチプ	オススメ!	ピンス	日本の団子がメインのカフェ。すべて自家製手作りで、かわいいビジュアルのユニークな団子メニューがたくさん。🕐12～22時(21時30分LO) 🅟なし	MAP P14C4 P78
三清洞 チャマシヌントゥル		韓屋	伝統茶やお菓子を楽しめる韓屋カフェ。緑豊かな中庭を眺めながらいただくお茶の味は格別。🕐12～21時(土・日曜は11時～) 🅟月曜	MAP P13B3 P88
延南洞 清水堂 共鳴 チョンスダン コンミョン	定番	フォト映え	益善洞の人気カフェ清水堂本店の姉妹店。「水・森・地の共鳴」の3フロアからなる。🕐11～22時(デザート21時LO、ドリンク21時30分LO) 🅟なし	MAP P14A1 P80
仁寺洞 傳統茶院 チョントンダウォン		韓屋	耕仁美術館の庭園内にある、朝鮮王朝時代の家屋を移築して開業したというカフェ。🕐10時～21時30分(20時30分LO) 🅟なし	MAP P12B2 P184
望遠洞 79ファウンヤード	定番	フォト映え	ヨーロッパ風ベーカリーショップ。季節などにより頻繁にメニューが変わるクロッフルが一番人気。🕐10時～22時30分(22時LO) 🅟なし	MAP P4A2 P81

夏は伝統茶とピンスでのんびりしたい

濃厚なチーズケーキ×ジューシーな甘いマンゴー

ふわふわミルク氷に韓国産あずきと団子をオン

フォト映えするクロッフルは味もお墨付き！

エリア名 店・スポット名	評価	ジャンル名	ひと言コメント	MAP 掲載ページ
新龍山 テディ・ブール・ハウス		フォト映え	クマちゃんに癒されるベーカリーカフェ。常時13種類以上のパンが揃う。⏰11〜22時(土・日曜10時〜、21時LO) ㊡なし	MAP P4C3 P81
弘大 トーン・アンド・マナー		フォト映え	ピンクとミントグリーンの内装がキュートなカフェ。テラス席もあり、夜はライトアップされ、バーに変身!⏰12〜20時 ㊡なし	MAP P15E2 P200
望遠洞 東京ピンス トウキョウピンス		ピンス	日本のかき氷をベースに、トマトやカボチャ、イチゴやメロンなど、見た目もかわいいカラフルなかき氷を考案。⏰12〜22時 ㊡なし	MAP P4A2 P79
上水 図食化 トシクァ	オススメ!	Kスイーツ	シグネチャーメニューのマドレーヌなど、アート作品のようなスイーツが揃う。薬菓マドレーヌに注目!⏰12〜21時(20時LO) ㊡なし	MAP P14C3 P93・198
三清洞 ドトリガーデン安国店	オススメ!	ベーカリー	童話の世界へ迷い込んだようなかわいらしいカフェ。ドトリ(日本語でどんぐり)の形をしたマドレーヌが一番人気。⏰8〜23時 ㊡なし	MAP P13C4 P90
狎鷗亭洞 トントンイ	オススメ!	Kスイーツ	韓国コンビニ「CU」とコラボし200万個以上を売り上げた薬菓クッキーが話題。テイクアウトもできる。⏰10〜21時30分(21時LO) ㊡なし	MAP P21D1 P92
益善洞 トンベッ洋菓店 トンベッヤングァジョム		韓屋	20〜30分かけて焼き上げるこだわりのスフレパンケーキが看板メニュー。コーヒーや紅茶も種類豊富。⏰9〜22時 ㊡なし	MAP P12C3 P188
益善洞 楽園駅 ナグォンニョッ		韓屋	昔ながらの駅を再現した韓屋カフェ。緑のなかの線路や到着地、発着時刻が書かれた案内板なども。⏰11時30分〜22時30分(22時LO) ㊡なし	MAP P12C3 P188
南大門 南大門コーヒー ナンデムンコーヒー		ドリンク	南大門の近くにあるテイクアウト専門のドリンクスタンド。SNS映えするスムージーやエイドが人気。⏰7〜17時、土曜は9〜15時 ㊡日曜	MAP P6A3 P183
狎鷗亭洞 ヌデイク	オススメ!	フォト映え	アイウェアブランド「ジェントルモンスター」が手がける。芸術作品のようなビジュアルが話題のスイーツに出会える。⏰11〜21時(20時45分LO) ㊡不定期	MAP P20C1 P85
狎鷗亭洞 ノティド		Kスイーツ	口コミから人気に火が付き、ソウルのドーナツブームを牽引しているカフェ。いつも大にぎわい、行列覚悟で訪れよう。⏰9〜21時 ㊡なし	MAP P21D2 P93
延南洞 パロル・アンド・ラング		フォト映え	トウモロコシや栗など季節の食材を使う異色のパイが並ぶ。斬新な組み合わせにハマる人続出。⏰13〜21時(パイは売り切れ次第終了、〜20時30分LO) ㊡月曜	MAP P14A1 P214
弘大 ピオニー弘大店	定番	フォト映え	新鮮な素材にこだわった出来立てケーキが自慢。日本人好みの素材の味を生かしたケーキばかり。⏰12〜22時(21時LO) ㊡なし	MAP P14C3 P200
付岩洞 付氷 プビン		ピンス	旬のフルーツや小豆、抹茶、ヨモギなどを使ったオリジナルのかき氷を提供。シロップもすべて自家製とこだわる。⏰13〜18時 ㊡月曜	MAP P4B1 P79
西村 ベア・カフェ		韓屋	ライフスタイルマガジンを発行する出版社が経営する築70年以上の韓屋を利用したカフェ。⏰11〜19時 ㊡月・火曜	MAP P10C1 P214
江南 ベーカスト・ブラウン		Kスイーツ	オーナーがヨーロッパで出会ったカフェを再現すべくメニューやインテリアを丁寧に手がける。ベーカリーメニューも充実。⏰11〜23時(22時LO) ㊡なし	MAP P18B4 P93
弘大 本草堂 (プレミアム韓国伝統茶カフェ)		韓方茶カフェ	老舗伝統茶ブランド。ダイエットや美容、デトックスなど40種類以上の伝統茶を揃える。⏰12〜21時(金・土曜は〜22時) ㊡なし	MAP P15D2 P176

撮影必至のかわいらしいアインシュペンナー

	エリア名 店・スポット名	評価	ジャンル名	ひと言コメント	MAP 掲載ページ
（ま）	梨大 マザー・イン・ロー・ベーグルズ		ベーカリー	自家製ベーグルを使用したサンドイッチが人気。クリームチーズベーグルも定番。⓪8時30分～19時30分（土曜は10時～）㊡日曜	MAP P16C1 P211
	益善洞 マダンフラワーカフェ	定番	ボタニカル	生花とカラフルなパラソルで飾られたカフェ。花をモチーフにしたかわいい小物雑貨も販売している。⓪9～23時 ㊡なし	MAP P12C3 P86·189
	狎鷗亭洞 ミニュート・パピヨン		最旬カフェ	韓国の有名F&Bブランドを手がける「GFFG」によるチュロスカフェ。行列必至の人気店。⓪10～21時（20時30分LO）㊡なし	MAP P21D1 P94
	益善洞 ミルトースト		韓屋	こだわりのトーストカフェ。小豆や栗が入ったスチーム食パンととろけるスフレトーストなどが人気。⓪8～22時（21時LO）㊡なし	MAP P12C3 P189
	弘大 ミント・ハイム	オススメ！	フォト映え	ミント好きのオーナーによるミント好きのためのカフェ。ミントのオリジナルスイーツが人気。⓪11時30分～21時30分 ㊡なし	MAP P14C3 P201
	延南洞 メリツリー		フォト映え	オリジナルキャラクター、クマの「メリ」など、かわいらしいデザインのデザートがたくさん。⓪13～22時 ㊡月曜	MAP P14A1 P85
（や）	延南洞 延南クリムカフェ ヨンナムクリムカフェ	定番	スタイリッシュ	店内は、まるで絵本の世界に迷い込んだかのような気分が味わえるアートな空間。マグカップなども写真映え！⓪12～21時 ㊡インスタグラム告知	MAP P14A1 P83
（ら）	弘大 ラヘルのキッチン弘大店		フォト映え	弘大でスフレケーキを食べるならココ！注文を受けてから焼くケーキは20分以上かかるので気をつけて。⓪11～21時（20時LO）㊡なし	MAP P15E1 P201
	明洞 ルフト・コーヒー		スタイリッシュ	白を基調としたスタイリッシュな空間で、本格的なエスプレッソを楽しめるカフェ。⓪8時～16時30分（土・日曜、祝日～17時）㊡なし	MAP P9F3 P179
	梨泰院 ル・モンブラン	定番	アートなスイーツ	元ニット工場をリノベーションしたカフェ。その名残を感じられるように作った毛糸モチーフのケーキが大人気に。⓪12～20時（19時30分LO）㊡月曜	MAP P7E4 P84·205
	東大門 レミコン東大門店		カラフル	ソフトクリーム専門店。ミルクソフトクリームの上に、雷雲をイメージしたわた菓子をのせたサンダーボムが有名。⓪10時30分～22時 ㊡なし	MAP P17B2 P83
（わ）	梨泰院 ワン・イン・ア・ミリオン		モダンカフェ	女性に人気のモダンなカフェ。スタッフは全員モデルを兼業しておりイケメンが多いことで話題に。⓪11～23時（日曜～22時、LOは閉店1時間前）㊡なし	MAP P16C4 P202·205
（あ）	清潭洞 アリュー 清潭店		体験スポット	IZ*ONEのヘアメイクを担当していたことで知られるヘミン先生の美容室。束感のあるまつげが日本でも話題に。⓪10～18時	MAP P21D2 P107
	狎鷗亭洞 ウドンチョン		K-POPグルメ	多くの芸能人が常連という高級焼肉店。ジョングク、ミンギュら97ラインも訪れた。肉の種類も充実。⓪16時～翌4時 ㊡なし	MAP P21D1 P102
	狎鷗亭洞 ウルフギャング・ステーキハウス		韓流ドラマ	『ザ・ファビュラス』でカフェ店員ドヨンと待ち合わせをした場所。『愛の不時着』でも登場する。⓪11～22時（21時LO）㊡なし	MAP P21D2 P108
	麻浦 M COUNTDOWN CJ ENMセンター		体験スポット	K-POPの音楽番組観覧ができるスポット。韓国Mnetにて毎週木曜18時から放送の番組。上岩洞デジタルメディアシティに位置。	MAP P4A1 P112
（か）	鶴洞 カフェ休家 カフェヒュガ	オススメ！	K-POPグルメ	BTSメンバー全員で5年近く住んでいた寮を改装したカフェ。メンバーが使用していたエアコンや当時の壁もそのまま。⓪9時30分～21時30分 ㊡祝日	MAP P20B4 P104

カフェタイム

エンタメ

せかたび的 ソウルまとめ。

エリア名 / 店・スポット名 / 評価 / ジャンル名 / ひと言コメント / MAP 掲載ページ

ソウルの森 オススメ!
クァンヤ@ソウル
K-POPグッズ SMエンターテイメント本社の地下1階にある、事務所運営の公式グッズショップ。イベント時には世界中からファンが集まる。⏲10時30分～20時 ㊡なし

MAP P5D2 / P98

薬水 オススメ!
クムテジ食堂
K-POPグルメ 国内外で人気の焼肉店。芸能人の常連も多く、BLACKPINKはライブの打ち上げで使った。⏲11時30分～23時(22時10分LO、2・3階は～22時、21時20分LO) ㊡なし

MAP P17C3 / P103

狎鴎亭洞
Kスター・ロード
体験スポット 韓流アイドルをイメージした大型アートトイ「江南ドル」が並ぶ、人気の撮影スポット。狎鴎亭ロデオ駅2番出口からすぐ。⏲㊡散策自由

MAP P21E1 / P97

少女時
の「江
」と記
!

さ

合井 定番
ザ・セイム
K-POPグッズ YGエンターテインメントがアーティストとファンが同じ時間、空間を共有できる場をと作ったカフェ&ショップ。⏲10～21時(20時30分LO)、ショップ10時30分～20時 ㊡なし

MAP P4A2 / P99・104

汝矣島
ザ・現代ソウル
ザ・ヒュンダイソウル
韓流ドラマ『ウ・ヨンウ弁護士は天才肌』でヨンウとスヨンがショッピングを楽しんだデパート。⏲10時30分～20時(金～日曜、祝日は～20時30分。食堂街は～21時30分LO) ㊡なし

MAP P4B3 / P108

式グッズは
やげにも
たり

麻浦
ショー!K-POPの中心 MBC公開ホール
体験スポット ウマチュンの名で親しまれている音楽番組が撮影されている。韓国MBCにて毎週土曜の15時15分から放送。上岩洞デジタルメディアシティに位置。

MAP P4A1 / P112

江南区庁 オススメ!
スーパージップ
K-POPグルメ カフェのようなおしゃれな店でトッポッキが味わえる。⏲11時30分～13時50分、14時30分～21時50分 ㊡土・日曜

MAP P21D3 / P102

鍾路
世運商店街
セウンサンガ
韓流ドラマ『ヴィンチェンツォ』のメイン舞台。ヴィンチェンツォが「このビルを壊す」と決意する場面がフラッシュバック!!

MAP P11F4 / P109

の美容院か
出前注文が
かけで芸能
人気が

江南
センターフィールドウエスト
韓流ドラマ『ウ・ヨンウ弁護士は天才肌』のさまざまなシーンでヨンウを助ける、同僚イ・ジュノと出会った場所。回転扉にうまく入れない主人公にアドバイスを。

MAP P19D4 / P108

た

全州市
全州韓屋村
チョンジュハノクマウル
韓流ドラマ 2PM・ジュノ主演の時代劇『赤い袖先』では全州郷校が使用されたシーンも。朝鮮王朝発祥の地として知られ、約800もの韓屋が残る。㊡なし

MAP P2B3 / P111

合井
ティルティル 弘大ショールーム
韓流ドラマ『セレブリティ』の劇中たびたび出現する「LUNA CHIC」の店内。2話の佳賓会のサプライズパーティーにも登場。⏲10～19時 ㊡なし

MAP P14C3 / P109

麻浦
デジタル・メディア・シティ
体験スポット MBC、SBS、Mnet などの放送局や、IT企業などが集まる巨大メディアシティ。カフェやショップも充実する。

MAP P4A1 / P97

な

梨泰院
緑莎坪歩道橋
ノクサピョンポドユッキョ
韓流ドラマ『梨泰院クラス』の主人公パク・セロイが考え事や決意をする場面で何度も登場する歩道橋。Nソウルタワーを背景に写真を撮るのがおすすめ。

MAP P16A4 / P109

は

明洞
ハイカー・グラウンド
体験スポット 韓流コンテンツの展示やメディアアート鑑賞、K-POPスターのMVを再現したスペース体験など見どころ満載。⏲10～19時 ㊡月曜

MAP P11D4 / P107

龍仁市
韓国民俗村
ハングッミンソッチョン
韓流ドラマ 昔ながらの各地方の伝統家屋が再現された民俗歴史村。映画、ドラマの撮影多数。⏲10時～18時30分(5～9月は～19時、11～1月は～18時) ㊡なし

MAP P3B3 / P111

梨大
BBQチキン 梨大
韓流ドラマ 第五中隊が店内でチキンを食べる人を羨ましそうに眺めていたお店。『愛の不時着』ではチキンが何度も登場。⏲16時～翌4時(翌3時50分LO) ㊡なし

MAP P16B1 / P109

清潭洞
ビットアンドブート 清潭店
体験スポット 涙袋で話題になったTWICEのヘアメイク担当、ウォン・ジョンヨ代表の美容室。BTSやNCTなどの有名アイドルも通うそう。⏲10～18時 ㊡なし

MAP P21E1 / P107

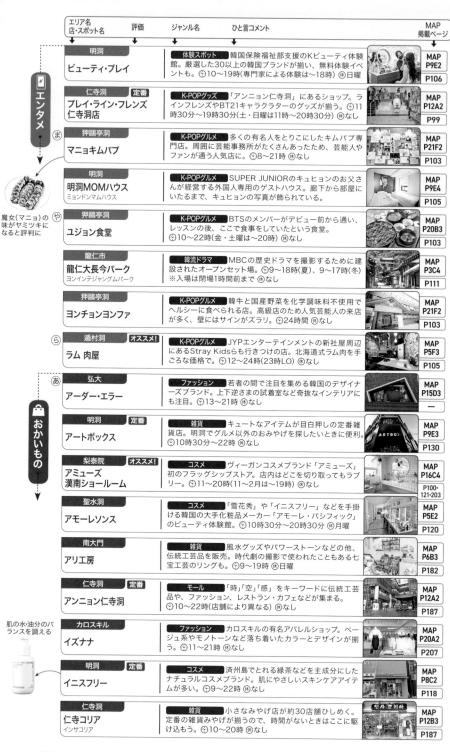

	エリア名 店・スポット名	評価	ジャンル名	ひと言コメント	MAP 掲載ページ
エンタメ	明洞 **ビューティ・プレイ**		体験スポット	韓国保険福祉部支援のKビューティ体験館。厳選した30以上の韓国ブランドが揃い、無料体験イベントも。⊙10〜19時(専門家による体験〜18時)㊡日曜	MAP P9E2 P106
	仁寺洞 **プレイ・ライン・フレンズ 仁寺洞店** 定番		K-POPグッズ	「アンニョン仁寺洞」にあるショップ。ラインフレンズやBT21キャラクターのグッズが揃う。⊙11時30分〜19時30分(土・日曜は11時〜20時30分)㊡なし	MAP P12A2 P99
(ま)	狎鷗亭洞 **マニョキムパプ**		K-POPグルメ	多くの有名人をとりこにしたキムパプ専門店。周囲に芸能事務所がたくさんあったため、芸能人やファンが通う人気店に。⊙8〜21時㊡なし	MAP P21F2 P103
	明洞 **明洞MOMハウス** ミョンドンマムハウス		K-POPグルメ	SUPER JUNIORのキュヒョンのお父さんが経営する外国人専用のゲストハウス。廊下から部屋にいたるまで、キュヒョンの写真が飾られている。	MAP P9E4 P105
(や)	狎鷗亭洞 **ユジョン食堂**		K-POPグルメ	BTSのメンバーがデビュー前から通い、レッスンの後、ここで食事をしていたという食堂。⊙10〜22時(金・土曜は〜20時)㊡なし	MAP P20B3 P103
	龍仁市 **龍仁大長今パーク** ヨンインデジャングムパーク		韓流ドラマ	MBCの歴史ドラマを撮影するために建設されたオープンセット場。⊙9〜18時(夏)、9〜17時(冬)※入場は閉場1時間前まで㊡なし	MAP P3C4 P111
	狎鷗亭洞 **ヨンチョンヨンファ**		K-POPグルメ	韓牛と国産野菜を化学調味料不使用でヘルシーに食べられる店。高級店のため人気芸能人の来店が多く、壁にはサインがズラリ。⊙24時間㊡なし	MAP P21F2 P103
(ら)	遁村洞 **ラム 肉屋** オススメ!		K-POPグルメ	JYPエンターテインメントの新社屋周辺にあるStray Kidsらも行きつけの店。北海道式ラム肉を手ごろな価格で。⊙12〜24時(23時LO)㊡なし	MAP P5F3 P105
(あ) おかいもの	弘大 **アーダー・エラー**		ファッション	若者の間で注目を集める韓国のデザイナーズブランド。上下逆さまの試着室など奇抜なインテリアにも注目。⊙13〜21時㊡なし	MAP P15D3 —
	明洞 **アートボックス** 定番		雑貨	キュートなアイテムが目白押しの定番雑貨店。明洞でグルメ以外のおみやげを探したいときに便利。⊙10時30分〜22時㊡なし	MAP P9E3 P130
	梨泰院 **アミューズ 漢南ショールーム** オススメ!		コスメ	ヴィーガンコスメブランド「アミューズ」初のフラッグシップストア。店内はどこを切り取ってもラブリー。⊙11〜20時(11〜2月は〜19時)㊡なし	MAP P16C4 P100・121・203
	聖水洞 **アモーレソンス**		コスメ	「雪花秀」や「イニスフリー」などを手掛ける韓国の大手化粧品メーカー「アモーレ・パシフィック」のビューティ体験館。⊙10時30分〜20時30分㊡月曜	MAP P5E2 P120
	南大門 **アリ工房**		雑貨	風水グッズやパワーストーンなどの他、伝統工芸品を販売。時代劇の撮影で使われたこともある七宝工芸のリングも。⊙9〜19時㊡日曜	MAP P6B3 P182
	仁寺洞 **アンニョン仁寺洞** 定番		モール	「時」「空」「感」をキーワードに伝統工芸品や、ファッション、レストラン・カフェなどが集まる。⊙10〜22時(店舗により異なる)㊡なし	MAP P12A2 P187
	カロスキル **イズナナ**		ファッション	カロスキルの有名アパレルショップ。ベージュ系やモノトーンなど落ち着いたカラーとデザインが揃う。⊙11〜21時㊡なし	MAP P20A2 P207
	明洞 **イニスフリー** 定番		コスメ	済州島でとれる緑茶などを主成分にしたナチュラルコスメブランド。肌にやさしいスキンケアアイテムが多い。⊙9〜22時㊡なし	MAP P8C2 P118
	仁寺洞 **仁寺コリア** インサコリア		雑貨	小さなみやげ店が約30店舗ひしめく。定番の雑貨みやげが揃うので、時間がないときはここに駆け込もう。⊙10〜20時㊡なし	MAP P12B3 P187

魔女(マニョ)の味がヤミツキになると評判に

肌の水・油分のバランスを調える

エリア名	店・スポット名	評価	ジャンル名	ひと言コメント		MAP	掲載ページ
仁寺洞	仁寺洞マル インサドンマル		雑貨	ギャラリーがメインだが、ハンドメイド雑貨を扱う店も施設内にあり。 ⏲10時30分～18時30分 [休]なし		MAP P12A3	—
狎鴎亭洞	インスタントファンク		ファッション	ユニセックスアイテムやマルチウェアなど着る人を選ばない旬のファッションアイテムが揃う。 ⏲12～20時 [休]なし		MAP P21D2	P126
狎鴎亭洞	ウィッグル・ウィッグル・チップ島山		雑貨	「SMILE WE LOVE」という花のキャラクターを中心に、カラフルでユニークな日用品を提案する。 ⏲11～20時 [休]なし		MAP P20C1	P133
景福宮	ヴィンコレクション	定番	雑貨	シルクをはじめ天然素材を使い、丁寧に手縫いで仕上げられたファブリックを扱う。 ⏲11～18時 [休]日・月曜		MAP P10C2	P131
仁寺洞	ウンナム仁寺洞店		アクセサリー	自然や、韓国の民画に登場するモチーフを落とし込んだアクセサリーが人気。 ⏲10時～20時30分 [休]なし		MAP P12A2	P187
カロスキル	エー・ランド カロスキル店		ファッション	カジュアルからキレイめまで揃うセレクトショップのカロスキル店。オリジナルブランドのコスメアイテムにも注目！ ⏲11～22時 [休]なし		MAP P20A2	P207
明洞	エー・ランド 明洞本店		ファッション	2022年の移転・リニューアルオープンにより、約400坪の大型店舗に拡張した韓国を代表するセレクトショップ。 ⏲10時～22時30分 [休]なし		MAP P9D3	P127
明洞	エイトセカンズ	定番	ファッション	韓国を代表するファストファッションブランド。ほぼ毎日新作が入荷するので、流行に敏感な20～30代女性に人気。 ⏲10時30分～22時 [休]なし		MAP P9D3	P129
明洞	エチュード	定番	コスメ	「楽しむためのメイクアップ」をコンセプトに、時代の変化に合わせたアイテムを提案。コスパも良い。 ⏲10～23時 [休]なし		MAP P9D2	P119
梨泰院	エムエスエムアール		ファッション	インスタで話題のおしゃれな靴下専門店。カラフルなソックスはおみやげにも◎。 ⏲11時～19時30分 [休]月曜		MAP P16C4	P127
弘大	オブジェクト 西橋店		雑貨	生活雑貨や文房具、ファッション小物など200人以上の韓国人作家のアイテムを扱うショップ。 ⏲12～21 時 [休]なし		MAP P15F2	P199
明洞	オリーブ・ヤング	定番	プチプラ	美容と健康を総合的にサポートするドラッグストア。コスメみやげ探しはここがとにかく便利。 ⏲10時～22時30分 [休]なし		MAP P9E2	P101・125
[か] 弘大	カカオフレンズ・ストア		雑貨	韓国の国民的SNS、カカオトークのキャラクターが大集合！ 人気キャラの文具や雑貨などが豊富に揃う。 ⏲10時30分～21時30分 [休]なし		MAP P15D1	P133・199
清潭洞	ギャラリア百貨店		デパート	韓国屈指の高級デパート。地下食品館にはプレミアムな商品が揃う。 ⏲10時30分～20時(金～日曜は～20時30分) [休]月1回不定休		MAP P21D1	P212
東大門	光熙市場 クァンヒシジャン	定番	モール	1000店以上が入店する老舗ファッションビル。レザーショップが集まる6階が人気。 ⏲20時～翌5時 [休]土曜5時～日曜20時		MAP P17C2	P197
仁寺洞	国際刺繍院 クッチェジャスウォン		雑貨	美しい刺繍入り伝統工芸品の専門店。品の良い落ち着いたデザインで、販売する製品がすべてハンドメイド。 ⏲10～20 時 [休]なし		MAP P12A3	P187
仁寺洞	KCDFギャラリー		雑貨	韓国を代表する職人、作家による作品の購入ができるギャラリーショップ。大切な人への贈り物にもぴったり。 ⏲10～19時 [休]月曜		MAP P12A3	P131

国のFF
ランドを
ェック！

ナルブラ
コスメが

服モチーフの
レート。
2000～

おかいもの

エリア・店名	評価	ジャンル	コメント	MAP
弘大 KT&Gサンサンマダン弘大 デザインスクエア		雑貨	映画館やライブホールを併設する文化複合空間。1・2階のデザインスクエアでは、アート作品や個性的な雑貨を販売。🕐11〜21時 ㈬なし	MAP P14C3 P131
高速ターミナル駅 ゴー・トゥー・モール		モール	江南最大の地下モールとあって、かなりのスケール。ファッションや雑貨店のほかフードコートも併設。🕐10〜22時 ㈬なし	MAP P18A3 P213
三成 コエックスモール		モール	地下鉄三成駅直結。約300テナントが揃う巨大複合施設。🕐10時30分〜22時(店舗により異なる) ㈬なし(店舗により異なる)	MAP P19E3 P115
聖水洞 コモン・グラウンド		モール	約200個もの大型コンテナにソウルで評判の小規模店が数多く入居するリノベモール。注目の個性派ショップが集結。㈬店舗により異なる	MAP P5E2 P215
仁寺洞 サムジキル	定番	雑貨	5フロアに伝統工芸品やアクセサリーなど約70店が集まる仁寺洞の人気モール。🕐10時30分〜20時30分(店舗により異なる) ㈬なし	MAP P12A3 P186
南大門 サンマクンジュンメドゥブ		雑貨	ポジャギを使ったバッグや財布、ブローチなどのおしゃれ小物を中心に扱う。韓国の民芸品も豊富。🕐6〜17時 ㈬日曜	MAP P6B3 P183
狎鴎亭洞 ジェントルモンスター ハウス島山	オススメ!	アクセサリー	個性的なデザインで新作を発表するたびに話題を呼んでいるサングラスブランド。🕐11〜21時 ㈬なし	MAP P20C1 P126
狎鴎亭洞 シヌーン フラグシップ ストア島山	定番	ファッション	ガーリー系のアイテムが豊富。デザインはどれも今のソウルっぽいナチュラルなロマン漂う。🕐12〜20時 ㈬なし	MAP P20C1 P129
南大門 シヌン商会 シヌンサンフェ		雑貨	老舗の籠専門店。国内外から多種多様な商品を直接買い付けている。🕐9〜18時(日曜は13〜17時) ㈬なし	MAP P6A3 P182
カロスキル ジョンセンムルプロップス	定番	コスメ	数多くの有名芸能人を担当したメイクアップアーティスト、ジョン・センムル氏が手がけるコスメブランド。🕐11〜21時 ㈬なし	MAP P20A2 P117
明洞 新世界百貨店 シンセゲペッカジョム		デパート	セレブ御用達の高級デパート。新館に免税店もある。🕐10時30分〜20時(金・土日曜、祝日は〜20時30分) ㈬月1回不定休	MAP P8C4 P179
カロスキル スリーシーイー・シネマ	定番	コスメ	ファッションブランド・スタイルナンダがプロデュース。デザイン性の高いパッケージと手頃な価格が魅力。🕐11〜22時 ㈬なし	MAP P20A2 P116
弘大 スタイルナンダ 弘大本店		ファッション	ネットショップから人気に火がつき、現在は弘大の代表的な人気ショップへと成長。ソウルの最旬アイテムはココで。🕐11〜20時 ㈬なし	MAP P15E2 P127·198
明洞 スタイルナンダ・ ピンクホテル		ファッション	ピンクの5階建てビルはフォトジェニックスポット満載。スリー・シー・イーのコスメも揃う。🕐11〜22時 ㈬なし	MAP P9E3 P179
南大門 スド商社 スドサンサ		雑貨	和風からモダンな洋食器まで、さまざまな食器が揃う専門店。日本への国際郵便配送も可。🕐8時30分〜18時 ㈬日曜	MAP P6B3 P183
南大門 セボサ		雑貨	伝統工芸雑貨の卸売り店。博物館や美術館内のショップ、百貨店、免税店にも品物を卸している。🕐8時30分〜17時30分 ㈬日曜	MAP P6B3 P183
仁寺洞 ソダム商会 ソダムサンフェ		雑貨	ハンドメイド作家の作品を販売するサムジキル内のショップ。カフェが併設されている。🕐10時30分〜20時30分 ㈬なし	MAP P12A3 P186

芸能人の利用者も多い保湿クリーム

手元が華やかになるデュー・ネイル・カラー

エリア名 店・スポット名	評価	ジャンル名	ひと言コメント	MAP 掲載ページ

のハンドク
ム
万2000

た

明洞
ダイソー明洞駅店 — プチプラ — 明洞駅の目の前にある大型店。品揃えが日本とは違うので立ち寄る価値あり。価格はW1000〜5000程度。⏰10〜22時 🚫なし — MAP P9E4 / P140

カロスキル
タンバリンズ — コスメ — 「ジェントルモンスター」が手がけるコスメブランド。ハイセンスで上質なアイテムが話題。⏰12〜21時 🚫なし — MAP P20A2 / P207

東大門 オススメ!
チーム204 — モール — 靴やサンダル、バッグなど約300ものファッション小物専門店が集まる卸専門のファッションビル。⏰20時〜翌5時 🚫金曜 — MAP P17C2 / P196

聖水洞
ティングル・ストア聖水店 — ライフスタイルショップ — 創立者でもあるインフルエンサーのイ・ヘソン氏自らが使い、気に入ったアイテムをアイテムを扱う。⏰11〜21時 🚫なし — MAP P5E2 / P134

明洞 オススメ!
トゥー・クール・フォー・スクール — コスメ — デザイン性の高いパッケージと手頃な価格が魅力。アートな世界観は、特に若い女性に人気。⏰9時30分〜22時30分 🚫なし — MAP P9D3 / P119

東大門 オススメ!
トニー・モリー — コスメ — 自然由来の天然成分を配合した肌にやさしいアイテムが人気のコスメブランド。自然派なのにプチプラ。⏰10〜23時 🚫なし — MAP P17B2 / P122

シが滑らか
ライドし描
すい

仁寺洞
通仁カゲ（トンインカゲ） — 雑貨 — 地下1階から地上5階まであり、工芸品のほか韓国家具や骨董品などを販売。⏰10時30分〜18時30分（日曜は12〜17時） 🚫なし（ギャラリーは月曜） — MAP P12B3 / P184

東大門
東大門総合市場（トンデムンチョンハッジャン） — モール — 4棟のビルに服飾用品やアクセサリーなど、約4000もの店舗が入る卸売り市場。小売りをしている店舗も多い。⏰店舗により異なる 🚫第2・4日曜 — MAP P17B1 / P196

東大門
東明社（トンミョンサ） — ファッション — 流行を取り入れた既製品からオーダーメイドまで対応してくれる光熙市場の皮革専門店。⏰20時〜翌3時 🚫金曜 — MAP P17C2 / P197

な

カロスキル
ナイスウェザーマーケット — ライフスタイルショップ — コンセプトごとにコーナーが設けられたセレクトショップ。オリジナルアイテムを扱う「ナイスウェザーアパレル」に注目。⏰11〜21時 🚫なし — MAP P20A2 / P134

東大門 オススメ!
ニューニュー — アクセサリー — ピアスやネックレス、ヘアアクセ、バッグなど、流行りのファッション小物がお手頃価格で手に入る。⏰11時〜翌5時 🚫なし — MAP P17C2 / P196

明洞
ネイチャー・リパブリック — コスメ — 貴重な天然成分と最先端の技術を組み合わせたスキンケアにぴったりのアイテムが充実の人気ブランド。⏰9〜22時 🚫なし — MAP P9E3 / P118

三成 オススメ!
ノーブランド — プチプラ — 新世界グループ運営の大型マート「eマート」系列オリジナルブランドの専門店。⏰10時30分〜22時 🚫第2・4日曜 — MAP P19E3 / P136

梨泰院
ノンフィクション — コスメ — 韓国発ライフスタイルビューティーブランドのショールーム。上品な香りのアイテムが評判高い。⏰11時〜20時30分 🚫なし — MAP P16C4 / P205

は

聖水洞
ハウス・バイ — ファッション — 人気のファッションブランド「マーティン・キム」と「ザ・ミュージアム・ビジター」のショールーム。⏰11時30分〜20時 🚫なし — MAP P5D2 / P128

弘大 オススメ!
バター — 雑貨 — ユーモアあふれるアイテムが揃う人気雑貨ショップ。広々とした店内には、キュートなプチプラ商品がいっぱい！⏰11〜23時 🚫なし — MAP P15D1 / P130

明洞
バニラ・コ — コスメ — ベースメイクやスキンケアアイテムが人気。新ライン『B.by BANILA』のパッケージも話題。⏰10時〜22時20分（金〜日曜は〜22時45分） 🚫なし — MAP P9D3 / P119

エリア名 店・スポット名	評価	ジャンル名	ひと言コメント	MAP 掲載ページ

おかいもの

| 高速ターミナル駅 | | モール | 高速ターミナル駅直結の地下にある若者向けトレンド街。ファッション、コスメ、フード、エンタメまで網羅。⏰10〜22時 ㊡なし | MAP P18A3 |
| パミエ・ストリート | | | | P213 |

| 梨泰院 | オススメ! | ファッション | 韓国や海外の最新ファッションブランドが100以上揃うセレクトショップ。洋服から靴、小物まで幅広く展開。⏰11〜20時 ㊡なし | MAP P16C4 |
| ビーカー漢南店 | | | | P204 |

| 狎鷗亭洞 | | デパート | 狎鷗亭駅直結の高級デパートの地下食品街は、レア商品の多い穴場スポット。⏰10時30分〜20時（金・土曜は〜20時30分）㊡月1回不定休 | MAP P20B1 |
| 現代百貨店 ヒュンデベッカジョム | | | | P212 |

| 梨泰院 | 定番 | コスメ | 2019年オンラインショップから人気に火が付いたコスメブランド。メイクアイテムのカラバリが豊富。⏰11〜20時 ㊡なし | MAP P16C4 |
| ヒンス漢南 | | | | P116 |

| 合井 | | プチプラ | 地下鉄駅直結のメセナポリス・モールにある大型スーパーで、弘大エリアからアクセスしやすい。⏰10〜翌0時 ㊡不定休 | MAP P14A3 |
| ホームプラス | | | | P136 |

| 聖水洞 | | ライフスタイルショップ | 韓国の軽食屋で使われていたメラミン素材のお皿を、現代風におしゃれな色味で仕上げたシリーズが人気。⏰12時〜18時30分（土曜は14時〜）㊡日曜 | MAP P5D2 |
| ポーラ・アット・ホーム | | | | P135 |

| 仁寺洞 | | 雑貨 | 19世紀の朝鮮後期のデザインを現代風にアレンジした柄のアイテムがラインナップ。⏰10時30分〜20時30分 ㊡なし | MAP P12A3 |
| HAUTコレクション ホッコレクション | | | | P186 |

| 明洞 | 定番 | コスメ | 定番プチプラコスメブランド。「ホリカホリカ」という魔法の呪文で新しくキュートな自分になる！がコンセプト。⏰10時〜23時30分 ㊡なし | MAP P9E3 |
| ホリカホリカ | | | | P119 |

� | 梨泰院 | | ファッション | BLACK PINKや女優のキム・ゴウンなど韓国芸能人の着用が多い、フランス発ブランド。⏰11時30分〜21時 ㊡なし | MAP P16C4 |
| マリテ・フランソワ・ジルボー 漢南店 | | | | P202 |

| 梨泰院 | オススメ! | ファッション | フレンチムード漂うラフなデイリーウェアと大胆にプリントされた花柄が特徴的なアパレルブランド。⏰11〜19時 ㊡月曜 | MAP P16C4 |
| マルディ・メクルディ・ストア#1 | | | | P128 |

| カロスキル | | お菓子 | 韓国大手企業一家の行事にも使われるほど伝統ある薬業の老舗。夏期限定のジェラートも。⏰10〜18時 ㊡日曜 | MAP P20A2 |
| マンナダン | | | | P207 |

| 明洞 | 定番 | コスメ | 「ミシャ」をはじめ「アビュー」や「ステラ」など、自社の主力コスメがラインナップする。⏰10時〜22時30分 ㊡なし | MAP P9D3 |
| ミシャプラス 明洞メガストア店 | | | | P117 |

| 聖水洞 | | ファッション | 何にでもコーデしやすい流行を追わないベーシックかつ、シンプルなデザインのバッグが手頃な価格で手に入る。⏰13〜20時 ㊡日・月曜 | MAP P5E2 |
| ミニミュート | | | | P129 |

| 梨泰院 | | 雑貨 | 美大出身の4人組が立ち上げたステーショナリーブランド。同ビル内に日本の「D&DEPARTMENT」や「FREITAG」も。⏰11時30分〜20時 ㊡月曜 | MAP P16C4 |
| ミリメーター・ミリグラム | | | | P135 |

| 仁寺洞 | | 雑貨 | 韓国の筆記具メーカーが運営する文具店。オリジナルの万年筆用インクを作れるワークショップも（要予約）。⏰10〜21時 ㊡なし | MAP P12A2 |
| モナミストア仁寺洞店 | | | | P187 |

| 南大門 | | 雑貨 | 30色以上の糸を使い、立体的に仕上げた刺繍グッズが評判の雑貨店。伝統系、モダン系とデザインのバリエ豊富。⏰9〜18時（日曜は〜15時）㊡日曜（2号店はなし） | MAP P6A4 |
| モンシリ | | | | P182 |

㊥ | カロスキル | | 雑貨 | 2005年の立ち上げ以来、愛らしいイラストキャラクターが韓国女性に支持されているファッションブランド。⏰11〜21時 ㊡なし | MAP P20A2 |
| ユク・シムウォン | | | | P133 |

ウォッシュ加工によるビンテージ感が魅力

248

エリア名 店・スポット名	評価	ジャンル名	ひと言コメント	MAP 掲載ページ
弘大 LINEフレンズ・フラッグシップストア弘大店		雑貨	ラインフレンズ・ショップのフラッグシップストア。韓国生まれのキャラたちのファッションアイテムや雑貨が揃う。⏰11〜22時 ㊡なし	MAP P14C2 —
明洞 ラネージュショールーム	定番	コスメ	上質のスキンケアアイテムが豊富。オリジナルのファンデーションを作ってくれる予約制の「ビスポクネオ」サービスが話題。⏰11〜20時 ㊡なし	MAP P9D2 P117
西村 リトル・テンポ		雑貨	おじさんキャラの雑貨が人気。名前をハングルで印刷してくれるシールW1000もおすすめ。⏰13〜19時（土曜は12時〜）㊡日・火曜	MAP P10B2 P130
ソウル駅 ロッテマート	定番	プチプラ	食料品から日用雑貨にいたるまで品数豊富に揃う。PBブランド「Only Price」の商品も要チェック。⏰10〜翌0時 ㊡第2・4日曜	MAP P6C2 P136
明洞 ロッテ・ヤング・プラザ		デパート	地下1階から地上6階まで、7つのフロアに約100店舗が入店する若者向けファッションビル。⏰10時30分〜20時（金〜日曜は〜20時30分）㊡月1回不定休	MAP P8C2 P179
蚕室 ロッテワールドモール		モール	ロッテワールドタワー内にあるショッピングモール。キッズ施設も豊富。⏰10時30分〜22時（店舗により異なる）㊡店舗により異なる	MAP P5F3 P115
蚕室 梨花制服 イファキョボク	★★	体験	韓国の学生服をレンタルできるショップ。通常レンタル価格は終日W2万〜。⏰9時〜22時30分（レンタルは21時まで）㊡なし	MAP P5E3 P146
大学路 オンリーユー	★	ショー	90年代に韓国で流行した音楽を使ったミュージックドラマ。結婚生活37年の夫婦と娘の日常が描かれている。現在休業中。2024年10月再開予定	MAP P4C1 P152
三清洞 ギャラリー・ミル	★★	体験	20年以上のキャリアをもつ職人から、韓国の伝統工芸「ポジャギ」の巾着作りを学べる。⏰11〜18時 ㊡日曜	MAP P13A4 P147
景福宮 景福宮 キョンボックン	★★★	歴史スポット	朝鮮王朝最大の王宮。守門将の交代儀式は必見。⏰9〜18時（6〜8月は〜18時30分、11〜2月は〜17時）入場は閉場1時間前まで ㊡火曜	MAP P11D2 P148・190
二村 国立中央博物館 クンニプチュンアン パンムルグァン	★★	美術館・博物館	多彩な国宝を揃える大規模博物館。⏰10〜18時（水・土曜は〜21時、日曜、祝日は〜19時）入館は閉館30分前まで ㊡なし	MAP P4C3 P151
三清洞 国立現代美術館 ソウル館 クンニプヒョンデミスルグァン ソウルグァン	★★	美術館・博物館	現代アートから世界的名作まで並ぶ、2013年開館の美術館。⏰10〜18時（水・土曜は〜21時）入館は閉館1時間前まで ㊡なし	MAP P13A4 P151・191
景福宮 国立民俗博物館 クンニプミンソクパンムルグァン	★	美術館・博物館	景福宮の敷地内にある。⏰9〜18時（11〜2月は〜17時、6〜8月の日曜、祝日は〜19時、3〜11月の水・土曜は〜20時）入館は閉館1時間前まで ㊡火曜	MAP P11D2 P151
梨泰院 サムスン美術館 リウム サムソン ミスルグァン リウム	★★★	美術館・博物館	ソウルを代表する美術館。朝鮮王朝の韓国美術から外国現代美術まで多彩な作品を収蔵。⏰10時30分〜18時（入館は〜17時30分）㊡月曜	MAP P16B3 P150・203
乙支路 シェフ	★★	ショー	ビートボックスとビーボイングで魅せながら料理を披露。シェフ二人の対決にハラハラドキドキ。⏰16時30分〜 ㊡なし	MAP P7F1 P153
三清洞 ソウルキムチ文化体験館 ソウルキムチムナチェホムグァン	★	体験	キムチ作りの料理教室を1日2回開催。教室の所要時間は60〜90分ほど。1日前までに要予約。⏰9時30分〜、14時〜（1日2回）、土曜は14時〜のみ ㊡予約時に確認	MAP P13C3 P147
市庁 ソウル市立美術館 ソウル シリプミスルグァン	★	美術館・博物館	旧最高裁判所の建物を利用。⏰10〜20時（土・日曜、祝日は〜19時。11〜2月の土・日曜、祝日は〜18時。最終水曜は〜22時）入館は閉館1時間前まで ㊡月曜	MAP P6C1 P151

反がテーマのマグネット

麺などプチみやげはこーで！

♪あそぶ

全体がアートのよう

エリア名 / 店・スポット名 | 評価 | ジャンル名 | ひと言コメント | MAP 掲載ページ

あそぶ

[た]

鍾路 ★★★
昌徳宮
チャンドックン
[歴史スポット] 朝鮮王朝の風雅を極める世界遺産の宮殿。⏰9～18時(6～8月は～18時30分、11～1月は～17時30分)入場は閉園1時間前まで ㊡月曜

MAP P11F2 / P110·148

鍾路 ★★
宗廟
チョンミョ
[歴史スポット] ⏰9～18時(6～8月は～18時30分、11～1月は～17時30分)入場は閉園1時間前まで ※自由見学は土・日曜、祝日、毎月最終水曜のみ ㊡火曜

MAP P11F3 / P149

三清洞 ★★
ドロシー韓服旅行
ドロシーハンボッヨヘン
[体験] 古宮や北村韓屋村から近い老舗韓服レンタル店。料金は伝統韓服W1万～、テーマ韓服W2万～(レンタル時間により料金が異なる) ⏰9～19時 ㊡なし

MAP P13B4 / P145

[な]

明洞 ★
南山コル韓屋村
ナムサンコルハノクマウル
[歴史スポット] 両班(貴族)や平民が暮らした邸宅5棟を移築・復元した伝統家屋村。入場無料。⏰9～21時(11～3月は～20時) ㊡月曜

MAP P7F2 / P149

明洞 ★★★
ナンタ
[ショー] 韓国を代表するエンタメ。年齢や言語も超えて打楽器で魅了する。⏰20時～(土・日曜は14時～、17時～) ㊡なし

MAP P9D2 / P152

事前に予約してから観に行こう！

[は]

西村 ★★
韓国伝統酒研究所
ハングッチョントンジュヨングソ
[体験] 気軽にマッコリ作りを楽しめるプログラムを提供している。完成したマッコリの試飲もできる。⏰9時30分～18時30分 ㊡土・日曜

MAP P10C2 / P147

景福宮 ★★
韓服男
ハンボクナム
[体験] 景福宮はもちろん、人気エリアの仁寺洞や北村韓屋村へもアクセス抜群の韓服レンタル店。⏰9～19時 ㊡なし

MAP P10C2 / P144

三清洞
北村韓屋村
プッチョンハノクマウル
[歴史スポット] かつては王族や官僚らが暮らす高級住宅地だったエリア。韓屋村内には北村八景とよばれる昔ながらの風景が見られる。

MAP P13B2 / P191

西大門 ★
ペインターズ・ヒーロー
[ショー] リズミナカルな音楽に合わせて踊り、観客を巻き込みながら、その場でファンタジックな作品を描いていくライブアート。⏰17時～、20時～ ㊡なし

MAP P10C4 / P153

[ま]

大学路 ★
ミュージカルパルレ(洗濯)
[ショー] 庶民の生活を描く感動的ミュージカル。⏰水曜は15時30分～、19時30分～。木・金曜は19時30分～。土・日曜は14時～、18時30分～ ㊡月・火曜

MAP P4C1 / P153

明洞
明洞聖堂
ミョンドンソンダン
[歴史スポット] 明洞にある韓国最古のカトリック教会。地下には、ショップやカフェ、ギャラリーなどがある。⏰7～21時(施設により異なる) ㊡なし

MAP P9F2 / P179

[や]

龍馬 ★★
龍馬ランド
ヨンマランド
[体験] 龍馬公園内にある2011年閉園の廃墟遊園地。アトラクションは動かないが、管理人が常駐し、観光客も入場可能。⏰9～19時(11～3月は～18時) ㊡なし

MAP P5F1 / P154

[ら]

蚕室 ★★
ロッテ免税店ワールドタワー店
[体験] 韓国では最大規模を誇る免税店。世界的ハイブランドはもちろん韓国コスメ特化ゾーンもある。⏰9時30分～20時 ㊡なし

MAP P5F3 / P143

蚕室 ★★★
ロッテワールドアクアリウム
[体験] 5万5000匹の海洋生物に出合える。白イルカが一番の人気者。⏰10～20時(金～日曜は～22時)、最終入場は閉館1時間前まで ㊡なし

MAP P5F3 / P143

蚕室 ★★★
ロッテワールドタワー(ソウルスカイ)
[体験] ロッテワールド内にある韓国一の高層タワー。117～123階が展望台。⏰10時30分～22時(金・土曜、祝日前は～23時)チケット販売は閉館1時間前まで ㊡なし

MAP P5F3 / P142

地上500mからのパノラマビューを！

[わ]

三清洞 ★★
ワンデー韓服
ワンデーハンボク
[体験] 子ども用から大人用までサイズ豊富な韓服レンタルの人気店。料金は、4時間W2万4000、24時間W3万2000⏰9～19時 ㊡なし

MAP P13B3 / P145

夜あそび

[あ]

江南 [オススメ!]
アートモンスター
[テーマ居酒屋] 10ml単位で注文可能なクラフトビールの店。⏰17時～翌1時(23時30分LO。土曜は15時～、23時LO。日曜・祝日は15～23時、22時LO) ㊡なし

MAP P18B4 / P160

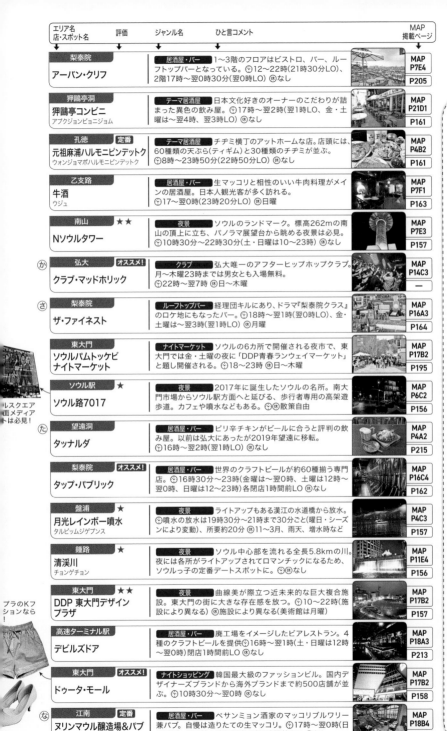

エリア名 店・スポット名	評価	ジャンル名	ひと言コメント	MAP 掲載ページ

| 梨泰院 **アーバン・クリフ** | | 居酒屋・バー | 1〜3階のフロアはビストロ、バー、ルーフトップバーとなっている。⏰12〜22時(21時30分LO)、2階17時〜翌0時30分(翌0時LO) 休なし | MAP P7E4 P205 |

| 狎鴎亭洞 **狎鴎亭コンビニ** アブクジョンビョニジョム | | テーマ居酒屋 | 日本文化好きのオーナーのこだわりが詰まった異色の飲み屋。⏰17時〜翌2時(翌1時LO)、金・土曜は〜翌4時、翌3時LO) 休なし | MAP P21D1 P161 |

| 孔徳 **元祖麻浦ハルモニピンデットク** ウォンジョマポハルモニピンデットク [定番] | | テーマ居酒屋 | チヂミ横丁のアットホームな店。店頭には、60種類の天ぷら(ティギム)と30種類のチヂミが並ぶ。⏰8時〜23時50分(22時50分LO) 休なし | MAP P4B2 P161 |

| 乙支路 **牛酒** ウジュ | | 居酒屋・バー | 生マッコリと相性のいい牛肉料理がメインの居酒屋。日本人観光客が多く訪れる。⏰17〜翌0時(23時20分LO) 休日曜 | MAP P7F1 P163 |

| 南山 **Nソウルタワー** | ★★ | 夜景 | ソウルのランドマーク。標高262mの南山の頂上に立ち、パノラマ展望台から眺める夜景は必見。⏰10時30分〜22時30分(土・日曜は10〜23時) 休なし | MAP P7E3 P157 |

| 弘大 **クラブ・マッドホリック** [オススメ!] | | クラブ | 弘大唯一のアフターヒップホップクラブ。月〜木曜23時までは男女とも入場無料。⏰22時〜翌7時 休日〜木曜 | MAP P14C3 — |

| 梨泰院 **ザ・ファイネスト** | | ルーフトップバー | 経理団キルにあり、ドラマ『梨泰院クラス』のロケ地にもなったバー。⏰18時〜翌1時(翌0時LO)、金・土曜は〜翌3時(翌1時LO) 休月曜 | MAP P16A3 P164 |

| 東大門 **ソウルパムトッケビナイトマーケット** | | ナイトマーケット | ソウルの6カ所で開催される夜市で、東大門では金・土曜の夜に「DDP青春ランウェイマーケット」と題し開催される。⏰18〜23時 休日〜木曜 | MAP P17B2 P195 |

| ソウル駅 **ソウル路7017** | ★ | 夜景 | 2017年に誕生したソウルの名所。南大門市場からソウル駅方面へと延びる、歩行者専用の高架遊歩道。カフェや噴水などもある。休散策自由 | MAP P6C2 P156 |

| 望遠洞 **タッナルダ** | | 居酒屋・バー | ピリ辛チキンがビールに合うと評判の飲み屋。以前は弘大にあったが2019年望遠に移転。⏰16時〜翌2時(翌1時LO) 休なし | MAP P4A2 P215 |

| 梨泰院 **タップ・パブリック** [オススメ!] | | 居酒屋・バー | 世界のクラフトビールが約60種揃う専門店。⏰16時30分〜23時(金曜は〜翌0時、土曜は12時〜翌0時、日曜は12〜23時)各閉店1時間前LO | MAP P16C4 P162 |

| 盤浦 **月光レインボー噴水** タルピッムジゲブンス | ★ | 夜景 | ライトアップもある漢江の水道橋から放水。噴水の放水は19時30分〜21時まで30分ごと(曜日・シーズンにより変動)、所要約20分 休11〜3月、雨天、増水時など | MAP P4C3 P157 |

| 鍾路 **清渓川** チョンゲチョン | ★ | 夜景 | ソウル中心部を流れる全長5.8kmの川。夜には各所がライトアップされてロマンチックになるため、ソウルっ子の定番デートスポットに。休なし | MAP P11E4 P156 |

| 東大門 **DDP 東大門デザインプラザ** | ★★ | 夜景 | 曲線美が際立つ近未来的な巨大複合施設。東大門の街に大きな存在感を放つ。⏰10〜22時(施設により異なる) 休施設により異なる(美術館は月曜) | MAP P17B2 P157 |

| 高速ターミナル駅 **デビルズドア** | | 居酒屋・バー | 廃工場をイメージしたビアレストラン。4種のクラフトビールを提供 ⏰16時〜翌1時(土・日曜は12時〜翌0時)閉店1時間前LO 休なし | MAP P18A3 P213 |

| 東大門 **ドゥータ・モール** [オススメ!] | | ナイトショッピング | 韓国最大級のファッションビル。国内デザイナーズブランドから海外ブランドまで約500店舗が並ぶ。⏰10時30分〜翌0時 休なし | MAP P17B2 P158 |

| 江南 **ヌリンマウル醸造場＆パブ** ヌリンマウルヤンジョジャン＆ポブ [定番] | | 居酒屋・バー | ベサンミョン酒家のマッコリブルワリー兼パブ。自慢は造りたての生マッコリ。⏰17時〜翌0時(日曜は16〜23時)入店は閉店の各2時間前まで 休なし | MAP P18B4 P163 |

か

さ

た

な

レスクエア 面メディア へは必見!

ブラのKF ションなら !

エリア名 店・スポット名	評価	ジャンル名	ひと言コメント	MAP 掲載ページ

☆ 夜あそび

（は）
| 新村
バー・ティルト | | バー | オリジナルカクテルや珍しいカクテルも揃える学生街の有名バー。当日のおすすめカクテルを聞いてみよう。⏰18時30分〜翌2時 Ⓗなし | MAP
P16A1
P210 |

| 東大門
ハロー apM | 定番 | ナイトショッピング | リーズナブルな価格でファミリーにも人気の商業ビル。10階にはレストランもあり。⏰10時20分〜翌1時 Ⓗ火曜 | MAP
P17B2
P159 |

| 恵化
パンジョ | | テーマ居酒屋 | 新鮮な生フルーツを使った焼酎や、オーナーのアイディアが光る韓国フュージョン料理が味わえる。⏰15時〜翌2時（翌1時LO) Ⓗなし | MAP
P4C1
P160 |

| 東大門
現代シティアウトレット
ヒョンデシティアウルレッ | | ナイトショッピング | ファッションのほか、大型書店やインテリアショップも入る都市型のアウトレット。カフェやフードコート。⏰10時30分〜21時30分 Ⓗなし | MAP
P17B2
P159 |

（ま）
| 梨泰院
マグパイ・ブリューイング | | 居酒屋・バー | 済州島の工場で造る10種以上のクラフトビールが楽しめる。⏰15〜23時 Ⓗ毎月第1水曜 | MAP
P16A3
— |

| 弘大
マッコリサロン | | 居酒屋・バー | 全国から厳選されたマッコリが揃う居酒屋。テーブル席はのびのびと使え、グループの若者で賑わう。⏰17時〜翌1時 Ⓗなし | MAP
P15D2
P163 |

| 東大門
ミリオレ東大門 | | ナイトショッピング | 約300店舗が入るファッションのトレンド発信地。手頃な価格で10代女子に人気。⏰10時30分〜翌2時 Ⓗ月曜 | MAP
P17B2
P159 |

| 江南
ムウォル | | 居酒屋・バー | スタイリッシュな雰囲気が魅力のリノベーション居酒屋。フルーツを活かしたこだわりのマッコリが飲める。⏰17〜23時 Ⓗなし | MAP
P18B4
P163 |

（ら）
| 明洞
ルーフトップバー
フローティング | | ルーフトップバー | 明洞からすぐのホテルの21階にあるバー。アジアンリゾート風のゴージャスな空間が評判。⏰17時〜翌1時（金・土曜は〜翌2時）Ⓗなし | MAP
P9F4
P164 |

| 明洞
ル・スタイル・レストラン・アンド・バー | | ルーフトップバー | ソウルのルーフトップバーの先駆け的存在。テラス席ではNソウルタワーが眼前に眺められる。⏰18〜22時 Ⓗなし | MAP
P9F3
P164 |

（わ）
| 明洞
ワイン酒幕チャチャ 明洞店
ワインチュマクチャチャ ミョンドンジョム | | 居酒屋・バー | 明洞のカジュアルなビストロ。自慢のワインは120種類もあり、リーズナブルに楽しめる。⏰11時〜翌0時（土曜は12〜23時、22時LO）Ⓗ日曜 | MAP
P11E4
P162 |

✿ リラックス

（あ）
| 弘大
アイブロウ・バー | | スパ | 韓国女子に流行中の眉毛ケア専門店。20分ほどの所要時間で、カット後にはメイクまでしてくれる。⏰11〜20時（土曜、祝日は〜18時）Ⓗ日曜 | MAP
P15D1
P173 |

| 江南区庁駅
イ・ムンウォン韓方
クリニック | 定番 | 韓医院エステ | 韓医学の博士が開業した韓医院。ダメージヘアや薄毛を韓方で解決する。⏰10〜18時（金曜は〜21時、土曜は〜16時30分）Ⓗ日・木曜 | MAP
P21E3
P175 |

| 仁寺洞
仁寺洞汗蒸幕
インサドンハンジュンマク | オススメ！ | 汗蒸幕 | 男性も利用可能な人気汗蒸幕。汗蒸幕、黄土、アメジストサウナが体験できる。仁寺洞観光のあとに立ち寄るのに便利な立地。⏰24時間 Ⓗなし | MAP
P12C2
P171・185 |

（か）
| 明洞
キュリム韓医院
キュリム ハニウォン | オススメ！ | 韓医院エステ | 顧客に韓流スターを多数抱える韓医院。多彩なコースのなかでも痩身と美肌が充実。⏰11〜21時（土曜は10時30分〜16時）Ⓗ日曜、祝日 | MAP
P9E4
P174 |

| 三成
廣東韓方病院五行センター
クァンドンハンバンビョンウォン オヘンセント | | 韓医院エステ | 病院の運営元は韓方製薬会社。専門の韓医者が体質改善に導いてくれる。⏰9〜18時（木曜は〜17時30分、土曜は〜15時）Ⓗ日曜、祝日 | MAP
P19E3
P174 |

（さ）
| 仁川
シメール | 定番 | スパ | ヨーロッパ感性のアクアスパと、韓国のチムジルバン文化を同時に楽しむことができるヒーリングスパ。⏰10〜21時（夏期は〜22時）Ⓗなし | MAP
P3A3
P168 |

Nソウルタワーを眺めながら乾杯！

アカスリやマッサージ付きコース90分W6万

エリア名 店・スポット名	評価	ジャンル名	ひと言コメント	MAP 掲載ページ
新沙 スパ・レイ		チムジルバン	高級感ある女性専用スパ。芸能人や江南セレブも常連というだけあり、浴場や休憩場に至るまで施設としてのクオリティが高い。⏰24時間 ㊁なし	MAP P20A3 P169
東大門 スパレックス・サウナ	オススメ!	チムジルバン	施設の充実が際立つ韓国版健康ランド。黄土火汗蒸幕、土ゲルマニウム窯、アイスルームなど多彩。要所に日本語案内もある。⏰24時間 ㊁なし	MAP P17B2 P168
西大門 森の中の漢方ランド スプッソッハンバンレンドゥ	オススメ!	チムジルバン	地元の人たちに長年愛されてきた老舗のチムジルバン。自家製の炭窯の熱さは低温、中温、高温の3段階。⏰6時30分〜22時 ㊁なし	MAP P4B2 P169
明洞 SEOULエステ		韓医院エステ	施術には高級韓国コスメを贅沢に使用。しかし料金はリーズナブルで、地元でも評判のエステ。⏰10〜22時(最終受付は19時) ㊁なし	MAP P9D2 P175
狎鷗亭洞 雪花秀スパ ソルファススパ		スパ	韓方を取り入れた施術が受けられる。韓国の代表的化粧品ブランドのフラッグシップストア内に併設。1カ月前までに予約を。⏰10〜20時 ㊁第1月曜	MAP P20C2 P172
建大 ダリアスパ		スパ	コスパ抜群のフェイシャルスパ。すべてのコースに腕・足・背中のマッサージが含まれる。⏰10時〜17時20分(土曜は9時〜17時30分、祝日は〜18時) ㊁日曜	MAP P5E2 P173
明洞 朴先生ヘッドスパ専門店 パクソンセン ヘドゥスパ	定番	スパ	1997年に明洞で創業した老舗ヘッドスパ。政界の重鎮や、国内外の芸能人に根強いファンを持つ。⏰11時〜20時30分(最終受付は〜19時30分) ㊁日曜	MAP P9F3 P173
狎鷗亭洞 ハヌルチェ韓医院 ハヌルチェハニウォン		韓医院エステ	韓方薬と鍼を駆使してニキビを直す韓医院。肥満治療も専門とする。⏰11時〜13時30分、14時30分〜21時 ㊁日曜、祝日	MAP P20B1 P175・212
ソウル駅 漢南火汗蒸幕 ハンナムブル ハンジュンマク		汗蒸幕	松の木を燃やして温度を保つ本格的な汗蒸幕スパは、深夜まで利用可能。オプションのマッサージは有資格のスタッフが行う。⏰9〜22時 ㊁なし	MAP P7D3 P171
東大入口 バンヤンツリー・スパ	オススメ!	スパ	アジアで展開する高級リゾートのスパ。熟練セラピストによる施術が受けられ、全11室のスパルームはメニューにより異なる。⏰11〜21時 ㊁なし	MAP P17A4 P172
ソウル駅 美素汗蒸幕 ビス ハンジュンマク	定番	汗蒸幕	日本好きオーナーが営む汗蒸幕スパ。浴室以外は着衣なので、カップルでも楽しめる。⏰8時〜21時30分 ㊁なし	MAP P6B2 P170
清潭洞 ビューティ・ピア		スパ	経絡を刺激し、筋肉のコリをほぐすことで立体感のある顔立ちに。⏰10〜20時(月・水・土曜は〜18時)※最終受付は閉店3時間前まで ㊁日曜	MAP P21E2 P173
清潭洞 プリマ・サウナ		チムジルバン	2022年のリニューアルで男女共用に。1階が男性、4階が女性サウナになっている。⏰6時〜翌0時 ㊁なし	MAP P21F2 P169
明洞 明洞ZIU汗蒸幕 ミョンドンジウハンジュンマク		汗蒸幕	韓国伝統のエステが堪能できる汗蒸幕スパ。浴場や塩釜サウナ、漢方パックなど、日本人好みのメニューが充実している。⏰9〜22時 ㊁なし	MAP P7E2 P170
乙支路3街 明洞花マッド汗蒸幕 ミョンドンハナマッドハンジュンマク		汗蒸幕	汗蒸幕はもちろん、サウナやよもぎ蒸し、パックなどが体験できるセットメニューが人気。⏰9〜22時 ㊁なし	MAP P7F1 P171

素材のアートメを使用

ルバンでサージもれる

お役立ち！ シーン別！ 旅の 韓国語

グルメシーン

日本語メニューをもらう
日本語のメニューはありますか？

일본어 메뉴판 있어요?
イルボノ メニューパン イッソヨ？

注文を間違えられたとき
これは私が注文したものではありません。

이건 제가 주문한 거 아니예요.
イゴン チェガ チュムンハン ゴ アニエヨ

辛さが気になるとき
あまり辛くしないでください。

덜 맵게 해주세요.
トル メッケ ヘジュセヨ

トイレに行きたいとき
トイレはどこですか？

화장실은 어디예요?
ファジャンシルン オディエヨ？

ショッピングシーン

カードで支払いたいとき
クレジットカードは使えますか？

카드 돼요?
カードゥ テヨ？

ほしいものを買いたいとき
これをください。

이거 주세요.
イゴ ジュセヨ

服を試着したいとき
試着をしてみてもいいですか？

입어봐도 돼요?
イボバド テヨ？

値段がわからないとき
これはいくらですか？

이건 얼마예요?
イゴン オルマエヨ？

ホテルシーン

Wi-Fiを使いたいとき
Wi-Fiのパスワードを教えてください。

와이파이 비밀번호 알려주세요.
ワイパイ ピミルボノ アルリョジュセヨ

チェックインしたいとき
予約した〇〇です。チェックインをお願いします。

예약한 〇〇입니다. 체크인 부탁합니다.
イェヤクハン 〇〇イムニダ チェックイン プッタッカムニダ

トイレが壊れているとき
トイレが流れません。

화장실 물이 안 내려가요.
ファジャンシル ムリ アン ネリョガヨ

トラブルシーン

どうしても手伝いが必要なとき
助けてください！

도와 주세요!
トワ ジュセヨ！

盗難に遭ったとき
ここに置いておいたのになくなりました。

여기에 나뒀는데 없어 졌어요.
ヨギエ ナドゥヌンデ オプソ ジョッソヨ

パスポートを失くしたとき
パスポートを失くしました。

여권을 잃어 버렸어요.
ヨッコヌル イロ ボリョッソヨ

254

目的地まで徒歩で行けるか知りたいとき
ここから歩いていけますか？

여기서 걸어서 갈 수 있어요?

ヨギソ コロソ カル ス イッソヨ？

お店の開店、閉店時間が知りたいとき
営業時間は何時から何時までですか？

영업시간은 몇시부터 몇시까지 예요?

ヨンオプシガヌン ミョッシプト ミョッシカジ エヨ？

日本語ガイドによるツアーに参加したいとき
日本語のガイドがつくツアーはありませんか？

일본어 가이드가 있는 투어는 있어요?

イルボノ ガイドゥガ インヌン トゥオーヌン イッソ？

ツアー中、気になるものがあったとき
あれはなんですか？

저건 뭐예요?

チョゴン モエヨ？

当日券でショーを見たいとき
当日券はありますか？

당일권은 있어요?

タニル コンヌゥン イッソヨ？

チケットの値段が知りたいとき
一人いくらですか？

한 사람당 얼마예요?

ハン サラムタン オルマエヨ？

今日何のショーをやっているか知りたいとき
今日のプログラムはなんですか？

오늘의 프로그램은 뭐예요?

オヌレ プログレムン モエヨ？

ショーにドレスコードがあるか知りたいとき
ドレスコードがありますか？

드레스 코드가 있어요?

ドゥレス コードゥガ イッソヨ？

行き先を確認したいとき
この列車はどこまで行きますか？

이 열차는 어디까지 가요?

イ ヨルチャヌン オディカジ カヨ？

駅の場所をたずねる
ここから一番近い地下鉄の駅はどこですか？

여기서 제일 가까운 지하철역은 어디예요?

ヨギソ チェイル カッカウン チハチョルヨグン オディエヨ？

タクシーを探しているとき
タクシーはどこで乗ればいいですか？

택시는 어디서 타면 돼요?

テクシーヌン オディソ タミョン テヨ？

タクシーで行き先を伝えるとき
この住所へ行ってください。

이 주소로 가주세요.

イ ジュソロ カジュセヨ

目的地までの時間を知りたいとき
時間はどのくらいかかりますか？

시간은 얼마나 걸려요?

シガヌン オルマナ コルリョヨ？

基本フレーズリスト

日本語	ハングル	読み方
こんにちは	안녕하세요.	アンニョンハセヨ
さようなら（その場で見送るとき）	안녕히 가세요.	アンニョンヒ　カセヨ
さようなら（その場を去るとき）	안녕히 계세요.	アンニョンヒ　ゲセヨ
はい、いいえ	네/ 아니요	ネ / アニョ
ありがとうございます	감사합니다	カムサハムニダ
ごめんなさい	미안합니다	ミアナムニダ

	日本語 ハングル	読み方
1	일/하나	イル / ハナ
2	이 /둘	イ / トゥル
3	삼 /셋	サム / セッ
4	사 /넷	サ / ネッ
5	오 /다섯	オ / タソッ
6	육/여섯	ユッ / ヨソッ
7	칠/일곱	チル /イルゴッ
8	팔/여덟	パル /ヨドル
9	구/아홉	ク / アホッ
10	십/열	シプ / ヨル

ハングル、読み方は右が漢数詞、左が固有数詞

せかたび
ソウル
Sekatabi Seoul

初版印刷　2024年2月15日
初版発行　2024年3月1日

編集人　　安藤博子
発行人　　盛崎宏行
発行所　　JTBパブリッシング
　　　　　〒135-8165
　　　　　東京都江東区豊洲5-6-36
　　　　　豊洲プライムスクエア11階

企画・編集　　　　情報メディア編集部
取材・執筆　　　　桜薫子／近藤紫／大瀬留美子
　　　　　　　　　株式会社ミニマル（丸茂健一／原万有伊／高橋秀実）
　　　　　　　　　園田夏香／金光英実／千智宣／佐藤寿美／成沢拓司
　　　　　　　　　大原扁理／遠藤優子／伊藤麻衣子／森合紀子／加藤由佳子
　　　　　　　　　K&Bパブリッシャーズ
アートディレクション　中嶋デザイン事務所
表紙デザイン　　　中嶋デザイン事務所
デザイン　　　　　中嶋デザイン事務所／扇谷正昭／山﨑デザイン室（山﨑剛）／
　　　　　　　　　橋本有希子／オフィス鐡／株式会社エスジェイピー／BEAM／アトリエプラン
表紙イラスト　　　MASAMI
本文イラスト　　　MASAMI／テライ アリサ
撮影・写真協力　　野中弥真人
　　　　　　　　　中田浩資／鄭宗甲／NBCユニバーサル・エンターテインメント
　　　　　　　　　コンテンツセブン／GettyImages／123RF
コーディネート　　千智宣／太田見友子／大瀬留美子／金徳鎔／イ・シホ
取材協力　　　　　KISコリア／東井志織
地図　　　　　　　アトリエプラン
印刷所　　　　　　TOPPAN

編集内容や、乱丁、落丁のお問合せはこちら
JTBパブリッシング お問合せ
https://jtbpublishing.co.jp/contact/service/

●本誌掲載の記事やデータは、特記のない限り2023年10〜12月現在のものです。その後の移転、閉店、料金改定などにより、記載の内容が変更になることや、臨時休業等で利用できない場合があります。●各種データを含めた掲載内容の正確性には万全を期しておりますが、お出かけの際に は電話などで事前に確認・予約されることをおすすめいたします。また、各種料金には別途サービス税などが加算される場合があります。●本書に掲載された内容による損害等は、弊社では補償致しかねますので、あらかじめご了承くださいますようお願いいたします。